满天斗星壁上观

——中国山西文化古迹探寻记实

杨平 著

江苏凤凰美术出版社

图书在版编目（CIP）数据

满天斗星壁上观：中国山西文化古迹探寻记实 / 杨平著. -- 南京：江苏凤凰美术出版社，2025. 1.

ISBN 978-7-5741-2795-1

Ⅰ. K928.702.5

中国国家版本馆 CIP 数据核字第 2025FQ4175 号

责任编辑　郭　渊
项目协力　袁小捷
责任校对　刘秋文
责任监印　生　嫄
责任设计编辑　龚　婷

书　　名　满天斗星壁上观——中国山西文化古迹探寻记实
著　　者　杨　平
特邀审核　刘仁军
出版发行　江苏凤凰美术出版社（南京市湖南路1号　邮编：210009）
制　　版　南京新华丰制版有限公司
印　　刷　中华商务联合印刷（广东）有限公司
开　　本　890mm×1240mm　1/32
印　　张　11
版　　次　2025年1月第1版
印　　次　2025年1月第1次印刷
标准书号　ISBN 978-7-5741-2795-1
定　　价　128.00元

营销部电话　025-68155675　营销部地址　南京市湖南路1号

一路走过回头望，只见身后一片金黄

目　录

汾阳宫阙今安在？

说句实在话，汾河源头上的宁化古城真是满满的岁月痕迹！

如果没有面对汾河的那道城墙，没有圈了十几只羊的半座城门楼，没有从石头凑合垒起来的院墙里露出不知何年何月的石狮子的脑袋，要说宁化古城有千余年的历史，有过踌躇满志、风流倜傥的一代帝王的行宫，有过坚不可摧的城池……我相信当我拿着她当下的“靓照”，四处鼓吹其悠久而不平凡的历史时，很多人会以为我喝了迷魂汤，神志不清，出现幻觉了呢。

没错，像是幻觉。

因为，我们曾经走过一段弯路。

“一个位于河边价值不大的没落村庄！”——这是我第一次到访时，她留给我的印象。那年夏天，我到宁武探寻古迹，有人说宁化古城值得一看，于是我匆忙吃了个午饭，迫不及待地拦了一辆出租车直奔而去。当出租车司机指着河北岸缓坡上依偎在古城墙里的一片覆盖着黛瓦的房舍时，我激情澎湃，被斜阳下古村落散发出的那种朦胧的美给迷住了。

进了村，扑面而来的景象，让我的心凉了个透：一路想象的那高大的城楼、坚固的城墙、繁华的街道没有映入眼帘。石头街道上满是杂草和羊粪，两边不少房舍多已落锁且东倒西歪。柴扉半开的院落里，院墙低矮，窗台上堆着农具、秋瓜、旧衣服等杂乱的物件，有的房舍里还圈着牛羊。唯一一座宽敞的院落，后墙坍塌，大门口堆着一排荆棘，只能在石阶上瞭望。城中心一处杂草丛生的庙院里，窗口大开，巨大的“宁化古城”木刻匾额被一劈两半，做了两扇羊圈的门板。北城门的半个门券洞内拦着十几只羊，杂草丛生的南城门前的铁丝上挂着一串串玉米棒。南城墙裂缝纵横，东城墙不见踪影。“城”里人烟稀少，景象十分萧条。

期望和现实中的宁化古城产生的巨大落差，不仅让我吃惊，还让我有点不知所措，我不知道在宁化古城应该看什么。城墙？裂痕、塌陷、断断续续。古城？不知如何寻觅芳踪，志书上记载的钟楼、魁星阁等建筑了无痕迹，似乎根本没存在过。古庙？村民们说近三十座现只剩下一座，还曾做过牛圈，现在荒芜着。风景？曾经饮马牧羊、激流清澈的汾河，现在架起了一座不高也不甚美观的水泥桥（过去用吊桥），煞了汾河两岸的风景。

在这落寞的古城中，历史该如何寻觅？茫然昏晕中，我只好与之别离。

宁化古城成了我的一个心结。

我相信她美妙动听的名字背后必然有着不平凡的故事，我也相信起伏至山顶高处的残缺古城墙必然守护着古城曾有的辉煌，我更相信那井然有序的一处处青紫色条石房下一定掩埋着古城曾有的繁华和热闹……只是，不堪忍受的杂乱和衰败模糊了我的双眼，不能正视的心理落差遮蔽了我客观的思考。不能亲近她，自然建立不起感情，也就少了探索她历史的激情。

我必须克服心理障碍，爱上她、理解她。

那一年的深秋，我又去探望宁化古城，不过为了不给自己太多的心理压力，我只是站在汾河边，揣摩着她过往应该有的模样，想象着古代南来北往的商人和军队饮马汾河的壮观景象。

次年初夏，故地重游，因为有了探寻的欲望，不再像第一次那样强烈地排斥惨淡的现实。从村里至村外，从南城墙东端（山顶端）至城西（临河处），我仔细观察、询问、梳理。

当我第四次看见那青紫色的石头房基和城墙上的绿色苔藓时，她曾经的风光和磨难透过历史的尘埃呈现了出来。

1

公元607年，正值壮年的隋炀帝在春暖花开的时节启程出塞北巡。这是一次带有明显政治和军事意图的巡视：到与东突厥接壤的地区视察；启动隋王朝北面的国防建设项目；会晤前来纳贡的东突厥领袖；访问东突厥的腹地并顺道会见西北几个纳贡的国王——这些王国对牵制东、西突厥合作很有必要。他以豪华而又庞大的出巡队伍作陪，一方面向东突厥示以兄弟般的友好，另一方面向其暗示强大的隋王朝是不可冒犯的：继续与西突厥相互勾结的话，既得利益是要受损的；如有二心，隋王朝有能力和实力进行有效的防御和打击。

不久，心高气傲的隋炀帝率领浩浩荡荡的出访军团到达榆林郡郡城（今内蒙古准格尔旗东北）。他带领群臣登上城楼，观赏黄河风光，在楼上宴请百官，与他们开怀畅饮。一位恭维皇帝的浮夸官员在此期间出了一个很招摇的主意：希望皇帝一路大摇大摆，千里旌旗相望，以彰显皇帝出巡之威武盛况。好在一位随行将军认为这种视皇帝和军队安全为儿戏的做法太过冒险，予以谏阻。

东突厥的领袖——启民可汗带着夫人义成公主（隋宗室女）亲自到榆林郡拜见，赞美了先帝赐予的诸多好处，使其种种无乏，生活无忧。还当场表示，要是皇帝同意，他还会和华夏的其他臣民一样，穿上和中原人一样的服装。

隋炀帝只说了句："北边还有战事，诚心恭顺，何必要更换服装样式？"

他在榆林郡东边的大帐内设宴款待了启民可汗和他的三千五百名随行人员。除了欣赏百戏之乐外，隋炀帝还给了可汗相当丰厚的赏赐——帛一万三千（二千万？）匹以及路车乘马等，列位在诸侯王之上。

留在朝廷里主持工作的主要官员对皇帝这种排场奢华的外交活动进行了劝谏，说与突厥人这么亲密地接触，使他们得以有机会了解朝廷内情，容易埋下隐患；给突厥人赏赐过厚，宴请场面太过隆重等（事后证明他们的这种顾虑很有道理）。正在兴头上的隋炀帝不能接受他们的谏言，以诽谤罪下令杀了对他劝谏最为激烈的三位重臣。

其实隋炀帝并非只知摆阔，他给东突厥丰厚的赏赐只不过是一种物质安抚。他内心的真实想法并非如他表现的那样。他并不相信东突厥人真是朝廷恭顺的臣民，在榆林郡进行外交活动的间隙，他巡视和勘察了边境的军事防务，下令征丁百万修筑西起榆林、东至紫河（今山西右玉县西面的浑河）的长城。

农历八月，塞外平原草木旺盛、风和日丽。隋炀帝和他的皇后、随行大员、护卫军等从榆林郡出发到达启民可汗的大帐（今蒙古首都乌兰巴托西南）。北宋史学家司马光在《资治通鉴》中对他的出访进行了夸张性的描述和艺术化的加工：“时天下承平，百物丰实，甲士五十余万，马十万匹，旌旗辎重，千里不绝。令宇文恺等造观风行殿，上容侍卫者数百人，离合为之，下施轮轴，倏忽推移。又作行城，周二千步，以板为干，衣之以布，饰以丹青，楼橹悉备。胡人惊以为神，每望御营，十里之外，屈膝稽颡，无敢乘马。”

隋炀帝很快结束了对东突厥的访问，返回时，从楼烦关（今山西宁武县阳方口）入，游览并视察了汾河源头和宁化古城一带。他与随行的众臣在天池边的大草原上进行了短暂的狩猎活动，有一位山西籍的薛姓老臣以赞美诗的方式对此做了记录。

汾河源头的美景显然给皇帝留下了美好的印象。第二年，即公元 608 年，他就在汾河源头以南设立了楼烦郡（今山西岢岚、岚县、静乐、兴县、忻州市区和今保德县、定襄县部分地区），郡治在今天的宁化古城。与此同时，启动了在宁化古城东南的行宫——汾阳宫的建设工程。

宁化古城由此进入了历史的视野。

2

或许，隋炀帝对这次长达三个月的北巡成果并非完全满意，或许结束在东突厥大帐的访问后多少有点心里不爽，因为他在那里看到了高丽使者。作为东方最伟大国家的领袖，他不能容忍高丽与东突厥之间私下联系，这种联系可能对朝廷的安全形成威胁。总的来说，这是一个危险的信号。敏感的隋炀帝当场对高丽使者说：“归语尔王，当早来朝觐。不然者，吾与启民巡彼土矣。”

宁化古城在炕头做针线活的老奶奶（2011年摄）

明代后期，宁化城城里有近千名官兵守卫，有驿站、千户所署、城隍庙、学堂等，军队家属、子女及民众共同构成了宁化城的生活群体。宁化城在此阶段孕育出了《宁武府志》上记载的兄、弟、父、子同为进士的潘氏家族。

与高丽使者的意外会面，不仅成为其大臣和后世史学家批评的远征高丽行动的诱因，也为刚把天下从三百多年的分裂中统一起来、富足而有朝气的隋王朝埋下了灭亡的祸根。

高丽王并没有重视隋炀帝让使者带回去的话，没有前往隋王朝的都城去朝见皇帝。这种公然的对抗，让隋炀帝不堪忍受，这位当时世界上最大、最富有的国家的皇帝坚持认为：伟大的隋朝具有值得被人称颂的美德、支配天下的力量和空前的丰功伟绩，不来隋王朝纳贡臣服，勾结东北契丹等一些部落，无视隋王朝存在，甚至觊觎隋王朝领土的行为，是需要给予严厉惩罚的。于是，他让杰出的工程建设专家在辽河上架了一座桥，于大业八年（612），亲自率领隋朝大军北征高丽。遗憾的是，他的远征没有取得预期的效果。

宁化古城（即楼烦城）的汾阳宫与其他伟大且传世的工程一样，正在隋炀帝执着而烦恼的北征中建设着。

3

公元615年初夏，隋炀帝“幸汾阳宫避暑”。他要在马仑草原纵马奔驰，在蓝若宝石的天池边上纵情狩猎。他计划在楼烦城的宫殿或天池边小住后，巡视北塞。

其时，五月的北方鲜花正灿。汾阳宫所在地乍暖还寒，算不上是最舒适的旅行度假目的地。何况初夏时节，也无须避暑。隋炀帝巡幸汾阳宫真正的目的是：他要密切关注北边突厥的动静。与几年前北巡的情况不同，东突厥首领启民可汗已经归天，其继承人、新领袖始毕可汗的行为不能让皇帝满意。实际上，这位在隋王朝丰富的物质供养下成长起来的首领，正变得越来越嚣张，不仅为了一个小小的宠臣（被隋朝大臣裴矩用计诱至马邑而杀之）不来朝觐皇帝，而且还心生怨恨——皇帝听从杰出的北方问题专家和纳贡国关系问题专家裴矩的建议，杀了总给其主子出些对朝廷不利谋略的人。始毕可汗已经拥有了相当的抢掠能力，不来朝廷朝觐，还断绝纳贡，这无疑表明要和隋朝决裂。看似恭顺的东突厥领袖正在密谋叛乱。

敏锐的隋炀帝似有觉察。

在汾阳宫里，他没有向留守朝廷的官员发太多指令，也没有向江都一干经常给他献媚的人发出什么诏书。史书里记载，他除了擢升表兄李渊为山西、河东抚慰大使外，似乎没有太多动作——唐代及后世的史学家说，这段时间他正忙于在汾阳宫里与嫔妃日夜销魂。

此刻，在宁化古城一带的皇帝心情极其复杂，甚至是有点懊恼的。极其丰厚的物质供应和无数大方的赏赐不仅没有换来预期的和平，而且还严重背离了他当初的设想和愿望。为了喂养这个表面恭顺、内藏祸心的对手，他把许多大臣送进了地狱。初夏来汾河源头避什么暑？他在这靠近北方防线的背后，时刻关注着突厥最新动向的情报，哪里是为了这迷人的风光和汾阳宫里一群漂亮的女人？

隋炀帝遭遇到意想不到的挑战。

很快，他得到义成公主的密报：始毕可汗正带领着几十万军队准备袭击他的乘舆。此时，义成公主在启民可汗归天后，已经按照突厥人“收继婚制度”成为继位者始毕可汗的“可贺敦”（可汗之妻），并继续深度参与东突厥汗国事务的管理。

隋炀帝迅速离开汾阳宫驰入雁门。不久，突厥人围雁门，朝廷上下恐慌，雁门郡四十一城，被突厥攻下三十九城，只有皇帝所在的雁门、皇子所护的崞县（今原平市）尚存。朝廷紧急派出的勤王大军还没有赶到，隋炀帝便已身披铠甲鼓励并指挥士兵抗敌。始毕可汗正打得兴奋，义成公主派人谎报可汗后方的大帐遭到了袭击，始毕可汗退兵，雁门之围方解。

“雁门之围”是隋炀帝的“滑铁卢”，他的背运由此开始。受到长期优待的异族首领，竟敢挑战大隋皇帝的尊严，这本身就是一件震惊朝野上下的事。皇帝长期离开朝廷旅行办公遗留下的各种问题也显露了出来，他启动的各项利于后世但可能透支了当时国力的工程遭到了时人的诟病。总之，隋政府有野心的人看到了开辟另一番事业的契机，他的表兄、塞外将领、农民军等纷纷向他发难。隋政府军和起义军打得云山雾罩。面对空前的乱局，他有点失望也有点疲惫，在杀了多位劝谏他不要离开京都南下的大臣后，乘着新造的龙舟到达江都（今扬州市）。不久，他被自己曾经信任的大臣宇文化及发动兵变杀害。

隋朝由此谢幕，汾阳宫遭到了劫掠。

4

洗劫汾阳宫的是马邑（今朔州城区）鹰扬府校尉刘武周。这个忘恩负义的军人不仅杀了自己的上司，而且从背后给了隋朝边防军一刀。他杀死了马邑太守后，自命太守，占领楼烦城，劫掠留守在汾阳宫的宫女及财宝后，立即献给了能为他撑腰的突厥人。

始毕可汗大喜过望，赐给他“定杨可汗”的称号。

刘武周，这个道德和人品都不堪叙述的人，原在马邑城有点家世背景，年轻时喜欢结交豪侠，后离家到洛阳寻求发展机会，投靠了朝廷里的一位大臣，应募随隋炀帝三次东征高丽，因功被提拔为建节校尉（六品散官）。东征归来得到马邑太守王仁恭的信赖和器重，任命其为鹰扬府校尉。

不久，刘武周就和太守的侍妾有了私情，为掩盖此事，便预谋陷害太守。他先在马邑城制造谣言，说太守是一个贪财吝啬的人——而太守素以清廉正直获得朝廷器重，又扬言官府的粮仓里粮食充足，是太守狭隘自私不肯在灾荒之年赈济乡民。当太守陷入人设危机、群情疑惑的时候，刘武周趁职务之便，一刀杀了提携他的恩人，开仓放粮，贿赂民众。

把汾阳宫里的美丽女人送给突厥人的刘武周，有成就伟业之志，也有乱世枭雄的勇气和胆量，但无济世兴邦之才，更无细密、长久的谋略。他坚信靠掠夺、大方的贿赂或利益分配、送女人（他把自己的妹妹嫁给了一位事业合作者）就可以取得天下，结果在和李世民的较量中，因军需供给不足而一败涂地。投奔突厥后，始毕可汗又怀疑他的诚信，没有耽搁太久，就把他送上了西天。

5

宁化古城的故事还在继续。

李渊建立唐朝后，立即废置了汾阳宫，改楼烦郡为岚州，州治在今天岚县北面的岚城镇。唐仪凤年间（676—679），设监牧于岚州，宁化古城、天池一带成为帝国的皇家养马场。后来，撼动唐朝基业的三镇（范阳、河东、平卢）节度使兼楼烦监牧安禄山，在预谋进攻长安时，利用职务之便利，调精壮骏马至范阳，扩充其军备实力。

唐末，生于山西雁北的沙陀人李克用和他的一帮儿子们（包括众多义子）多次奋力拼杀，挽救衰弱的李家王朝于危难之中。当大唐陨落在原黄巢军重要人物之一、后又反水投唐的朱温的阴谋和算计中时，李克用开始以山西为基地，与掌控中原的朱温开战。

李克用在朔州设立了兴唐军，在宁化古城设立了宁武军，这两支部队是光复李唐基业的主力军队。虽然他最后没有实现自己设定的目标，但他的儿子李存勖完成了他的部分夙愿：灭了朱温建立的后梁，占领洛阳，建立了后唐王朝。

宋太平兴国五年（980），宋朝政府设立宁化军，同时建立宁化县（县治在今宁化古城）。

北宋政府与辽对峙期间，宁化之北（含天池）归契丹人。

金灭辽五十多年后，金大定二十二年（1182），宁化县升为宁化州。

明驱元于长城外，宁化随即进入了其历史上最重要、也是迄今唯一一次大规模建设时期。

6

明洪武二年（1369），朝廷在宁化古城设立巡检司，山西都指挥使领军守之。洪武五年（1372），开国将领、延安侯唐胜宗因擅自使用了公共车马而被贬到宁化一带负责剿匪。在消灭了流亡在岢岚山中的元宗室残部后，唐胜宗开始着手修筑宁化古城，由此拉开了宁化古城历史上最具规模、最为辉煌的城池建设的序

宁化古城北城墙背着秸秆的村民（2010年畅扬摄）

北宋置宁化军，同时在此设立宁化县。金大定二十二年（1182），宁化县升为宁化州。洪武五年（1372），明开国将领唐胜宗领士卒对古城进行了大规模的建设，“建城垛，公署凡百”。明洪武十一年（1378），立宁化守御千户所。自嘉靖十六年（1537）后，宁化古城的建设达到了鼎盛，城高筑至三丈一尺，东、南、北壕深一丈，西、南、北有门，城楼九座，城内有“十八登科坊”、更铺十三个及千户所、军械库、城隍庙等。万历十四年（1586），宁化古城包砖砌石。

幕，“建城垛，公署凡百”。

洪武十一年（1378），革宁化巡检司，立宁化守御千户所。嘉靖十六年（1537）开始，尽管国家财政拮据，嘉靖皇帝还是拨款加强边防建设，宁化古城的建设又迎来了新高潮。《宁武府志》记载，宁化古城城墙高筑至三丈二尺（约 10.67 米），东、南、北三面城外挖壕沟，壕深一丈。西、南、北三面有重门。西关有二门，城楼九座，门内有“十八登科坊”、更铺十三个。北关有门及门楼，南关有关门。城内有千户所、军械库、城隍庙、武安王庙、马神庙、土地庙、仓厫、造作局。城北有演武校场，距城北二里处，还设有厉坛。

万历十四年（1586），宁化古城达到了空前的规模，原来的土墙全部包砖砌石，今天我们看到的宁化古城遗留下来的坚固城墙即为当时所建。

明代后期，宁化古城各方面发展都达到了最为风光的阶段。这里有近千名官兵守卫，驿站、学堂、所署等公共服务设施俱全。军队家属、子女和商民构成了古城主要的生活群体。宁化古城也在此时期孕育出宁武县历史上有名的家族和值得被人尊敬的女人，这就是《宁武府志》上记载的出了四位进士的潘家和撑起潘家梁柱的施氏。

宁化千户所千户潘政早亡，他年轻的夫人施氏颇有志气，甘愿守节养育子女。其孙潘高博学多才，弱冠即登嘉靖十一年（1532）壬辰科进士。潘高之子潘云祥为隆庆五年（1571）辛未科进士。其另一孙潘文为万历二十三年（1595）乙未科进士，潘文之子潘云翼为万历四十一年（1613）癸丑科进士。一门培养出四位光宗耀祖的进士，当年守寡育儿的施氏不仅是宁化古城的荣耀，也是官方认可并记入《宁武府志》的第一节孝之妇，在整个明清时期，她都是全宁武府女人们学习和效仿的楷模。

清朝疆域向北扩展，宁化古城的战略军事地位大大降低，宁化千户所复改为巡检司。此间，宁化人在东城城墙上修魁星楼，在南城门外汾阳宫的遗址上修起了圣寿寺。

宁化古城虽再没有大规模地建设，但也是一派风景如画的景象：森林、河流、草地、古城、吊桥……秋天层林尽染，冬季魁星楼上赏雪，夏天汾河边上听涛。在古树绕城的风景里，日子过得不急不躁、生动有趣，偶有商业纠纷等引起的小涟漪，在朝廷有力的管控下，一切又很快归于平静。

7

至二十世纪三十年代初，宁化古城的模样还是让人赏心悦目的。西门外，清澈宽广的汾河从城墙下奔涌而过。站在东城的魁星楼迎风瞭望，只见山峦叠翠，宛若碧波荡漾。古城里鸡鸣狗吠，人欢马啸。十几座大小不一的庙宇星罗棋布，孩童们或在学堂识字读书，或随着老人在庙宇里求神拜佛，或在青石街上追逐打闹……读书、种田、喂马、牧羊、焚香、串亲……春去秋来，这便是古城里居民生活的常态。

1937 年秋，日本人洗劫了宁武县，历经千余年风雨的古城在艰难混乱的时代维持着自己的呼吸，无法主宰自己的命运，无法预测自己的未来。

二十世纪六七十年代，宁化古城里的绝大多数庙宇遭到损毁或拆除。如果不是拆除北城墙可能带来生命危险（外有防城的深壕），西城墙充作免遭汾河夏季水面上涨冲击的护堤，那半个城门尚能抵挡点风雨……或许，我们很难廓清历史在此留下的重要遗迹呢。

8

当我结束第五次对宁化古城的访问，准备离开时，在村南口见到一位稍年长的女人抱着一小童，和两三个妇女坐在房屋前的大石头上，沐浴着午后的阳光，闲看着汾河边的两匹马，漫无目的地聊着天。

“咱们村子的村民现在收入怎样？”我坐在村民门前的石头上问。

“不行，一年只有几千块钱。”抱着小童的妇女回答。

“有点低。”

“谁说不是呢？！上面现在实行退耕还林政策……”

“一亩地一年补多少？”

“八百块。”

“其他副业不好搞？”

“不好搞！我们这地方穷，除了靠天吃饭，就只能养些牲口。不过现在地少了，牲口过冬的草料也不容易弄，稍有能耐的人都走了，进县城或到其他地方打工了。”

“平时住在村里还是城里？”

“在城里看孩子，不习惯。这不，带孙子回来住几天。”

……

没有活力四射的青春身影，没有嗷嗷待哺的婴儿哭声，没有

马仑草原上遗存的据说为隋代汾阳宫的建筑构件（2010年摄）

大业三年（607）八月，巡防东突厥后返回的隋炀帝入楼烦关，到达天池，在附近做了短暂的狩猎活动后至太原。第二年春，他下诏在汾河源以南设立楼烦郡，郡治在今天的宁化古城，同时在宁化古城东南、汾河源头、天池边开启了汾阳宫的建设。大业十一年（615）春，隋炀帝“幸太原，避暑汾阳宫”。

往日孩童的嬉闹追逐，没有壮年男人的细微关照，没有青年女人的欢笑吵闹。在可以预见的未来，宁化古城会怎样？

宁化古城没有了史书里描绘的那般高大、威严、规整，似乎也缺少了由她养育长大走向远方的人的惦记和留恋。人们不知道：这个如今默默无闻的古城还能承载什么样的商业价值；它曾经拥有的深厚历史文化还有什么意义，这些文化能给古城什么样的滋养；离开的人们能不能转过身来，反哺她，许以爱。

古城的过去如此值得被记忆，她的未来呢？是更加的迷茫，还是值得期待？

或许坐在炕头窗棂下、正安然做着针线活的老奶奶已经给出了答案：虚掩的门户里，只要还有温暖，只要还有亲切的呼唤，只要汾河还欢畅地流淌在门前，那远去的人就有回望的理由。即使其暂时不能摆脱落魄的命运，生活在别处的人也愿意与之心灵相守。

未来值得期许。

注：几年前，当地政府投资对古城内的两条街道和部分民居、寺院进行了修缮。加之附近的生态、交通的进一步改善，宁化古城已成为山西、陕西、内蒙古交界地区的游客到宁武旅行的必到之地。

广武古城：今夕是何年？

距离最后一次探访广武古城已七载有余，我对它仍然不能忘怀。那深埋着悲壮历史的古城可曾变样？溪流边被洪水冲击得只剩下半爿的城门墙是否无恙？那蜿蜒在山顶上的城垣有没有倒塌？山头上那座敌楼是不是依然威武？那在斜阳下洗土豆的胖大娘、那守在寒屋里的老人、那牵着小外孙女游走在村里的老爷爷身体是否安康？那牧羊人的收益可曾好些？……广武古城的一切仿佛嵌在我的脑海中，成了我的记挂。要不是这让人欢悦又头疼的乡村寻古拍摄工作烦扰了我好几年，我相信，我一定会在云淡风轻之日，再度回到让我既伤感又倍感亲切的古城。

1

广武，用七年前新广武城里一位九旬老人的话说，就是“广聚天下武将之地”。这个说法虽然没有历史的印证和文人的解说，但也算不上荒谬，因为两千多年来，广武古城确实是将士们在边境要塞上展示才华和彰显英雄气概的地方之一。

历史上，叫“广武”的古城池在忻州雁门关一带其实有三个：广武古城、旧广武城、新广武城。今人惰于细读文史资料，只约略知新、旧广武城，多不知有广武古城之说。

广武古城（在今山西省代县雁门关镇古城村）原为雁门郡郡治，就是汉高祖刘邦演绎那场差点送了命的“白登之围”故事的起源地。当年，刘邦北上征讨曾追随其打天下、后叛逃匈奴又反攻大汉的韩王信，战事一路顺畅。当匈奴大军佯败退守到古马邑城（今山西朔州市）以北的大同一带时，驻扎在广武古城里的刘邦亲率三十万大军出关乘胜追击，把匈奴赶到更荒凉的北方。彼时，他的高参刘敬不同意他率兵出塞，谨慎地说：“敌人主力未损，陛下万勿出击。”此话让作战兴头正浓的刘邦十分生气，一怒之下把刘高参捉起来关进禁闭室，计划从前线凯旋后，再处理这个“不识时务”的家伙。

之后，高祖下令：越句注！直捣匈奴老巢！

刘邦带着三十万军队，星夜兼程地向平城（今山西大同市）挺进，却被匈奴大军戏剧般地包围在白登山（今大同市东北之马铺山）长达七天七夜。史书上说包围大汉军的匈奴乘骑颜色相异，谋士陈平使出离间计，通过走匈奴王后的门路——使间厚贿阏氏。阏氏谓冒顿曰：“两主不相困。今得汉地，而单于终非能居之地。且汉主亦有神灵，单于察之！”才使刘邦奇迹般地逃出被包围的险境，返回广武古城。

惊魂未定的皇帝一回到广武古城，立即释放了刘高参，并给予其丰厚的奖赏，以表示对他劝阻意见的赞许。广武古城因此事件而留名青史。

东汉时，雁门郡治所由广武古城迁到雁门关北的下馆城，北

旧广武城西门外收秋回城的村民（2010年摄）

广武城分广武古城、旧广武城、新广武城。广武古城在今山西省代县雁门关镇古城村，古为雁门郡郡治。汉高祖六年（前201），北上大同平叛韩王信的刘邦在此关押劝其慎进的谋臣刘敬，广武古城由此名留青史。东汉时，雁门郡治所迁徙到雁门关北的下馆城，北魏时期又迁至上馆城（今代县县城），广武古城就此匿迹。旧广武城为宋辽时期所建。洪武三年（1370），明王朝在雁门关附近修建白草口长城。洪武七年（1374）在雁门关北侧山下修建新广武城（今山阴县广武村），扩建旧广武城并包砖。

魏时期又迁移到距离广武古城不远的上馆城（今山西代县县城），广武古城就此成为遗迹。

2

旧广武城在著名的白草口长城西侧山下，旁边有庞大的汉墓群，今属山西朔州市山阴县，是目前塞外城墙和城内格局保存最完整的一座古城池。明初建设的城墙高大坚固，当下，虽城内残墙旧屋散落分布在十字街上，但全国各地的建筑、人文、历史爱好者，还是络绎不绝地来到旧广武城。他们从西城门内的台阶上登临城墙，仰望横亘在句注山上的白草口长城，看着山下几匹肥壮的马儿慢悠悠逛荡，眺望朔北千里旷野后，在直通东西大门的街道上、在常有羊群晒太阳的南大门逛游一圈，然后带着感叹，远去。

旧广武城始建于何年，至今没有确切的考证。有人认为应该是后晋君主石敬瑭认辽帝耶律德光为父并割让幽云十六州后，由辽国修建的。有人认为是北汉奉辽帝为叔皇帝时建造的。还有人认为是萧太后与其子（辽圣宗耶律隆绪）南下伐宋时签订“澶渊之盟”后，为了和大宋进行贸易往来，在双方划定的边界接壤处修建的……到底什么时候修建的，一时难考。不过，金灭辽后，置此城为广武县治。

今人所见的旧广武城，则是明朝建立后不久包砖重修的。

新广武城在雁门关北面的山下，由明朝的开国勋贵悍将吉安侯陆仲亨镇守雁门时修建。这位善于军事治理的将军，据说在洪武三年（1370）因私自骑了公家驿站的马受到了朱元璋的处分，被发派到雁门负责搜捕流寇盗贼——洪武皇帝整治开国功臣们据说很有一套办法。到了代州地，陆仲亨很快在边防的营建上展现出他作为一位开国大将的风采与能力：建设代州城，加固旧广武城，开建新广武城，修建从新广武城到白草沟的长城，等等。

新广武城又被称为广武营，明朝雁门守御千户所所在地，万历三年（1575）重新修建过，城里驻扎着在册的正规军、可参与作战屯田的军人子弟和屯田的民兵约一千人。

清朝建立，雁门关从边关变为内关，广武城（营）逐渐失去防御功能，只是象征性地驻扎着四十多名军人，传递皇家颁布的政令和参与地方治安管理。这座关城逐渐成为一个商贾往来、店铺林立、经济繁荣的古商道上的重要节点。

新、旧广武城相距仅三公里，在塞外游牧民族与关内农耕民族的长期冲突中，它们与雁门关、白草口长城、瞭望楼等形成了针对塞外入侵者的防御体系。

3

2009年春，我慕名来到了旧广武城。或许我对她过于陌生，或许她过于单调——除了城墙、低矮陈旧的平房（北城墙下夹杂着些新红砖房）、抱着孩子的村妇和南城门外两位穿着几层衣服的牧羊人外，凋零的古城似乎并无特别令我心动之处。在城里转悠了一圈，出西城门，直驱新广武城。

新广武城的落魄、萧瑟实在超出了我的想象，站在城里，犹如掉进了陷阱，我的印象很细碎：几段城垣、三个半城门洞、夹在民居中的城垛、半山腰上壮硕的敌楼、时断时续的街道、细流无声的小河、耸立在河床中央的一段石墩（后来得知为南城门残留）、坐在西山脚下村口洗土豆的老妇、在河边地块里背玉米秆的孤寡老人、没有规则的房屋、纵横交错的电线、垃圾、炉渣……我实在归置不出古城的大概轮廓。

站在城里，眺望着西山上尚存的土墙，我陷入了迷茫。

当驴车拉着围着红头巾的女人叮叮当当地碾过敌楼下河边沙石路的时候，我想到了走在杭州城里窈窕时髦的女人，一种恍惚的感觉涌上心头：莫非这个地方被世界遗忘了？

我不能确认城池的大概形制，也无法理清古城的过往，带着混乱的思绪和说不清的纠结，与之告别。

4

人离开了广武城，但斜阳下的那座城池和山头上的敌楼却留在了我的心里，凭借它散发出的那种冷艳气质、那种与生俱来的傲然姿态，令我对小河穿过的古城起了惦记，它所有的经历，像团迷雾罩在我的头上，挥之不去。

是年深秋，我再次来到广武城，我要探寻她曾经的荣耀，期望知道深埋在城垣和废墟下的历史。

不知是初秋的阳光更浓郁些，还是秋天各种颜色更丰富些，旧广武城在金色的阳光照射下似乎显得比春风吹拂的时候要迷人很多。拉着秸秆的驴车慢悠悠地穿过西城门洞，像拖拉机般摇摆的蓝色小卡车从城门洞行驶出来……大概是收获的季节，城里的女人似乎也比春天多些。

我又走进临街的那座门楼，见到东、西屋已经塌陷的院落中，

老广武城东面的白草口长城（2009年畅扬摄）

穿着枣红色上衣的女主人正在三间小平房的东间里点燃秸秆做饭，支在火上的铁锅落了不少灰烬，她本人也隐在烟雾里朦朦胧胧的；中间屋子放着家什、粮缸、农具等；占了西间一半的大炕上蜷曲着女主人生病的母亲，她那穿着粉色衣服的女儿站在炕沿前，一边唱歌，一边拉着外婆的手轻轻摇晃着，似乎试图减轻老人的病痛，使她少些呻吟。

女主人瘦弱的母亲看来难受得厉害，头埋在枕头里，弱弱地躺在那里，并没有理会小外孙女的殷勤。

“没有去医院？”

“还没有来得及。”

“孩子的爸爸呢？”

“到外面打工去了。”

……

女主人在烟雾里隔屋回应着我。

出了她家的院门（其实无门），有一个问题萦绕在我心头：朔州的露天煤矿闻名于世，相距不远的旧广武城里的这家女主人，为何还要烟熏火燎地烧秸秆做饭？或许最恰当的回答是：年轻的女主人带着一老一少支撑在旧广武城里的生活并不容易。

5

又入新广武。

我要了解新广武城衰落的原因，知道她曾经的风姿、故事、传奇和磨难。当我和正在街上支着锅洗土豆做淀粉的村民聊天，和守在家里的老婆婆搭讪，和叼着烟卷、驾着马车的村民攀谈……

却始终不得要领的时候，那个牵着穿开裆棉裤的小孙女的詹大爷，出现在通往南城门口的街道上。

“这老汉在村里年岁最大，知道的东西最多，问他保准行。”听了一位村民的话，我和同行的当地文化专家一起迎上前去。

“想知道些啥？”他停下来。

“您青年时看到的新广武城是什么模样？”

“哎，现在谁还关心这地方？！”他缓慢地走到街西边房屋的台阶上，蹲下来，一字一句地回答我们的提问。

经詹大爷生动的描述和比画，新广武城的轮廓逐渐在我们的脑海里清晰了起来：此城由主城、大北关城、小北关城、东关、南关构成，结构状若莲花，又像狗爪，因此人们戏称为“狗爪莲花城”。主城、北关城城门上和城角上都有集驻军、观察瞭望于一体的敌楼，这些敌楼又因建筑方位和样式的不同，被当地人称为“红楼”“椅子楼”和“角楼”——“那楼三四层，气派着呢！”

“周长三里有奇”的新广武城里，多是政府的办事机构、官员及其家属居住的宅院、商号、庙宇、私塾等。有武衙、文衙，还有城隍庙、财神庙、河神庙、马王庙、戏楼等。城里有介休人开的“忠义源”商号，还有拥有运输驼队的“来顺店”等。

大北关城里，据说在清道光年间就已经布满做买卖的店铺了。最北是杨家开的铺面（城里多是杨姓和刘姓人家），接着是一家金货铺、杂货铺（名字詹大爷一时想不起来）、商号为“德泰店”的铁货铺、原平人卖玉器的“恒泰店”、卖布的“义顺店”、四家当铺，等等。城南的一武姓人家，还把买卖做到了迪化（今乌鲁木齐），家业很兴旺。大北关城东门外还有卖铁货的“聚义店”、税务所等。

小北关是因经济繁盛而扩张出来的。詹大爷记得，当时小北关城里一个经营饼面的“义兴勇”老板，仅房产就有五十多间，足见广武城当时的商业之繁盛。而能支持饼面老板生意的几盘水磨就安在城西雁门河拐弯处（詹大爷称之为老锣湾）。

据说让新广武城人最为自豪的是：大清王朝末期的慈禧太后到西安躲避战乱、途经雁门关时，曾经在城里的“来顺店”里下榻过（或许是休憩过一下）。店主杨应魁做梦都想不到能见着皇太后这等尊贵的人物，对太后及其随行照料备至，倾心服务。历经逃难与路途颠簸之苦的慈禧甚是满意，据说赏其半副銮驾，并赐其五品头衔，委以广东某地知府。詹大爷听老人说，杨应魁自知才疏学浅，不堪担当，领了太后的好意，却并没有到广东去赴任，而是继续他的饭店营生，直到去世，都不曾离开过广武。

通过詹大爷的描述，可以想见当年的新广武城模样：哗啦啦的雁门河水穿过坚固的古城，水磨飞转，街上店铺林立，驼队、商旅往来，那是怎样的一派繁盛光景！

6

“等我死了，你们啥都不知道啦！”思路清晰的詹大爷激动地说道。

今日新广武城里，六百余年的古城风采已经荡然无存。繁华落尽，只剩下一片让外客很难流连的衰败景象。城内外、大小北关内的庙宇难觅踪迹，当年客人络绎不绝的商铺也已经不见踪影。如果不是这位老人家的回忆，除了大北关尚且壮观的城墙、城门

新广武城损毁的南城（2010年摄）

新广武城西门外的敌楼（2019年摄）

和西山边上的那座敌楼，我们无法想象这个城里曾经承载着接待过皇太后、皇帝西行驻跸的荣耀；更难想象它曾经的商业繁荣、人欢马叫的繁荣景象。

詹大爷不仅是此城里年龄最长者，可能也是老者中最有文化的人。他曾在马王庙改建的、男女分读的学校里上过学，还考上过本地区的农林职业学校。1937 年日本人来了，农校读书的事自然也就黄了……九十年的风雨，他既见识过新广武城里昔日的繁荣，也目睹了它日渐地衰败，往事深深印在了他的脑海之中。

“（新广武城经济是）民国十九年（1930）开始倒灶的。”詹大爷说，“原来一块钱值当一块钱，结果发行新货币，原来二十元钱才顶一元新币，买卖人的生意全完蛋了（政府靠多发行货币弥补财政赤字），当铺也倒闭了，啥生意还能干？生意没有了，日子总还得过！可是日本人又来了，进了广武城里，拆了不少建筑，把粗的梁柱都烧了。”

“毛主席领导的新中国，不时兴拜佛什么的，有人说那些菩萨娘娘、马王爷都是牛鬼蛇神，给砸了个稀巴烂。”詹大爷说。

……

今天，新广武城凋零的模样让人不堪目睹，有谁能相信如今连一只鹅也浮不起来的雁门河曾经水流清澈，推动着城墙边的几盘大磨飞转？那儿如今只剩下半爿残墙和一堆石头。

7

站在新广武城那座敦实的二层敌楼上，向西北瞭望，宽阔的朔州平原尽收眼底；向东北张望，横亘在山坡上的古城郭残留的土墙，在秋日的余晖中散发出一道迷人的光芒；几公里外的高速公路上呼啸奔驰着各种车辆——这些似乎与敌楼下的城门洞、不规整的街道、从田间摇晃着回来的小毛驴车无任何关联。只有好像被人遗忘的古城，陪伴着细得快要断流的小河，默默地生活着。

很少有人觉得这座古城还有生机——青年人已经远走他乡，只有在这里生活了一辈子的老人决心坚守到最后。

新广武城被遮蔽的魅力是难以被人发觉的。

次年的深秋，我与友人再次来到新广武城。为什么再来，我也说不清。我要往更北的地方赶路，但不来看看它，心里便不能宁静。虽然看着它心里又隐隐作痛，但硬生生从它面前掠过，又心绪难安。

天公不作美，空中飘起了雪花，小河上结了一层薄冰，我两手藏在袖笼里在几乎不见人影的村子里走了一圈，又上下走了一个来回。四处飘落着金黄色的落叶，叶子被雪花浸润，显得丰厚又明亮；只是一片片飞落的树叶，配合着阴郁寒冷的天气，让小城显得更加落寞。

我去了第一次见过的那个孤寡老人的家，院子里北屋墙垣里还没有来得及收割的玉米落满雪花，还有点绿意的玉米秆、饱满的玉米棒子被一层白雪覆盖着，成了院子里一道别样的景致。推开虚掩着的门，无人。老人大概串门去了。

空中似乎又飘下了透明的小“珍珠”，天气愈加寒冷。

我正在近乎废弃的另一院落里拍照，一位戴着瓜皮毡帽的老人，从东面的屋里走了出来。

“大爷，这房子有点危险了，还住？”我很惊讶老人的出现。

“嗯。”

“一个人住？吃午饭了没？”

“嗯。”他扶着墙在门口站了一会儿，又折回了屋子。

我本来计划走出院子，看见大爷，便又折了回去，进了他的房子。我被其危险和简陋所震惊：间隔成两间的外屋房顶有床铺大的一个洞，一根小碗口粗的木椽已经折断，似乎随时要掉落下来；从洞口飘进屋子的雪花，落在地上的一小堆玉米棒子和水缸上放置的簸箕上。外屋泥抹的墙皮已经剥落，裸露出一块块不规整的石头，感觉用手轻轻一推，就有倒塌的危险似的。房屋的里间是大爷的居室，占了半个房屋的大炕一侧有三小卷褥子，墙角三条已经分不清颜色的被子摞在一起。被子前一堆豆子、几件揉成一团的衣服、一个烟袋、一个打火机、一个装烟丝的旧铁盒。窗户下墙角的一张歪斜的桌子上放着三只粗瓷碗、筷子等，地上落了不少烧炉灶的柴火梗。灶台上的大锅锅盖没有盖严实，我顺手揭开锅盖看了看，里面剩了一锅底玉米面和着白菜叶或者萝卜叶的稠饭。

老人坐在冰冷的炕沿上，正和我说着话，院子里进来了一位个子不高的中年男人。

“嗯呀，有人？我来看看老汉冻死了没有！”

“老人没有子女？”

“有子女有啥用？他的三个儿子各个过得连自己的日子都顾不住。大儿子就在村子里，得了半身不遂，躺在炕上连自己死活都照顾不过来，还能顾及得了他？！”

“你是村主任？”

“不是。就村里的。今天这么冷，我过来看看。”

……

新广武城一位老人与来访者告别（2010年摄）

我不知道我是如何离开新广武城的，只知进了车里，我和同行的摄影师半天都没有说话，那顿很晚才吃上的午饭也没有滋味，横竖都难以下咽，咽口口水都觉得噎得人难受。

我似乎听到了古城在雪花飘摇中的叹息：苍天，今夕是何年？

8

近几年来，每到晋西北探访，我都惦记起新广武城，老人们可好？那底部塌陷的敌楼是否安在？那残缺的城门是否还存在？但每次，我都不敢去看她。她变了吗？变得美好，我欣喜；但如果还是维持原来令人伤心的局面甚至更加的衰落呢？

于是就这么远隔千里地眺望着。

此刻，当追述与她见面时的点滴，我不想再克制自己。我已经知道她曾经如此的美丽、窈窕、迷人，我就更不能犹如一个世俗的过客，鄙夷她的现状。我需要付出对她的爱，再踏上那片本是温情的土地，继续探寻她过往的风采，追溯她六百多年的美好。

和她再次相会的日子不会遥远，待到风轻云淡时。

争夺碗子城

2008年6月的一天，太行山上轻风微拂，阳光普照。

在晋城市最南端晋豫交界处的古道上，两队人正为争夺一处废弃古堡的所有权对峙着——这场持续了数天的争执场面一度十分紧张，几近要发展成为一场械斗。在局面快要失控的当儿，两边的重量级人物出现了，暂且安抚住了各自的人马，才算没有弄出“大事”来。

这条古道叫太行道，是著名的“太行八陉”之一。

早已废弃的古堡叫碗子城。

1

争执的双方是古道两端晋、豫两省交界处的村民——古道上方的是山西泽州县晋庙铺镇大口村村民，古道下方是河南沁阳市常平村人。争执的起因是常平村村民委员会对碗子城的旅游开发，核心是碗子城的归属问题。泽州这边坚定地认为：碗子城是南出山西太行古道之一太行陉或天井关的一个组成部分，自古以来就属山西，无可争议！沁阳方面的人则宣称：常平村人就与碗子城遥相守望——史书上说太行古道在沁阳之北，他们当拥碗子城无疑！

两方高层是如何协调的不得而知，但争论暂时平息了下来。常平村的人撤回到山下，暂时停止了开发。

得不到碗子城的常平村人愤愤不平，把此争论报料给了能影响更多人的媒体。面对各路媒体的“热情报道”，晋城方面从容应对，并且表现出对这场争论的基本态度：我们的地盘，何需争论？！

其实为争夺这块地盘，常平村人还是下了一番苦功的。当山西省还在为无数的文物保护问题而头疼的时候，常平村人早在1986年就为这个占地仅一亩的石头古堡申请了河南省级文物保护单位，还立碑昭告世人。大口村碗子城自然村（或碗城组）觉得这事很荒谬，不与之理论，砸碑了之。常平村人又立“飞机播种育林区”告示牌，大口村人又毫不迟疑拔掉。面对晋庙铺大口村人的一次次阻挠，常平村人则又坚韧不拔地用大红漆在古道上写上归属地的名号。

……

当晋城人还在醉心于煤炭带来的丰厚收入时，已被国家列为首批“资源枯竭型城市”的焦作市（沁阳归其管辖）开始转变观念，决计搞可持续发展产业，大力发展旅游业。常平村的新任村主任做了细心谋划，决心以古道为旅游发展的核心。他满怀激情地在已无顶盖的碗子城召开了首届班子大会，明确提出开发碗子城是本届村委会的首要目标。

筹集到开发碗子城的资金后，他们在此开了第二次重要会议。正当他们举着红旗，拿着镐头、铁锹等工具信心满满地准备动工时，晋庙铺的人来了，双方就此展开了本文开头的争吵。

其实，在 2001 年，山西、河南两省对争议地区进行了联合勘界，在有双方省长共同签字的勘界协议上，碗子城被明确划归在山西境内——在晋庙铺人看来，这应该是最具权威和法律效力的依据了。

然而，双方对碗子城归属问题的争议仍在继续。

2

那么，碗子城到底有什么样的魅力和迷人的故事，让常平村人一再登上这个用石头垒就的弹丸小城、召开激动人心的村民大会且要大张旗鼓地占有呢？因为他们比晋城人更早地领会了现代人的生活新需求——人们除了时兴花钱寻求探险、辛苦和惊喜外，还喜欢探听有板有眼的历史。把留下历史痕迹的实物和历史人物的“杂烩”，加上层峦叠嶂、云雾缭绕的风光，不失为一个挣钱的好项目。碗子城集中了一桩好生意的基本要点：古太行道羊肠坂路让古人走得千难万难，车摧马乏；让娇贵的今人走起来既愁眉苦脸又欢欣鼓舞，一路走一路撞击着历史，还一路不断地抒发着赞美。

碗子城潜在的发展诱惑，是晋、豫两边村民都不愿意放弃的。

碗子城所在的太行道，是古代山西穿越太行至冀豫的八条重要交通要道（又称“太行八陉”）之一，即今山西泽州南通向河南沁阳的山间古道，途经晋庙铺、油坊村、大口村、碗城村、碗子城隘口、河南常平村。此道一路险要，曲折迂回，是北方民族逐鹿中原或中原北控草原的最重要的通道之一。

它的历史可以追溯得很远……

3

春秋时期，人烟稀少、属于晋国的太行古道上只居住着两个少数民族部落，霸权虽然已经开始流行，古道四周还没有后来那种大规模的、赤裸裸的侵占与杀戮。由于远离权力的中心，这条古道上只有虎狼出没、山民穿行。

三家分晋开启了战国时代，穷兵黩武开始大行其道。

魏、赵、韩三国为了抵御西部崛起的秦国和南部的楚国，采取了相互联合抵御外敌的国策。太行道在飞地交错、你中有我我中有你的韩、魏之间自然不见兵马刀戈。然而，当西边的强秦逐渐吞噬韩、魏河东、河南的大片领土时，太行道开始了其腥风血雨的历程。

公元前 263 年左右，已三次进攻魏国都城大梁（今河南开封）的秦国，在相继占领了韩国的陉城（今山西曲沃）、南阳（今河南南阳）后，派出其天才军事家白起（战国四大名将之一）占领太行道，目标直指国力相当的赵国。

次年，太行道南端山下的野王（今沁阳）降秦，上党成为韩国孤悬于外的飞地。秦国随即大兵压境，强逼韩上党太守献地归降。太守在进退两难的情况下，转身率阖郡百姓投赵。赵国为保护新得之地，派出名将廉颇（战国四大名将之一）救援，并与秦军在长平（今晋城高平市境内）展开了三年攻防战。最后，秦国实行了“反间计”“骄敌计”等一系列计策，赵王撤廉颇，换急于求功的名将赵奢之子赵括为统军。秦、赵两军在太行道的北段演绎了中国古代军事史上著名的一战——长平之战，以秦坑杀赵数十万军民为结局。赵国从此走向衰落。

这是太行道经历的第一场大规模的腥风血雨，此时太行道上的天井关还叫“天门关”。

汉朝时期，太行道仍属于上党地区与河内郡两地民众和商人往来的小道。至十六国时期，太行道上云淡风轻，既无黑云压城之日，亦无兵甲血战之时，偶有散兵往来，或许是古道两端的地方信使，边赏风光，边攀登着穿越太行。今有人根据曹操《苦寒行》中“北上太行山，艰哉何巍巍！羊肠坂诘屈，车轮为之摧”的诗句，就宣称曹操在平定并州牧高干的叛乱时曾经率军路过此处的“羊肠坂”，其实是一种讹传。在山西境内叫“羊肠坂”的太行古道有两处：一处在今壶关东南；另一处在今泽州南（即本文所讨论之处）。当年曹操北上太原征讨降而复叛的袁绍外甥、并州牧高干时，是从邺城出发，过滏口陉，攀登壶关的“羊肠坂”，向东南，过位于今天黎城的壶口关，再南下围壶关，然后再沿着大道北上，击高干。《资治通鉴》第六十五卷开篇“曹操自将击高幹，留其世子丕守鄴，使别驾从事崔琰傅之。操围壶关，壶关降”，说明了他的行军路线。邺城在太行山的东面，距离河南林州至平顺再至壶关的羊肠坂道更近，也更便利，这条道路在先秦时期就是河南、河北、上党地区三地往来的交通干线。古道穿梭在悬崖峭壁之间，望之胆战心惊。曹操要征服的目的地是太原（古并州），不必绕一大圈从南面上太行，再奔向太原——晋豫两地文人在摆论历史时，移花接木，大概是对自己生活的一方土地倾注了太多的热爱，而忽略了基本的史实。

历史进入了魏晋南北朝时期。这数百年间，天下虽纷争不断，但由于拓跋氏在今山西大同建立了锐意进取的北魏政府，山西交通得到了大规模的建设和提升。除继续以井陉、滏口陉古道为交通要道外，拓跋政府曾几次发兵，开平城至灵丘直道，拓灵丘至河北定州灵丘道，使其成为东出太行的交通干线之一，同时建晋城高平（时为泫氏县）至沁阳（时为怀州）道——太行道，使其成为太原、上党至洛阳的交通干线。太行道彼时称为丹谷道（先秦时期只是无名小路），皆因其大部分路段分布于丹河（发源于高平丹朱岭）河谷——其北端秦王朝时期称为天门关的关隘（至汉朝更名并至今沿用为天井关），这一条籍籍无名的小道能够成为交通主干线与魏孝文帝迁都洛阳、决心把鲜卑族汉化的政策有极大关系。而战国、秦汉时期，从河东曲沃过黑水岭（今山西沁水东乌岭）至安平郡（今山西沁水端氏）再至泫氏（今山西高平）的交通干线逐渐被官方放弃，仅成为河东与上党地区盐铁贸易的商道。

隋朝时期，性格张扬、强势且喜好大规模公共工程建设的隋炀帝，在洛阳营建东都的同时，不知是为了方便上党地区的民众经沁阳到达洛阳，还是为了军事情报、地方官府信息或文书的传递方便，发动民众开凿从沁阳直达晋庙铺天井关的直道，即更加艰险难行的"隋直道"。

李家取代隋炀帝建立大唐后，沟通晋豫两地的泽州羊肠坂古道迎来了它全新的一页。

山西是李家发家之地，又是武则天的故里，从东都洛阳到河东道（今山西全省）的交通发展自然不能怠慢，扩修大道，以便于两地百姓、商人、官员往来，同时建立了今天沁阳常平村与泽州晋庙铺镇大口村所争夺的碗子城堡。曾为潞州别驾、后来带兵进宫杀了韦皇后等一干人的李隆基，不知道有没有走过太行道，但可以确证的是，武则天信任的宰相、“中国古代一号侦探”、太原人狄仁杰从碗子城走过。估计狄大人一面看着这道路发愁，一面站在羊肠坂上望着太行山巅的云朵诗兴大发。也不知是哪个时代的人在古羊肠坂道上设置了一个纪念他的景点——“狄大人望云处”。

当武则天倚重的狄大人走过碗子城几十年后，战争便如阴魂般“光临”了这个小关城。

唐天宝十四年（755），集北方三镇范阳、平卢、河东节度使于一身的安禄山野心勃勃，想过一把皇帝瘾。这个血统和身份复杂、其貌不扬、患有眼疾的肥胖男人，联络其防御对象室韦、契丹、突厥等部族，以奉密旨“清君侧”、讨伐宰相杨国忠之名，与同样受到玄宗重用的同乡史思明，于那年的冬季在范阳起兵，从此开启了唐代长达七年多的“安史之乱”。

猝不及防的朝廷大为惊恐，再加之玄宗皇帝与宰相屡出昏招，让暗地里准备多年的安禄山，仅一个月就到达了东都洛阳。当玄宗皇帝带着皇后、嫔妃、皇子、公主等即将逃出长安的时候，安禄山在洛阳宣布自己是掌控天下的大燕皇帝。

拿下洛阳的安禄山，派史思明、蔡希德等四员大将带十万兵马进攻太原。蔡希德从太行道过碗子城南上太行，越上党地区，与从云中（今山西大同）、范阳（今北京和河北保定北部地区）、博陵（今河北安平一带）赶来的军队组成四路大军，在史思明的统领下，合围古城晋阳（今山西太原）。彼时，平定安史之乱的著名将领李光弼率兵一万守方圆二十公里的晋阳城，叛军以挖地道、架冲梯、堆土山等办法猛攻，月余不下。晋阳守城战打得异常惨烈。在这当口儿，安禄山之子安庆绪杀父自立，调史思明守范阳，蔡希德接任围城总指挥。不久，李光弼乘机亲率敢死队出城，杀叛军七万余人，蔡希德兵败逃逸。

此后，安史之乱的两个主角展开了连环杀。

公元 762 年，羞于再与安禄山一样姓氏而得到当朝皇帝赐姓、太上皇改名的大唐著名将领李抱玉，因收复了碗子城下的怀州并且守卫河阳有功，擢升为泽州刺史。不久，杀父、杀弟、杀继母自立为燕王的史思明之子史朝义，上太行道，进攻泽州城。李抱玉在郭子仪的支援下，大败史朝义。公元 763 年正月，史朝义在逃亡中自杀，安史之乱终于被平定。

大唐的创伤在慢慢恢复。

然而，安史之乱结束整整八十年后，身处太行腹地的碗子城又见到了唐朝军队与叛军的往复厮杀。843 年（会昌三年），节制上党地区潞、泽军务的昭义节度使去世了，其从子因不能继承军务，又生事端，以玉石俱焚的疯狂，从潞州出发，过碗子城，下太行道，破怀州（今河南沁阳），直指长安城，打算向都城里的皇帝“兴师问罪”。尽管最有条件迅速出兵平叛的河东节度使在半路上裹足不前，叛军最后还是被跋涉上太行道的大唐军队剿灭。

又过了三十多年，屡试不第、在长安城里写下了“冲天香阵透长安，满城尽带黄金甲”的著名诗句以表白自己惊天理想的盐商之子——黄巢，参加了主要由农民组织的反唐军队，成为其“冲天大将军”并率部转战南北后，攻占洛阳、冲进长安城、掀翻了大唐帝座，自己当了“大齐”皇帝。这位皇帝的屁股还没坐稳，他的得力战将朱温就有了更大的梦想，背叛他投靠唐僖宗，得到了更重要的军职。

以阴险著称的朱温一面为唐僖宗服务，一面扩张着自己的军事实力，做着皇帝的美梦。当他意识到护唐猛将、坐镇山西的沙陀人——晋王李克用是他实现梦想的劲敌时，曾想在李援助其解围汴州（今河南开封）的战争中实行暗杀行为，不曾料密谋被泄露，二人因此结怨。

自此后，碗子城进入了以这两个人为主角的军事拼杀阶段。朱温称帝后的梁军和李克用的晋军在太行道南北，你来我往，打得胜负难分。923年，李克用之子李存勖攻进大梁都城，灭了朱温苦心建立的后梁。

五代时期，碗子城显得更加忙碌——后唐的军队从此处南下至沁阳，进了洛阳城，接着又打了回来；契丹军队从北方打过来，过碗子城，灭了后晋；后汉的军队也从此处下去，再上太行道时，摇身变成了后周，军队的首领成了后周太祖郭威的养子柴荣。

郭威建立后周后，后汉皇弟、河东节度使刘崇以晋阳为都城，建立了小而顽强的北汉政府。

后周显德元年（954）初春，北汉、契丹联军于后周太祖新丧之际，发兵南下。后周调兵遣将赶赴上党，决心予以阻击，新任皇帝柴荣御驾亲征，他身披铠甲，从开封出发，五天后到达沁阳，然后再率领大军上太行道（《泽州府志》记载他还率先负石修道呢），穿过碗子城，两天后到达泽州，两军在此相遇，于是展开了一场著名的战争——巴公原大战，后周经过此战扩大了其地盘。

时光飞逝，在后周皇帝走过碗子城172年后的靖康元年（1126），从东北崛起的女真族人建立的大金军队，穿过上党、闪过碗子城、飞奔过沁阳，直驱汴京开封，演绎了“靖康之变”。第二年的春天，碗子城看到：军马驮着从都城开封抢劫来的各种珍奇异宝、传世艺术品、大宋王朝档案等，艰难地行走在太行道上，后面还有被掳北上的大宋皇帝、皇后、妃子、官员、宫廷艺人、乐伎等。当这支掺杂着胜利者的兴奋与失败者被迫离开故都痛彻心扉的悲凉于一起的队伍走过太行道时，天地昏暗，树木无色，百花含怒，碗子城的惊恐和悲戚达到了极点。

世事巨变，碗子城或许麻木了，既不为南下的军队骄傲，也不为北上的军队叫苦。它冷静地看着这个世界的变迁，只关注大雪纷飞时商旅者的艰难、春去秋来时的花开花落。

当江山再次易主时，驰骋亚欧的蒙古军队从北面杀来，飞速通过了碗子城。

庞大的元朝耀眼地屹立在东方。为了使中原丰富的物产能源源不断地运输到遥远的北方地区，元朝廷在碗子城建立了碗子城驿站，为来往的军人和商旅提供饮水、寄宿便利，有人还闲情地在碗子城附近的古道岩石上刻下了文字……

一百五十多年后，濠州放牛娃出身的朱元璋，率领军队在碗子城下与元朝的军队打了一仗，赢了。然后越过碗子城，挺进上党，北上追逐逃遁的蒙古人。

此后，碗子城见证了一队队扶老携幼、从山西洪洞大槐树下及各地迁徙至河南的移民，他们的后代有的做到了兵部尚书，有的做到了翰林学士。

时光在碗子城又过了两百多年。

崇祯二年（1629），陕西米脂人李自成，在杀了债主、出轨的妻子、上司和服役地的县令后，参加了叛乱，后转战投到正在山西的“闯王”高迎祥的麾下，当了闯将。高迎祥战死，继闯王位。

古太行道上的碗子城城堡（2014年摄）

碗子城为太行八陉之一——太行道上一小型防御性古堡。汉朝之前，太行道属于山西上党地区与沁阳（古河内郡）两地民众来往的小道。南北朝时期，北魏拓跋政府曾几次发兵，开平城至灵丘直道，拓灵丘至河北定州灵丘道，同时修晋城高平至沁阳之太行道（时称丹谷道）。

又经十几年的厮杀，崇祯十七年（1644）正月在西安城里建立了大顺国。建国不及月余，就匆忙率领大顺军开拔。他亲率一路跨黄河，从山西腹地北上；另一路沿黄河东下，然后绕上太行道，过碗子城，攻陷上党，再东出太行，下林州。两股部队合拢，围北京城。

崇祯皇帝在煤山（今景山）上吊自杀，明亡。

很快，不敌清军的李自成及其部队逃出京城，沿着北上路线，仓皇而逃。碗子城再次看到了那支情绪已不再旺盛、兵员也大幅缩减的大顺军。

清入关后统治中国的两百六十八年，碗子城只是商道上一供商旅歇脚的处所，或许还兼具收取厘金的功能。

此间，碗子城两百多年没有发生战争，也没有见到奔走的兵马铠甲，偶尔见到大汗淋漓的兵卒，可能也只是送些朝廷不甚要紧的文书。曲折蜿蜒的石道上，走过的多是情怀悠然的诗人，或晋庙铺与沁阳间两地互访的亲友、为了发家致富的商旅或驼队。碗子城的时光就这么不紧不慢、庸常地滑了过去。

4

碗子城见证的距今最近的一次杀戮，是一场抵御外族入侵的战斗。

1937 年，在半山坳中的岩石上享受着充足阳光的碗子城，无论如何也没有想到晋庙铺镇所在的泽州县城大街上会走着肩扛明晃晃刺刀的东洋人——日军已经占领了山西大部。

武装逊色于日本人的国民党军队退守在城边、村镇，武器配备更落后的八路军则穿越在太行山的深山密林中。两年后的 1939

年，日军与国民革命军第 40 军 115 旅，在常平村展开了一场惨烈的阵地争夺战——著名的“常平阻击战”。三千余名国民革命军据守常平，三万日军从沁阳方向合围。日军飞机炸、大炮轰、机枪射，国民军战士各个勇猛、以一当十，利用有利地形，杀敌两千余人。战斗持续了四十七天，最后日军使用毒气致使国民革命军将士大多中毒身亡，余者退守到碗子城和附近的山上，继续与日军对抗。当日军爬上太行道逼近碗子城时，十余名弹尽粮绝的 115 旅战士集体跳崖殉国。而以碗子城城墙为掩体的战士，拉响手中最后一颗手榴弹，与身边日军同归于尽。

三千多名中国军人无一生还。

碗子城悲伤到了极点，欲哭无泪，从此败落。

5

2015 年的春天，我来到名声大噪的碗子城。只见质朴、坚固且有着漂亮弧线的小城郭，屹立在古道陡峭处的一小块平地上。进出的东西两座城门洞不大，但雄厚壮实，颇有“一夫当关，万夫莫开”之势。西门外古道的壁石上，清同治三年（1864）勒石的“古羊肠坂道”清晰可见，其不远处有一小神龛，壁上的元代石刻已漫漶不清。城内荒草遮地，已无其它任何建筑遗迹。从碗子城向下，古道弯折处，不知何年靠山墙凿就的几个石臼，满溢着石壁苔藓中渗出的滴滴泉水。已久无行人的古道青石上，不时能看到落款为“林区防火”等醒目红字——带路的大口村村民说，这是沁阳人为拥有碗子城下苦功夫做的功课。

春天的浓绿包裹着附近的山巘，斜阳下的太行古道显得更加苍凉。山中灌木丛生、野兔奔走、彩蝶振翅，山下若蛇舞般蜿蜒的公路上，不时有晋豫两地的汽车驶过。

不知是春天的阳光过于温暖，还是我的行走过于快速，也或许是现代便捷的交通工具和山下曲折通达的道路耗损了我的想象力，反正站在碗子城的那一刻，两千多年的风风雨雨，没有撞击我的大脑，也没有迸发出南宋文学家岳珂走过时那种“太行羊肠坂九折，云黑风干尺深雪”的苦难情怀，倒是有明人王世贞《适晋纪行》里那种“如浮沧海”的感觉，但不用心酝酿，似乎也感受不甚强烈——这显然不是我预期的那种行走体验。

后来觉得，因为这看似很渺小并不牵涉他人利益的个人感受，实与晋城方面经济利益、投资开发碗子城的态度与方式、回报预期有很大关系。

碗子城身后的碗城村，几排石墙黛瓦的房子已经空无一人。村民已经积极响应国家城镇化的号召，按照撤乡（或村）并镇的政策，迁移到人口更密集的村镇了。据说，本来还有一户人家，不知是因为困难还是留恋这片土地，反正没有迁移。山下的常平村人知道后，上来嘘寒问暖，鼓励他们迁居到能给予更多照顾和关怀的村镇，该户村民遂喜洋洋地搬到了河南。

撇开碗城村下边的晋豫大道，除了飞鸟、走虫、灌木丛和千年的山水，碗子城似乎显得安详宁静。山下的常平村似乎也放弃了占有它的欲望，消停下来，再没有上山来争夺这个已荒芜的千年小城堡。

但没上来，不等于不惦记。

能引起这场争论本身就是一场舆论造势和宣传的成功。

先知先觉的河南人早在 1986 年就宣布羊肠坂（包括碗子城）

太行道上的元代微型石窟及石刻（张建军摄）

为河南省级重点文物保护单位。后知后觉的山西人也不甘人后，于 2004 年将天井关（含碗子城）列为本省第四批重点文保单位，并计划整合入“太行关古文化景区”进行开发。

是的，在这块美丽又充满历史传奇的地方，中原人表现出了其一贯的进取和勇猛精神。对于过惯了坐拥资源优势、受太行山庇护的生活舒适的晋城乃至整个上党地区的人来说，山下人奋斗的精神不仅感人亦值得学习。

山下人说得没有错，山西这边有好资源，但旅游业发展得很一般。关于如何收取费用给不忧虑生活的人寻找点吃苦的差事、让那些养尊处优且很重视养生的人呼吸高含氧量的空气、想法子让那些常常做桃花源梦的人过段深山老林的生活……琢磨这一套，山下人确实已经很在行。

说实在话，为了这场争夺，双方把历史典籍都翻了无数遍了。沁阳的古志书里说，去城北五十余里有碗子城；而晋城清乾隆年间出版的《凤台县志》（凤台县为古泽州治所）则白纸黑字写着：元末潞州地方长官李维馨曾以千名士兵驻守“碗子城”。又有其他史书记载：明嘉靖二十二年（1543）秋，为防关外元朝流亡后裔、蒙古土默特部首领俺答从山西南下中原抢掠，都御使、河南巡抚李宗枢除巩固潞州到河南的关隘以外，还曾向泽州借地，修固碗子城隘口……

山下的常平人暂时安静着。

晋庙铺人经过这场风波，如梦初醒，加紧了对天井关一带旅游开发的步伐。

沁阳人或许已经明白晋城方面的执着，因此大方地表示：搁置争议，双方协商，共同开发。而晋城这方面则表现出了相当的谨慎，他们明白，双方只有精诚合作，才能更好地发挥碗子城的历史文化效益；否则，就会让碗子城变成一块鸡肋，食之无味、弃之可惜。但不捍卫自己拥有碗子城的权利，天井关一带的整个旅游发展都将无法实施。

小小的碗子城，考验着山上山下两地人的智慧。

6

冬去春来已过七载，双方还僵持着。

月亮爬上来，淡淡地映照着氤氲的山峦。一阵山风轻拂过碗子城，远去。曾经兴奋与悔恨、喜悦与悲伤交织的千年古道上，只有山峦投射的黑影和月光缓慢移动的倒影。

注：至本书出版时，晋城泽州县已对太行道及天井关等古村进行了维护和保护性开发，有关其历史亦在陆续整理中。

大箕古镇的玫瑰圣母堂和老神父

但凡到中国古建筑拥有量最多的地方——晋城寻访，没有不去古镇大箕的。当然，人们去的理由不是到这个曾经繁荣了千余年的古道老镇寻找历史，也不是因为它还拥有足够多或足够有魅力的古建筑——说实在话，它现在的内涵已经不能端详，其模样已经不大能担负起千年古镇的名声。大部分访客是要去看一座样式洋气又别致、名字动人又好听、有百余年历史的教堂——玫瑰圣母堂。

玫瑰圣母堂建在一座四面悬空的巨大磐石上，外看就是一座典雅坚固的小古堡，一面斜道接地，另外三面绝壁凌空。当倾盆大雨到来之前，乌云从教堂带有塔楼的尖顶上掠过时，这座能俯瞰整个大箕镇和不远处的大箕河的古堡，颇有风采。而当它被夏季的浓绿簇拥时，斜阳照射下的古堡与铁制十字架上的蓝天相辉映，恰似一幅充满异域情调的乡村风景画。

这是一座很有韵味的西式建筑，它坐落在太行的乡间村落，与周围年久失修、人字坡顶的中国传统砖木结构建筑相比，格格不入，显得孤傲、冷峻。不过，对方圆百里的千余名教徒来说，这是他们心灵的栖息地，是他们心中的圣殿。远远地望见，便仿若回归到宁静、柔美之乡，心里充满了安全、幸福、温暖之感。无论风霜雪雨，他们都会从几十里外的乡间或市镇，聚集到教堂的大厅里，倾听老神父宣讲经文，并做祷告。

这个百余年的教堂，显然是丰富的、饱满的、厚重的，它看到了许多、见证了许多，也经历了许多。当很多人已经淡忘了渐行渐远的昨日时，当很多人不能明白曾经拥有震惊朝廷的商贾的大箕为何急速衰落时，镌刻在它记忆深处的历史便会慢慢浮现出来；人们在阅读它不能忘怀的过往时，关乎宏大历史下的细枝末节，关乎一个个心灵的是非，则慢慢呈现了出来。

1

第一次拜访玫瑰圣母堂，大概是2005年。友人陪我寻访太行古村落，路过大箕时，她说村里有一座建在大石头上像小山包一样的教堂，在晋城一带很出名，是目前这一片保留最完好的一座西式建筑，不妨去看看。

岂能错过！

车在大箕河边打了个弯，顺着一条河沟的南岸，直驱至教堂所在小堡子的脚下。入石券门，走一段逐渐升高的砖石小巷道，一座朴素、结实、精致的教堂，豁然出现在最高处的平地上。无须端详，一眼就能看出这是一座就地取材、完全按照西方建筑理念建造的宗教建筑：砖砌墙面上是高高的拱形、椭圆形窗户，延伸到塔顶的墙壁上装饰着大小不一、交叉的双边菱形，塔壁的六面开了很窄很高的拱形窗户，塔尖上耸立着象征着这座建筑属性的十字架。或许正是这与中国传统建筑截然不同的多途径的采光方式、变形的几何装饰和高高的拱形窗户，使这座建筑与太行山延续了几百年的中规中矩的古建相比，显得迥然不同。

我们从虚掩的南侧门进入教堂内部，约三百平方米的空间内，有一小圣坛，圣坛上有明亮穹顶，抱着圣子的圣母玛利亚彩色喷绘画挂在有穹顶的圣台后面的墙壁上，教徒阅读的《圣经》摆放在稍显简陋的祈祷用的椅子上。大概因为已入冬季，教堂内有点冷，并没人做祷告。

由于地理条件所限，教堂左右两侧及后方并无其他建筑，与地垂直的带垛口的护堡墙围成一个半椭圆形，拱卫着立在岩石高处的建筑。教堂正门下方，两行白菜透着翠绿，在已经萧瑟的太行山的冬季里，风姿绰约地“站”在室外，沐浴着初冬的淡淡阳光。

教堂前南侧有五排房子，就是神父居住、教友聚会、餐厅、柴房等所在地。按照一位正在厨房里忙碌着的青年厨娘的指点，我们拜见了居住在最前一排平房里的老神父。

行走在去见老神父的几十米的路上，我想象着老神父的模样：是一个面色红润、穿着袍子、像一个哲学家的智慧老人，还是一个头发稀少、埋在冬日暖阳里正在读《圣经》的垂垂老者？

2

记得在悉尼的一座大教堂前，一位被围拢在人群中央、穿着紫袍的主教，那极其和善的微笑、容光焕发的面庞，那完美无瑕的白色教冠和一丝不苟的紫袍，使拿着法器的主教在阳光照耀下熠熠生辉。在伦敦，年轻英俊、穿着黑袍的神学院的学生夹着字典一般厚厚的书籍穿过草坪时，让我想起了司汤达小说的男主人公。在布鲁塞尔，那看起来像饱学之士的青年神父，不食人间烟火般，被人拥簇着走在石头街道上……我觉得他们就是哲人的代表或者说是幸福的代言人。

在短短几分钟的小路上，我猜度着太行山深处老神父的模样。进了不大的平房内，一个瘦高、精干的老人出现在我们的面前，穿着已经洗得发白的蓝色旧中山装正在收拾小桌子上各地教会之间的来往信件和报纸。我们和他打了招呼，询问了一些教堂的历史等，他用一口当地话不急不慢地简略回答。说实在的，如果不是桌子一侧贴着一张报纸大小、上了油光的圣母像和墙上挂了些宗教管理方面的文件等，我觉着他就像一位安静的乡村老教师，文气、朴素。他身上丝毫看不出我在电影里看到的那种奔走四方、既亲切又严肃的老神父的气质。他表现出的那种与当地民众和环境和谐的宁静，与孤零零屹立在小院尽头的教堂很是匹配。他似乎就是这里的一部分，既不彰显，也不埋没。

老神父已经七十七岁了，姓杨，是大箕本地人，从小在村里的教会学校读书。二十世纪战乱时期，日本人来到大箕后，他跟着教会教师一路逃难到西南，后来辗转到北京，在北京的神学院学习了几年（后来得知他与曾任全国人大常委会副委员长、中国天主教爱国会主席的傅铁山主教为同届同校毕业校友），于 1956 年主动要求回到大箕玫瑰圣母堂，为这一带的教民提供服务。

我相信如果在乡间小路上，或在村镇里的街道上碰见老神父，你一定会觉着他就是个肚子里有点墨水的普通乡间老头，很难联想到他曾是学过深奥宗教哲理的神学院学生。他是晋城五县（市）众多天主教信徒的心灵依靠和支柱，信徒们的幸福与他分享，过失和罪过向他忏悔，冬去春来，年复一年。

我们询问老神父平日工作可忙碌、能否照应过来，他说他已经有了接班人。接替他的年轻神父，到南方一教区学习去了。

3

我觉着老神父身上有故事。

“不允许守在这里的时候，您去哪儿了？”我谨慎地询问。

“和大家一样劳动。”他轻描淡写地回答。

仓促与之见面，我不想打扰他太久，于是迅速与之告别。

不过，为了能了解他履职的空白期，几个月后我趁工作之便，又来到小堡子看望他。

老神父小心翼翼地呵护着玫瑰圣母堂，对于过往不愉快的经历，他避而不谈。他把过去的一切经历都化成了宁静和智慧，把往事化作烟云，不再赘述。这是一种睿智，也是守护玫瑰圣母堂的需要。

我能从更大局的角度理解老神父，是在好几年之后。

4

大箕现在的样子实在有点虚弱，不堪外人的端详。一个曾经耀眼朝廷的古镇，一个庄园、古堡、富豪、高官、名士、教士并存的大气又洋派的古镇，现在如何连一座像样子的古院落都不存，实在令人费解。是时光太过无情，带走了辉煌，涤尽了财富，留下了一堆交织着悔恨和遗憾的鸡毛，还是……时光曾穿越那些至今让人迷恋的地方，为何唯独对这方土地刻薄无情?

大箕古镇玫瑰圣母教堂外景（2013年摄）

明清时期，位于古道上的大箕曾出过多位富甲一方的豪商。清雍正、乾隆时期，大箕的王氏家族买卖延展多地，成为名震山西乃至全国的巨富商贾。大箕玫瑰圣母堂原为王家祖产小寨堡，1910年被荷兰传教士买下，在堡子里修建起五排平房，以供教徒歇息和诵经之用。1912年在此办教会学校，授拉丁文、英语和天主教知识。1913年，玫瑰大教堂动工修建，1916年竣工。

大箕地处太行古道上，是山西北方过泽潞地区到达中原的必经之路。这条路成就了无数泽潞商人，他们利用大箕独特的交通优势和古代冶金工业集群的地缘优势，通过对河东的盐（后为长芦盐）、泽潞的丝绸和著名的铁制品（锅、犁、铧、钢针等）的贩运，积累起了自己的财富，成为富甲一方的商人。清朝康乾盛世时，大箕的王太来等为其中的佼佼者，一般商贾无法企及其富有程度，乃至北京城里的雍正皇帝都不得不生出对其财富的惦念。

王家到底有多富有？清《永宪录》的一段记载或许能让今人对其有所了解。文中说："候补道员王廷扬捐银八万两，长芦盐商王太来捐银十万两，俱以一等议叙。廷扬子镅授一品荫生。王廷扬泽州人，富甲山右，康熙六十年曾助饷二十万，自运军前。太来其懋迁之字号各处有之……今上令其家助饷，只献银十万。查其家产现银一千七百万有奇……"

雍正是清朝最有办法弄钱的皇帝，如果没有他对富商和其财富的特别关注，到清朝"康乾盛世"的乾隆时代时，或许早已衰败。他对王太来这位泽州大箕富豪的捐输银两的数目很不满意，让人对其庞大家产查了个底朝天，共计一千七百多万两！这对朝廷是多么大的诱惑力。民间传说，王太来因在大箕为母亲建了高规格的庄园，被人告发，皇帝借此砍了王太来的头。其实，民间不用编造这样的故事也能很圆满地解释王太来必然倒霉的理由：富可敌国也是一种危险——他拥有的现银太多，已经超出国库的现银储备，对朝廷来说，这是一种可怕的富有，朝廷自然有各种技术措施和手段来使他的财富规模缩小甚至消失。管理一方的巡抚年薪加上养廉银也不足一万两千两百两，王太来的资产能养朝廷多少个巡抚，这个账目谁都能算得过来。

王太来到底是因为满足母亲的愿望做了所谓违制的事情而死，还是让皇帝以为他富有却不怎么爱国而找碴儿杀了他？这桩二百八十多年前的陈年旧事，已经不能提起一般人的兴趣，但能说明一点的就是：大箕真的富有过，而且不是一般的富有！

《永宪录》里只记载了王家的财产被查，但没有提到被没收。按照王朝和当时官场的规矩，王家要保护家族兴旺或把损失减少到最小，总要向朝廷和能捋顺帝王心气的人呈送巨额银两。王太来可能被杀，但并不意味着王家就此衰落，其后人多有捐官走入仕途的，并把家族事业推向顶峰。

王家后人最出类拔萃者据说当属第五代的王协（商名王泰来）。王协在乾隆四十八年（1783）考中举人，随后捐得刑部员外郎之职。作为富豪子弟，其为人大方，处事机敏，得以有机会承办乾隆帝南巡的接驾工作。在两淮奉命主账，捐输军饷，得到皇帝“恩加十三级，晋资正大夫”的嘉奖。在承办河东（今山西运城）盐务时，以巨资买到河东盐池私卖权，从长芦（渤海边盐场）、河东到两淮，王协在盐务上长袖善舞，在扬州、苏州、杭州、安阳等地都开设了王家盐号，专门承办食盐买卖和运销，获利巨大（史料记载一年可获得千万两白银），成为名震山西乃至全国的巨富商贾。

王协能有此成就，其高妙之处就在于识大体顾大局，既能赢得皇帝赏识，又能得到同僚信赖，为个人和家族博取财富的同时，也能很好地为国家谋利益。传说他在处理河东盐务时，为了保证朝廷税赋收入，坚决抵制外国商业资本参与。乾隆帝得知后大加赞赏，赐以貂皮、朝珠等宝物。

王太来的后人随着商号买卖的发展或捐官外任而逐渐散落到外地，但可以肯定的是，大箕始终是他们的根脉所在，他们在大箕修了记载于泽州县志中的秋木庄园，又在庄园外围修大寨、小寨、南寨三个堡子，以防中原上来的匪徒强盗。王家繁荣富贵，大箕也风光无限。秋木庄园、三座古堡、镇上的其他大户、青石道、生活在庄园里的人和来往的客商，构成了大箕记忆中永不磨灭的记忆：峰峦叠翠间，秋木庄园古树幽幽；高门大院中，花开堂前，仆人侍从在前后庭院、巷子里穿梭忙碌着；王家老爷、太太、少夫人、小公子、大小姐，各个绫罗绸缎，过着滋润的生活。宽宽的青石道上，只见来往于河南、山西、内蒙古等地的商人赶着驼队、马车，穿过街巷。他们有的歇下脚，在旅店里喝碗酒、吃餐饭，然后赶着自己的驼队消失在山那头；有的则把马车停在车马店后院，与相熟的人拉拉家常、说些见闻、打听些消息，或到大庙里的戏楼里看场戏，然后美美睡一觉，第二天一早继续自己的旅程。那时候，与古街平行的大箕河，河水清澈，只见扎着粗辫子的姑娘、头上插着银钗的少妇在河边洗衣……大箕依着青山、听着哗啦啦的河水，沉浸在浓郁的幸福中。

路过大箕的商人或大箕在外经商的人归来，不仅为她带来了财富，也带回了远方的新时尚和新观念。天主教或许就在这有意无意之间，传播到了大箕。

5

1901 年，当庆亲王奕劻和重臣李鸿章与英、美、法、俄、日等十一国签订《辛丑条约》时，山西各地以杀洋人和教会恶徒为行动口号的义和团在官府的镇压下，偃旗息鼓。

大箕镇的义和团亦就此消亡。

从惊惶中回过神来的荷兰传教士，开始信心满满地恢复他们在这一带的传教事业。他们筹资买下已风光不再的王家的祖产——小寨堡，于次年动工在堡里盖了保留至今的五排砖瓦平房，以供教徒歇息和诵经之用。为了培养教徒子弟，1912 年，传教士在此办了教会小学，招收十余名新生，教这些孩子拉丁文、英语和天主教知识。后来学校陆续扩招学生至三十多人。1913 年，玫瑰大教堂开始修建，1916 年竣工，次年教会组织了隆重的贺堂仪式。从此，小寨堡的玫瑰圣母堂，成了大箕周边村落乃至更远处教徒们礼拜、聚会的场所。

1937 年，日本人闯入晋城，小寨的传教士带着教会学校的学生南逃。日本人走后，教堂恢复活动，但已不复往日风光。

那时候，在教会学校读书的老神父十岁左右，跟着传教士一并逃至南方避难。

6

1956 年，老神父还是一个英俊、帅气的青年。在北京天主教神学院毕业，年方二十八岁的他殷切地向教会组织提出要求，回到自己的家乡“牧灵”。为离开近二十年（从儿童时逃难至北京神学院毕业）日思夜想的家乡教民提供服务是他的愿望、是家乡亲情的驱使，也是他的荣耀和职业本能，玫瑰圣母堂接纳了这个注定与之相伴终生的文质彬彬的青年神父。

大箕属于太行革命老区，在一个全新的时代，努力追随着发展洪流，在热闹非凡的人民公社、大炼钢铁等运动中，这个不被外人了解的乡间小镇，也演绎着自己的精彩。

我们已经无法知晓当时风华正茂的神父，是如何度过他回到玫瑰圣母堂的前十年的。但了解到 1966 年，教堂被强行关闭，他被安排到村子里打扫街道。一道永远留在那个时代村人记忆中的奇妙风景是：清晨，催促大队社员集体劳动的钟声响起，人们扛着锄头朝着一个方向会聚，一个一米八、清朗的男人在悄悄祷告完之后，迎着初阳，拿着扫帚打扫着两边都是明清古房的石头街道。

迷雾遮掩、大雪纷飞的村落街道上，同样能看到这个男人的身影。彼时的大箕人似乎明白，这个气质与他们有点异样的男人，是一个土生土长的大箕子弟，但似乎又不完全是。他从小接受了系统的西方神学教育，信仰耶稣。又和正沉浸在狂热梦想中的他们一样，听从北京城里的召唤。他们生活在一个古老的村镇，是同一个世界的人，但在精神世界中彼此陌生。

政府有人发出善意，为了把他从“深渊”中挽救出来，决定给他寻位妻子，他拒绝了。乡村毕竟是熟人和亲缘社会，既然他坚持独身，“不再向圣母祷告”，也就没有人和他过不去。除了扫大街，他还担任两个小队的会计。

1971 年，与中国各地一样，大箕也进入了那个特殊的时期，打扫卫生已经不符合对他的革命要求，他被派到煤矿挖煤、修路。他做事一丝不苟，工作认真负责，村里人都说：“忠义哥（他叫杨忠义）修的路就是好！”他的吃饭时间不固定，矿长（本村人）总是让厨房给他留下两个馒头和鸡蛋，这个特殊的待遇，既是村人对他品格的奖赏，也是人性光芒的闪耀——再糟糕的世界，也有善良映照。

一段艰难的时光终于结束了。

1979 年，一股清风吹散了笼罩在中国大地上的阴霾，也吹醒了沉寂在他心中为教民服务、发扬宗教进步作用的热情。他跑到县政府，表达了自己愿为晋东南五县天主教信徒服务、为“四化”建设贡献责任感和积极性的想法。政府同意了。

1986年，他回到了已经离开二十年的玫瑰圣母堂。站在被荒草掩盖的院子里，他默默许下了愿望。他与教友们一起除荒草、铺设路面、修缮房屋。没有资金，他四处寻求曾一起在北京神学院读书的同窗学友和其他教区的帮助。太原清徐的一位校友，帮他在自己所辖的教区里筹集了五千元，这在当时是一笔巨款。他亲自去取回这笔钱，坐在拥挤、咣当作响、感觉慢得像牛车一般的火车里，他不敢喝一口水，舍不得花钱吃一口饭，紧紧捂住衣服里的钱，直到回到小寨，才松了口气。

修复教堂的那段时间，他卷着铺盖，睡在干草上。早上和自备干粮的教友做早课，然后就带着他们干活。艰苦地干了两年后，教堂基本恢复了原来的样子：院子里所有人行的路面都铺设了青砖；一侧的几排平房重修整齐；教堂内粉刷得通体洁白；神台上有了一张不算漂亮的祭台；教友们读经时不用站着或者席地而坐，他们有了简易的凳子；教堂大门前的两小块地里，种了花果、蔬菜……

他从北京回到大箕，三十年的时光就这么飞梭而过，从一个英俊潇洒的青年天主教学者，变成了一个饱经风霜的玫瑰圣母堂的守护者、四百多名信徒的精神导师。

7

老神父文雅不多言的背后，是坚定不移的信仰和对宗教的不断领悟。他宁静的个性和渊博的学识，赢得了教民乃至所属的长治教区的尊敬和认可。重新回到小寨堡的十多年里，或许是他这一生做工作最多也最繁忙的一段时间。

小寨堡的生活是孤独的，但他的精神世界是丰富的。

在忙碌中，他一天天地变老，八十多岁时，他的耳朵不再灵光，他不能听清教民诵读《圣经》的声音。他的身体也逐渐虚弱起来，胃口变得很差——绝症正吞噬着他的生命。

他的接班人——年轻的赵神父，一如他一般恪守自己的神职。当得知老神父希望庆祝玫瑰圣母堂落成一百周年时，他寻求自己在南方等教区工作的同学筹措了十多万元，把教堂和小寨堡里外重新装饰和修整了一番。

2013 年 10 月 7 日前夜，病中的老神父坚持让人用担架把自己抬回小寨，他要参加与之相守了半个多世纪的玫瑰圣母堂的百年庆典活动。几百名教民来到小寨，他们和老神父一起欣赏了当晚飘在教堂尖顶上空五彩缤纷的烟火。

十三天后，老神父回归天国。

8

如果在阴雨朦胧的时候，你去小寨堡，无论如何都要绕到其背后去看看。从这里看过去，小寨堡就如一艘巨轮，在一片浓绿中前行。那玫瑰圣母堂仿若载着游客的船舱，插着铁制十字架的塔顶犹如桅杆，而石头垒砌的墙体恰如劈波斩浪的船舷。站在堡子下面，直觉着它正驶过来。

刺客豫让与赤桥村

2013 年的深秋，我不得不再绕着晋祠打转，想着法子如何和相关部门的领导打交道，汽车在祠院的红墙外绕行了几圈，终不得所愿。我失望地坐在车里，等待着时间的流逝。

修行的人常说：勿执念。在为这被称为中国最美最大的皇家园林式祠庙里的十几尊宋代圣母和侍女彩塑拍照这件事情上，我或许有点过于执着了——来了六次呢。

如此想来，我顿觉天地开阔，阳光透彻，驱车从红墙外驶过去，奔向了卧虎山下的赤桥村，收集的资料上说该村关老爷庙的墙上还有十多平方米清代山水壁画呢。

1

很快，我们就到了赤桥村，在村里十字路口处，问几个村妇关帝庙的方位，她们都一脸茫然。路过的一中年男人说：返出去到西面那个村看看，兴许那个村里的关帝庙还在。

“前面不远处有一棵枝叶茂盛的老槐树，街边似乎还有旧房

晋祠圣母殿宋代侍女塑像局部特写（厉春摄）

子，既然来了，我们不妨去村里看看。”我向摄影师建议说。

过了大槐树，道右侧院子里现出一幢卷棚顶和雕龙斗拱的清代建筑。看着紧锁着的两扇被刷成灰色的大门，我问路边一抱着孩子的妇人，这是不是一座庙宇。

“是座观音庙。”她说。

“你知道谁掌管着钥匙？”

“那个小房子里的老婆婆管着，你进去问问她。”她扬起下巴给我指着庙院（已无院可言）东面三间低矮简陋的平房中挂着门帘的一间房子。

我掀起门帘推门进入昏暗的屋里，只见一位佝偻着身子的老奶奶正站在铁炉前用废纸片在引燃一块蜂窝煤，浓黄的煤烟充满整个屋子，使得本来就零乱得一塌糊涂的房子又增加了一层迷雾。陈旧的椅子、像抹布般堆叠的被子、桌子上随意放置的餐具等，都说明老奶奶的生活环境既无秩序又不富裕。

“老奶奶，观音庙的钥匙是不是您掌管着？我想进去看看。”

“进去做啥哩？”老奶奶耳朵很灵光。

“看看里面墙上有画呀什么的。”

“啥都没有了，还有啥好看的！”老奶奶边说边从墙上的一排钉子上取下一串钥匙，理了一下乱蓬蓬的灰白短发，弯着腰，走出屋子。在高低不平的庙院里走了几米，她就把钥匙递给我，自己转回身照顾她的炉火去了。

打开殿宇的门，只见三大开间的殿宇地上，堆满了铁丝、高压输电线用的绝缘子、废木料、角铁等，几乎没有落脚的地方。令人意外的是，似乎被烟熏过的黑乎乎的东西两壁的上方，竟然还有十多平方米水平不低的清代壁画。

在我们所拥有的资料上，并没有这个庙和其壁画的存在，这个意外的收获，让我格外地惊喜——当然我没有预料到后面还有更大的惊喜等待着我。摄影师和其助理搬运设备，归置地下杂物，开始工作。

西侧墙脚下有一块写着“古豫让桥”的青石。我不能判断这块本应该立在古桥上的石头是不是和庙宇有关，但根据工作经验，带有文字的古物一般具有较高的价值。

出了观音堂，我拐到街上，进进出出了几座保存尚算完整的老院，然后到了街西头有杂货店、食品店、菜摊、地摊的小广场。确切地说，小广场就是一个大的丁字路口，是村里商业最集中最繁华的地方，南北通车。西面是一座似乎重新修过的庙宇，其规模看起来不小，匾额上书“兴化洞”，进去看了一下，院子里菊花烂漫，砖瓦全新，随即退了出来。

环顾还挺热闹的小广场，我忽然惦记起那块桥名不凡的碑刻来——莫非与春秋末年那个被誉为天下第一义士的刺客豫让有关？难道这个现在看起来很不起眼甚至有点不太美观的村落很有些历史？豫让桥现今在何处？

2

不过，这些疑问仅一闪而过，我的心里还惦记着那座关帝庙。在村东头的马路上，一高个子、面色温润、看起来颇有些年龄的老大爷在慢慢地溜达。我下车问他村里有无关帝庙，老人家没有直接回答我的问题，而是不紧不慢地领着我在整个村子里逛了起来。他先带着我参观了村西北正在修复的兰若古寺，接着指引我去看村里

乾隆年间（1736—1795）当地名士题字
同治六年（1867）刻的“古豫让桥”碑（2014年张晓磊摄）

的千年古槐，后又回到古建筑集中的街道上，给我介绍起一幢幢房子的历史——清末举人、民国知名地方文化绅士刘大鹏故居，这位跨清朝和民国的老房主是《晋祠志》的作者，五十余年坚持不怠，写下浩繁的日记，成为研究清末社会风俗、制度等的第一手资料；明清之际号称“山西第一才子”傅山的至交郑伯阳的老宅和其“居处恭”宅，其后人保留的部分祖上留下来的老家什、生活用具等，一一放在老宅，计划以后村里旅游搞起来，供游客观看；刘大鹏的恩师刘丽中（后来得知是“古豫让桥”四字的书写者）老宅；不知其主人的“诰命院”；祖上可能是武官出身的李家老宅（后人说家里曾有明清官员服饰，二十世纪七十年代烧毁了）……

转了一遭，大爷索性请我到他的家里去，将他书写的一篇《历史长河里的兰若寺》文章和一本《古村赤桥》的书籍递给了我。我先浏览了一下大伯写的介绍兰若寺古今的文章，还大声阅读了他在文章末写的一大段寺庙将开光的诵诗：“晴空万里碧蓝天，兰若寺里喜气添。百位高僧聚兰若，佛祖开光闪金边……五天上演九场戏，人欢僧喜笑开怀。”文章后面附有他的名字和手机号码。

“嘿，高大伯，您还会写诗！”

“我天天写呢。”大爷随后进屋子拿出一本 32 开软皮笔记本，里面密密麻麻的诗句已经占去了一大半。

这时，摄影师完成工作、催促赶路的电话已经追踪了过来，我给大伯留了电话，离开了赤桥村。

3

汽车在卧虎山下的原野里行驶。

赤桥观音堂东壁残存的上半部壁画全图（2014年张晓磊摄）

赤桥观音堂位于赤桥村豫让桥与古道交叉口处，整个庙院结构已经不存，只余一座主殿，殿内存有“古豫让桥”古碑，东西两壁高处残存有清代壁画约十五平方米。

掠过车窗的风景很一般，除了一望无际的玉米地、不太美观的建筑和不好也不坏的马路外，并无特别的景致。我在车里翻看《古村赤桥》，封面是我在观音堂里看到的“古豫让桥”的照片。翻看目录，第一章“漫话赤桥”，开篇即是“道、渠捭阖话赤桥”；第二章“赤桥人物”第一篇是“豫让”……不用再仔细看书的内文，我已经明了观音堂那块碑刻上豫让和赤桥村的关系了。

我打电话给飞驰在前面的摄影师，请他自己寻摸下一个拍摄点，我要再返回赤桥村。当车停在已变得热闹的兴化洞门前时，我觉着时空似乎发生了变化，赤桥村的一切似回到了两千多年前——威风凛凛驾着战车的将士、面目全非的刺客、盖世英雄般的帝王、围攻古晋阳城的千军万马……

4

公元前 475 年，勇敢善战、胸怀抱负的晋国世家公子智伯担任了晋正卿，他决心要恢复晋国霸业，让晋国重现当年荣光，成为黄河东岸说一不二的霸主。于是，他带领晋军南征北战，屡立战功，周边的那些曾与晋公离心离德的小国复又臣服。

春秋末年，晋国国君已被架空，实权由六家卿大夫（韩、赵、魏、智、范、中行）把持。这六家各有地盘和军队，相互攻伐不断，均不受晋侯节制，晋公之财势已不能与其卿相比。到智伯任晋正卿时，范氏、中行氏已被另四家兼并，而韩、赵、魏、智四家中，又以智氏权势最大。智伯当政之后，决心消除各大夫势力，倡议各家献地归公，以壮大晋侯之声势（有些史书认为他借晋公之名壮己之势）。他先做表率，献出万户地。另三家中魏桓子、韩康子迫于智伯的威势和压力，亦献出万户邑。而居于今赤桥村东面晋阳城里的赵襄子，则坚决抵制智伯强大晋室的策略，拒绝献出城邑。

智伯大怒，联合韩、魏，围赵襄子于晋阳城，是年为公元前455年。

然而晋阳城池坚固，围攻两年不克。于是，智伯命将卒挖掘从今晋祠经赤桥村直达晋阳的沟渠（后人称为智伯渠），引晋水淹晋阳城，城内遂成一片沼泽。

城池即将被攻破之际，赵襄子火急火燎地派人出城游说韩、魏，说以智伯之势，即使他们帮助智伯灭了赵氏，也未必能得到好处，说不定他们也有与自己同样的危机。如此，倒不如相互帮助，内外夹攻，灭了智伯，分了他庞大的家产，是为上策。

三方一拍即合：杀智伯，绝其族人，分其领地。灭了智氏的赵襄子似乎还不解恨，割智伯头颅，掏空、刷漆，当作饮器。

杀人不过头点地，何需这般残忍？赵襄子的一系列行为让已逃匿到山中的智伯家臣豫让不能接受，他一声长啸，说出了流传千古的豪言“士为知己者死，女为悦己者容”，决心为欣赏他、他亦爱戴的智伯报仇。

于是，他改姓埋名，假扮作囚犯，怀揣匕首，混入晋阳城，到赵襄子的后室粉刷厕所。赵襄子如厕，心里突然一阵莫名的悸动，抬头发现了一个生面孔，让人执拿审问。豫让刺其左护说：“要为智伯报仇！”卫兵上前欲杀之，赵襄子举手阻止说：这是个义士，我小心避让就是了。况且智伯已死，亦绝后，作为家臣能为其报仇，是天下真贤人。

赵襄子让手下放了豫让。豫让并没有放弃刺杀他的决心，他又把自己弄得伤痕累累，灭须去眉，自毁容貌。为了验证其毁容水平，以乞丐形象归家乞讨，其妻疑惑：状貌不似我夫君，为什么声音那么像？豫让又吞食火炭，变其音——春秋义士真不好当，被刺者毫发无损，行刺者为尽道义已经受尽磨难，人鬼难分。

这时，豫让的朋友提出了自己的看法，认为他这么做难度很大，成功的机会又很渺茫，他为主报仇的意志让人欣赏，但说不上明智。说他应以其才追随赵襄子，得到赏识后，乘机行刺，报仇的成功率更大。

耿直又品德高尚的豫让则笑着回答：为前知己而报复后知己，委身为人臣，却为杀之；为旧君而事新君，大乱君臣之义，此行为我做不来。现在这么做，就是要申明君臣之义。我舍易而取难，目的就是使天下后世有二心人臣者能有羞愧之感。

此刻的豫让已经料到刺杀赵襄子的行为很难实施，行刺的象征意义已经大于实际意义，他要让赵襄子知道：强权并不能摆平一切，世上还有道义和忠心。

这一天，赵襄子骑着马带着随从浩浩荡荡地出晋阳城。他可能去卧虎山下狩猎，也可能到晋祠拜谒，抑或就是为了骑马到赤桥村这边的原始森林游逛游逛。当走过智伯渠上架着的桥时，马受惊了——他的马看到了已经面目全非的豫让。

赵襄子说：此人肯定是豫让。

于是，赵襄子当面数落豫让：你曾经事中行氏，智伯灭了中行氏，你为何不报仇，反而委身事智伯？智伯已死，你却仍耿耿于怀，执意要为他报仇？

豫让铿锵答道：中行氏待我为一般臣子，我则以一般臣子报答他。智伯以国士待我，我则必以国士之行报答之。

赵襄子叹息，表示不能再放走豫让。

豫让凛然而语："臣曾听说明主不掩他人之义，忠臣不受死以成名。君前已宽赦臣，天下莫不称君之贤。今日之事，臣故伏诛，然愿请君之衣而击之，虽死不恨。非所望也，敢布腹心。"

赵襄子估计也被其肺腑之言所感动，脱下衣服让使者递给豫让。

豫让拔剑跃然刺衣，遂后伏剑而死。

犹如诗歌般凄美壮丽的刺杀落下了帷幕。

春秋义士的忠肝义胆，跨智伯渠两岸的那座石桥可鉴。后人为纪念他的义行，取桥名为"豫让"。

5

古豫让桥到底在哪儿？

再走了一遍赤桥村，仍不能见沟渠之踪影、古桥之玉立。莫非桥已塌毁？

我翻开《古赤桥村》中画出的赤桥村简略图，按图索骥，寻找古桥。

曾负有毁灭晋阳赵氏使命的智伯渠，从悬瓮山麓的晋水源头晋祠（古为唐叔虞祠）开始，南入赤桥村，北出至晋阳古城。而斜穿赤桥村的官道，则是晋阳古城里公侯伯爵、大夫士人、奴仆兵卒等到晋祠祭祀时的必经之路。古官道、智伯渠相交处就是豫让桥所在。没错，如果古豫让桥还在的话，就在现在已经荒落的观音堂前面。今人多称呼为观音堂者，其实是古赤桥村人纪念豫让的庙宇。

我站在阳光照耀着的街道上，巡视着，也极度迷茫着。

新旧建筑混杂的赤桥村南北向大街，应该就是古智伯渠；而

晋祠水母楼东壁壁画全图（2013年张晓磊摄）

明清大院扎堆的北大街，就是古官道。古渠、古官道皆成铺设了沥青的大马路，古豫让桥又岂能安在？并无些许香火的观音堂或者豫让庙角落的那块碑刻，已经成为一件只可怀古的文物，或者追忆一段悠久历史的索引。

经历了两千多年风雨沧桑的古豫让桥，为什么会消失？是如何消失的？这个问题自我再站在赤桥村原古道的街口时，就萦绕在心头。一年后，我打电话询问已经九十岁的高大爷，他告诉我其记忆中的智伯渠、古道风景和赤桥村曾有的景象：二十世纪四十年代，两米多宽的智伯渠有一人多深，水清凌凌的；桥东哗啦啦的水面上，有七座水磨。水磨和照看水磨的俊俏妇女成了高大爷脑海中最难抹去的少年记忆。村里家家土法造纸，即使雪花纷飞的冬季，年轻男人也赤脚站在从晋祠流出来的温暖的水中制浆。村里几乎月月都有庙会，祭拜着佛祖、观音、玉皇大帝、尧、舜、禹、龙王、王母娘娘、关帝、河神、蔡伦等，千余人口的赤桥村，受到各路神仙的庇护。每个神仙的祭祀庙会，村里总是有秧歌、高跷、大戏。祭祀完毕，家家户户都能分上一份象征着神灵关怀的贡品（这是高大爷小时候最盼望的）。村里奔走的孩童、风姿绰约的年轻媳妇、健壮伟岸的青年男人、总在为社民忙碌着的社首、从各地来赤桥村讨生活的人，构成了那个时代赤桥村特有的生动景象。

赤桥村的衰落是从何时开始的呢？当被村人恭敬的神明被打碎化作雨水中的一堆稀泥时，当生动的生活被规定在整齐划一的方格之内时，当追求的生动变成了带有野性和扭曲的冲动时，赤桥村沿袭了两千多年的乡村古文明则倏忽灭失了。

当追求物质文明的激情再归赤桥村，尴尬而残酷的现实降临了：似乎永远不会断流的智伯渠干枯了——周边不知数目的小煤窑破坏了晋水的水系。毫不科学的深井挖掘，让智伯渠水复流的希望变得更渺茫。于是，赤桥村人做了一个更大胆也许是悔得肠都青了的举动：在古道和古智伯渠上浇灌上水泥、沙子、沥青，两条平整的、汽车可以行驶的现代化街道跃然于赤桥村中。

与此同时，古豫让桥消失在了马路底下。

6

豫让桥是赤桥村的灵魂。

没有了古豫让桥的赤桥村是什么样的?

它与中国千万个城乡接合部的村落已经无太多差异。

7

回望赤桥村迷人的过去也许是有意义的。

公元 116 年，东汉政权集结万余民工，分布于智伯渠两岸，他们重修智伯渠，挖淤泥、扩河床，引晋水灌溉万顷良田。

公元 646 年初，赤桥村迎来了唐太宗。当时，征高丽南归的唐太宗回到大唐龙兴之地太原过年。故地重游，激活了他的记忆。他怀念年轻时在这里度过的“喜群集博戏”的美好时光，也怀念晋阳城的名胜。春节过后，他选吉日，率文武百官，带着丰盛的供品，浩浩荡荡地出晋阳城、过豫让桥，至晋祠虔诚地祭祀三晋之祖唐叔虞。想着大唐的千秋伟业，环顾晋祠的迷人风光，望着琼楼玉宇，唐太宗洋洋洒洒地写下了流传千古的《晋祠之铭并序》。其碑刻保存至今，是晋祠三大镇祠之宝之一。

公元735年，仗剑走天涯的“诗仙”兼“酒仙”李白来到了太原，望着辉煌壮阔的晋阳城，写下了“雄藩巨镇，非贤莫居”的诗句后，逍遥地走过豫让桥，到了晋祠。后来，集政治家、史学家、文学家于一身的司马光来到了赤桥村，欧阳修、范仲淹……皇亲国戚、达官贵人、文坛巨匠、秀才游子等，想凭吊千古义士豫让，想到那飞檐金碧的晋祠祭祀游览，他们就不会错过赤桥村，也不会错过那座桥所能目极的旖旎风光。

清末，兴化书院里书声琅琅，夜深人静，犹见学子酣吟密咏之声。兰若寺虚云缭绕，皓月当空。卧虎山上轻岚薄雾，山下槐柳摇风。豫让桥边柳枝扫地，桥下鱼虾漫游。村前荷花莲畦，青蛙蜗居而鸣。村东稻田闪耀金涛……深夜，村里一位叫刘大鹏的乡进士盘腿坐在炕头小桌子上在收集来的纸张上写着日记，种地、养育子女、带着家人逛庙会、开煤矿、当富有人家的私塾先生、参与公共事务及琐碎的日常生活都记录在他的日记中——从1891年至1942年秋他离开这个世界，刘大鹏记录了那个让他亦喜亦悲亦无奈的世界整整五十一年。

二十世纪九十年代，一位蓝眼睛的美国女人——牛津大学博士沈艾娣博士（Henrietta Harison）走进了刘大鹏的老宅，他的已经上了年纪的后人向这位美国人讲述了祖先的往事。若干年后，一本名为《梦醒子——一位华北乡居者的人生》英文书籍出版，刘大鹏成为中国波澜壮阔的大历史背景下的微观研究对象。

赤桥村确曾美丽过、风流过。

得胜堡与“大同兵变”

山西大同新荣区北面长城下的得胜堡，在大同人的心目中是有相当分量的，只要是在这个北魏古都长大的人，不论他喜不喜欢历史，都是要去这个地方走上一遭的。一个土生土长的热爱大同的人，如果漠视坐落在身边的古堡和长城，会是成长中的一种缺憾，因为得胜堡及其背后的长城不仅曾经是抵御蒙古各部落抢掠的军事设施，更有一段值得被铭记的历史。至于参观了古堡后有什么样的心思，那便因人而异。有人会惊讶于古人的执着和富有才华的想象力，有人会有恍若隔世的抑郁，也有人会不知道古堡曾担负的沉重历史而茫然离去——无论如何，他们来看过了得胜堡并把各自的体味留在了心底。

得胜堡的名字取得很有魅力，喜庆、吉祥、鼓舞士气、一听难忘，凭这响亮的名字，就能勾起文化人对她的喜爱，如果再能了解点她过往的经历，我相信迷倒在她城门口的人会是一大片。她不是游客趋之若骛的旅游热点，但在我们拍摄提纲里她是重点之一。当派出的摄影师已经各显其能、对其拍摄了两轮之后，我仍觉得她是一团谜。我无法从照片中的堡门口感知她丰富的内涵，也无法从中体味她所经历的历史。没有亲历，就没有感知，再高明的摄影家也不能替代自己去探视，我需要与她有一场相会。

1

前年秋天的一个下午，我到达大同，驱车至得胜堡。

图片中熟悉的得胜堡南门重新用砖包修过，新抹了水泥的瓮城外的照壁下坐着两个老太太在晒太阳，在堡外田地里秋收或扬场的农民不时地骑着摩托车或三轮车从券门进进出出，高大的城门洞使穿过它的人在相机镜头里显得很矮小。券门里外上方的石匾额上分别阴刻着“得胜”和“保障”，落款“万历丙午岁秋旦立”。

登台阶至南城门上，堡内风光一览无余。极目远眺，山梁上剥去包砖的长城和墩台清晰可见，贯通全村的南北大街（直通南城门）两边坐落着堡民低矮的房舍，阳光下灰色的房顶与土黄色的城墙搭配在一起，别有一番迷惑人的格调。

街上有三五个村民在一辆流动卖菜车前买菜，一条黄褐色大狗在大街上无所事事地来回逛荡，马路东面一个贴了白色瓷砖的小卖部门前，有一位老太太在整理一堆蔬菜，好多房子的房顶塌陷了，村里人似乎并不多。

“这地方的年轻人出去，就不会回来了！”同行的青年摄影师边走边感叹。

得胜堡里现实的生活光景和我的想象有很大一段距离，村民的房舍占据了整个城堡面积的近二分之一，其中北头东西两条巷子的房子已经完全废弃。不过，坐落在原来堡中央的钟鼓楼（现被农田包围）虽然阁楼已无，但敦实高大、四面门洞的包砖台基仍令人仰慕。鼓楼下青石铺就的街道上留下的深深车辙印，令人产生无限遐想。其东、西、南、北门洞上依然清晰可见的“护国”“雄藩”“保民”“镇朔”匾额，十分清晰地告知每一位拜见者：在明朝时她是如此的至关重要！

按照常规，钟鼓楼是得胜堡的中心，旁边应该是鳞次栉比的商业街和民房；不过现在除了孤零零的半个鼓楼外，其他都早已经消失殆尽、了无痕迹，变成一片农民耕种的田野。

新耕的土地上有几只羊在啃土坎上的荒草，夕阳下的钟鼓楼闪耀着灿黄色的光芒，羊、黄土地、砖砌的钟鼓楼和远处的几头牛组成了一幅奇异的画面。

我们出得胜堡，从后面的小土路上向东，继续寻觅。

距得胜堡一千多米处的山梁上就是著名的明长城，东面紧挨山根和长城的是一座规模不大但城墙更高的得胜堡关城，关城城墙塌损得厉害，墙基有不少很大的裂口，城中除了一人高的荒草，已无片瓦存在；向东再走千余米，是有很大内城的镇羌堡，规模不小，但境况也如同得胜堡一样，已无半块城砖扒在城墙上。或许是农民下地秋收或出外打工的缘故，这里有一种人烟稀少的宁静。在一条不宽的小路上，一对农民夫妇正在打豆子，他们的两头驴拴在一棵小歪脖子树上。在得胜堡与镇羌堡之间的高粱地里，一座不大的城堡里都是站着的玉米秆，这个四四方方的小城堡就是这一带曾经很著名的马市，又名四城堡。

2

得胜堡、得胜堡关城、镇羌堡、四城堡，每一个堡的景象现在都经不起仔细地端详。但站在长城上看下来，却还是相当壮观的，即使只剩下一座座没有装饰的土墙垣，即使与大片的玉米地和高粱地交错，但它们铺呈在一起的规模，仍让每一位拜访者感到震撼。

我坐在荒野的高处，看着任凭秋风吹拂的城堡，恍然觉得那没有割去的玉米秆就是曾经驻守在城堡里的士兵，他们似乎列队出了城堡，又似乎在城堡之间穿梭，人越来越多，密密麻麻地挤在城堡的内外……

不管得胜堡及附近的城堡是什么样子，只要见过得胜堡的人，心里就一定会留下抹不去的惦记。当我们追溯她的前世今生和跌宕起伏的修筑经历时，残酷而戏剧化的历史便会舒展开来，让我们看到激荡在她上空百余年的战争风云。

得胜堡见证了大明朝将士的英勇，也见证了汉蒙两个民族为了维护各自的利益而展开的博弈和厮杀，还见证了放下兵戈举酒一杯泯恩仇的感人场景。当两个民族已经是兄弟一家亲的时候，得胜堡最美的春天则永久地留在了历史的画卷和残破的瓦砾中。

秋日的阳光逐渐从城墙上滑落下去。当一切变得朦胧时，得胜堡的历史帷幕则轻轻地开启了——

3

宣德十年（1435），九岁的太子朱祁镇（明英宗）即皇帝位，明朝大同防线的紧张局面初现端倪。边将在距离德胜口南十五公里的地方修建了一座周一里二十步、高二丈三尺的堡子，名为红寺堡，这是得胜口边墙五堡的前身，但其作用似乎很有限。十多年后的

得胜堡鼓楼内景（2013年摄）

1449 年夏，这位已经亲政多年的皇帝决定接受太监王振的建议御驾亲征，率军到大同歼灭气焰正盛且对纳贡赏赐不满的瓦剌太师也先。

皇帝想干的事情没有人能阻止，浩浩荡荡的出征队伍从京城出发，踏着泥泞之路到达居庸关，十一天后到达大同。狡猾的瓦剌军北撤，英宗没有和他们正面交锋，决定撤回居庸关。

王振是大同府蔚州县人，据说为了避免家乡庄稼被皇帝御驾亲征的部队踩踏，改变了撤兵路线。当缓慢撤退的部队在宣府附近的土木堡（今河北怀来县土木镇）扎营时，猝不及防地遭遇到也先大军袭击和围攻，在死了很多士兵，包括英国公张辅及几位尚书在内的五十多名朝廷大臣战死后，皇帝也被捉走了，此为中国历史上著名的“土木堡之变”。

当年八月，也先挟持英宗从得胜堡东面的镇川堡进攻大同，大同副总兵身先士卒，杀入敌营，斩其两百多名士卒的首级，出城追杀了二十多公里。

进攻大同受挫，也先又率军进攻北京城。

皇弟朱祁钰临危登基，命于谦等组织“北京保卫战”，抵御住了也先进攻北京城的军事行动。一年后，也先在得到了比较满意的纳贡政策和一些据说是英宗的后妃等筹集的珠宝后，决定释放英宗。临行前，也先还为英宗举行了热烈的欢送会。

之后，北京北面边境防线维持了近半个世纪的相对安宁。

4

蒙古瓦剌部落逐渐没落，蒙古鞑靼部落再次兴起。

当成吉思汗的第十五世孙巴图孟克（史称“小王子”）在比

他大二十多岁的妻子的抚养和帮助下，成为北元流亡政府的中兴之主后，边境军情变得逐渐微妙和紧张起来。这个有着勃勃野心的大汗，再次统一了蒙古各部落，原来的通贡互市规模已经不能满足团结在小王子周围的蒙古人的需求，他们对中原的物质文明有着更多渴望。鞑靼部落与明朝政府扩大互市的请求没有得到答复，当时儒家思想弥漫的朝廷根本不屑与婚姻混乱的蒙古大汗展开对话。英气正盛的小王子觉得抢掠比与顽固的明朝官员对话更容易和直接，自正德六年（1511）起，他开始频繁地对陕西、大同、宣府一带的边境地区进行侵掠。

小王子虽然没有他的孙子、后来的蒙古右翼土默特万户首领俺答那样对大明边境有着着迷一般的劫掠意志，却引起了比他小十几岁、热爱军事的正德皇帝朱厚照出塞征服他的兴致。

正德皇帝喜欢骑射，在无限慈爱中长大的他，从小就希望成为一个像明成祖朱棣一样建立功勋的伟大将军。他在皇城里建立了骑射场，以便训练自己成为一个骑术高超的军事统帅。他甚至把工作地点放在距离前线更近的宣府，使他能随时统军抵御蒙古人的入侵。他的大臣们总不理解他，甚至以祖训阻止、威胁他。有一次，他无奈之下乔装打扮出了关，然后关了城门，不让追他的臣子们出关。还有一次，他在宣府外看到一小股鞑靼骑兵，当他准备迎击时，他们已经远去了。

正德十二年（1517）的十月，皇帝得到蒙古人侵掠大同的情报，遂火速布置御驾亲征。他在大同应州（今山西朔州应县）遭遇到了敌人，果断地亲自指挥战斗，还亲手杀了一个敌人。由年轻的皇帝统率的军队，士气高涨，双方打了几天，蒙古人见无油水可捞，迅速北撤回营。

皇帝骑马追了一阵，他的将领很快又把他给追了回来。

这年冬天，正德皇帝回到了冰天雪地的北京，他兴致勃勃地向冻得发抖的大臣们讲述他的战斗经历。不久，由于实在难以抑制对战斗的喜好，他又溜出北京城，到南方去镇压叛乱的宁王朱宸濠。很不幸的是，他在归途中因垂钓而掉进了水里，受到惊吓的皇帝回到北京不久就辞别了人世。

最可能成为伟大将军的正德皇帝没有留下子嗣，他的十五岁的堂弟朱厚熜继承了大统，是为嘉靖皇帝。

5

嘉靖三年（1524），年轻的嘉靖皇帝接到了大同巡抚张文锦的奏报，说大同作为京师藩蔽，北无亭障，烽堠失灵，敌人可直抵城下。巡抚认为烽堠失灵是因边境一带没有屯戍，平时驻守的几个军卒又怕点火示警遭到围攻，常隐匿军情不报。他忧虑道：沿途一点抵抗都没有，大同城下直接变成了战场，堂堂大国的威仪何在？敌人频繁劫掠，忽来忽去，农人如何耕牧？张文锦大胆向皇帝建议在今得胜堡沿长城一带（今天的边墙五堡附近）筑堡，设屯戍。

嘉靖皇帝准奏。

秋天，堡建成。

张巡抚决定从现役军人中调拨两千人前往值守。有人劝他重新招募新兵，决心要振兴军威、从严治军的巡抚大人不相信他不能调动这些军士，就与总兵官、镇守太监商议，结果得到同样的劝告。他生气地说：“三标下不是我们的亲兵部曲吗？让他们先做表率，其他兵卒自然会听命的。”张文锦不知道能在总兵、镇守面前说得上话的大部分都是些垂眉折腰、攀附权贵的军旅混混，他们在大同有良妻美妾，怎愿到距蒙古人最近的地方戍边？当听说要被派到大同城外几十里处的城堡护卫时，他们各个惊恐万分，立即私下聚集商议。商议的结果是：“五堡是敌人巢穴，非人所居，我辈宁死不往。”最后他们决定谋杀巡抚的得力助手、建设五堡的参将督工贾鉴。他们半夜杀了贾鉴，逃出塞外，驻扎到了一处名为焦山的地方。

张巡抚担心这些人与蒙古人勾结，遂令副将等招之入城。

张巡抚声明要法办这次的倡乱者，为首的郭鉴等当夜举炮聚众，焚烧大同府门，劫行都司，纵狱囚，火烧巡抚府邸，并杀死了巡抚张文锦。这伙兵变军人还不罢休，又焚烧镇守总兵公署，夺占大同各城门，拥戴正在牢狱里服刑的前宣府、大同总兵官朱振（此人为人奸诈因贪污获罪）做他们的首领。

此为震惊朝野的“大同兵变”。

6

张巡抚被杀并没有得到年轻的嘉靖皇帝的抚恤和同情，当有人拿着张文锦儿子和遗孀的哀请时，皇帝大怒，降旨诘责。对巡抚殉国的冷漠态度和处理方式，让一些边将寒心，意味着因不愿去边境屯戍而挑起事端的恶劣影响，在很长一段时间里得不到肃清。

朝廷委派有良好政绩的山西按察使蔡天祐为大同巡抚都御史、武举人出身的桂勇为总兵官，两个人到了大同，先秘密捕杀了二十多个首恶，造反的兵士消停了些。

不过，制造兵变事件的头目仍然逍遥在大同城。

这时出塞北征的军队路过大同驻扎城外，神经敏感的叛兵就此散布谣言：“屠城兵到了！”一干兵痞立马重新纠集起来，把曾经去塞外安抚他们归来的知县王文昌给杀了。这帮只想过安逸生活的叛贼，有着违反职业军人逻辑的思维方式——在大同城里当个轻松吃饷的军人，如果朝廷派来的巡抚或总兵不能满足他们的要求，或者这种愿望受到阻挠，他们就毫不客气地聚集起来闹事并杀人。

朝廷供养的职业军人，竟然能通过杀戮朝廷官员以取得不被随意调迁的自由，大同城的微妙可见一斑。

新巡抚要回王知县已经冰凉的尸体，又秘密上疏恳请皇帝派兵把这一干人消灭掉。户部侍郎和都督带着数万京蓟兵来到大同，他们与总兵商量，擒首恶以杀之。桂勇佯装不追究叛军之责，请兵变首犯郭鉴等三十多人到家里赴宴，然后让家丁在席间杀了他们。郭的父亲（也非等闲之辈）极其愤慨，责备官府不守承诺，纠集其余叛兵，关了城门，杀了总兵家人，捉了总兵。病中的蔡巡抚急忙前去营救，反复劝说，叛兵方放了桂勇。几万军人参与的这场剿叛战役，以杀通过谈判献上来的四名叛卒而收场，重要起事者逃匿，剩余的人再次推先前从牢狱里放出来的朱振为他们的首领。两个似乎吃错药方的征讨主将也上书为朱振请官，以镇守大同，同时还汇报蔡巡抚姑息叛逆，无能力消除边患。

皇帝再次愤怒，狠狠责备了一通蔡巡抚。

第二年初春，蔡天祐亲自率兵捕获了四十多名叛兵。他没有对皇帝的批评怀恨在心，统统抹了叛匪的头，严明“此后有再告前变者，即以其罪罪之”。大同镇兵方消停了下来，几年没生是非。

7

得胜堡一带的五堡，因有脸面的兵卒不肯到新修的边墙堡垒去驻防，且朝廷对惊骇的兵变心有余悸，亦不再坚持调兵以守，遂致荒芜。

蒙古人继续飞奔来此劫掠。

8

嘉靖十一年（1532），朝廷派右卫人（今山西右玉县右卫镇）李瑾任总兵。这是一位心怀理想、忠心朝廷的军务官员，对于墩卒惧敌围攻、不履行职责乃至歇役、受敌诱瞒报或延报军情、有令不行等涣散现象，一律严加整饬。他亲自领兵击退蒙古人的袭击，组织兵卒修建天镇一带的长城。

这时，虽已被罢职但仍住在大同的前总兵朱振，对不去拜访也不向他请教的新任总兵有看法。他结交诸军雄长，对受到严格要求的兵卒表以同情，并加以“细心安慰”。当有人向他哭诉新总兵的军令太严时，这位工于心计的前总兵说：“李瑾生长在右卫小城，是个没有见过大世面的人物，就知道小城的兵卒容易管理，哪里知道像大同这样的镇城多豪杰之士？”当年杀张巡抚后侥幸没有追责者如王福胜等受到鼓舞，立即愤而誓言：“必杀之！”

不久，在李总兵烦劳后的一天夜里，王福胜纠集了三四十人实现了自己的宣言。他们包围了总兵住所，与之开战。李总兵举炮告急，其兵卒不至。倒是怨恨他的诸凶都集结在门外，总兵率其弟与叛兵对战，快天明，箭尽，又徒手杀死十余兵凶，力尽。其弟受伤坠地，叛兵蜂拥而上将其杀死。李总兵见此，脱下铠甲愤而曰："吾为大将，岂死汝手邪？"遂举剑自刎。

一干叛兵又把刚上任不到半年的都御史囚禁了起来，对曾经计杀他们的前总兵桂勇的部下实行了全面报复，第三次拥戴朱振为主。他们劫军库、夺城门，包围大同城，劫掠富豪，搜杀定边有功者。更离奇的是，他们还秘密派人拿着金币带着美女出塞向蒙古人求援：中土富饶快乐，来这儿称王称霸，比沙漠好多了。

朝廷闻大同再变，极其震惊。

大同士卒骄肆，不严惩不足以为戒！朝廷遂诏宣大总督刘源清进兵镇压。刘源清驻军聚乐堡，围攻大同城，数战不利，用水灌城，城坚不塌。城内统管军事的朱振重复着他以前的成功大法：一面与塞外通好，一面为叛军求情，绑了十余个乞丐献给总督以求了事。总督预料城内与蒙古人勾结来往，在边道上截获了两个捧着金银丝绸到塞外与蒙古人协商更大谋变的使者，得知为叛兵谋划、守城拒命的都是这个伪总兵朱振所为，怒召之，诘问。朱振——这个让大同边务混乱了很多年并始终能得到叛军信任、不受朝廷惩罚且还能任要职的奇特人物，在与总督见面后的当夜，服毒自杀了。

叛军主心骨的死去，并没有动摇或者阻止北边俺答来关内劫掠的决心。嘉靖十三年（1534）正月，他率领五万部族来到关内。叛军感觉来了撑腰杆的，兴奋地带着到城里查勘的蒙古人观览代王宫殿说："这个就等着你们的王来居住。"蒙古人感动至极，咬指为盟。要不是听说陕西游击袭击了他们的老巢并劫其辎重，五万蒙古人可能就被这帮不识大体的叛军抚慰到了大同城——此时的大同城里朝廷的后勤跟不上，部队缺乏粮饷，没有敢展开大战。

这场兵变最后以专理大同储粮的户部郎中、福建人詹荣通过宣讲朝廷爱民旨意、以计瓦解叛兵内部、诛杀叛恶、安抚城民等告结束。

与此同时，新巡抚也被迎入大同城。

9

纷纷攘攘十年多，大同边务终于迎来了扭转军旅作风的重要人物，他们是：总督毛伯温、巡抚史道、总兵梁震。这三个人都是敢言、善为、有胆识、有才干的朝廷要员，他们的有效配合和卓越的工作能力，使搁置了十多年的堡墙屯戍得以成就，得胜堡等五堡由此得以光大建设。

嘉靖十五年（1536），北京派来了一个很有个性、敢批评皇帝滥施恩典、能舍命保能臣的巡抚，又从陕西调了一个熟悉边防军务、善于用兵、勇猛异常、三百家丁乐为其死的总兵。这两人密切配合，很快就让经历过两次兵变的大同士卒知道了他们的能力不是传说，让这些士卒不由如芒在背。

叛军“热爱”“拥戴”的伪总兵朱振已仰起脖子喝毒药归西，能代替朱振的人还没有出现，大同城的士兵却也没有因兵变的首领自杀而变得更本分，更没有打算与蒙古人拼命。新总兵梁震非常清楚大同士兵经过两次兵变之后的现实状况：悍卒纵肆，主将每每甘言饴之，稍不如意则反唇瞪目，或飞章讹语相摇撼动。当他带着三百贴身家丁飞驰到大同上任后，即刻严明军纪，禁止私聚。家丁也充分地宣示了忠于自己长官的决心，时常毫不客气地

如今的得胜堡内局部景色（2013年摄）

嘉靖三年（1524），大同巡抚张文锦奏请在得胜堡一带筑红寺、水头、沙河等五堡，以屯军守边。堡建成后因士兵驻防问题，发生“大同兵变”，五堡遂致荒芜。嘉靖十八年（1539），宣大总督毛伯温和大同巡抚史道、总兵梁震共同努力，在原堡附近修镇边、镇川、镇和、宏赐、镇鲁边墙五堡，并在堡北面挖壕筑长城（边墙），在长城内开垦万余顷良田，供戍边将士耕种。嘉靖二十三年（1544），宣大总督翁万达与大同巡抚詹荣、总兵周尚文再启大同边防新一轮建设，增修偏关老营丫角山至东阳和（今山西阳高）、西阳和至宣府（今河北张家口）长城，并沿长城筑三百六十多所烽堠，另修镇羌堡、拒墙堡、拒门堡等边墙外五堡。万历二年（1574），方逢时接任宣大总督，对得胜堡、镇羌堡、四城堡、宏赐堡等进行了维修、包砖、扩建。

提醒当地士兵："尔敢蔑主将者，恃其众耳。我辈在此，无不当百，五步之内恐尔不得用其众也。"尔后，梁总兵又用事实告诉了受他统领的大同军士，他是一位说一不二、善于带兵打仗、本领过硬的军事统帅，而不是一个白吃皇粮的官僚。到任当月，即带兵出塞袭击蒙古人，废了蒙古人的宣宁县，斩杀其一百四十多人。三月，又带兵出塞，斩首一百八十多级，军威大震。

驻扎在鄂尔多斯的蒙古人尝到大同新总兵的厉害后，也玩起了中国古老的兵法中"调虎离山"之计。嘉靖十七年（1538）二月，他们先派部分人马佯装从阳和（今大同阳高县）进犯，梁总兵率军出城迎击，其大部队却从另一个方向直扑大同城，巡抚史道带领都指挥等步卒在城东一坡地上应战。蒙古人遂奔到南边抢掠了怀仁，他们路过大同城下时，兴奋地叫喊："尔梁太师何在？"

第二年年初，即嘉靖十八年（1539）二月，新总督毛伯温来到了大同前线，登上长城，望着北面的茫茫大漠说："大同以蔽雁门、紫荆也。镇北属堡不立，斥堠鲜施，则何以遏驱追奔耶！"面对蒙古人无岁不警、警必至大同城镇的局面，他上疏力陈重修边墙五堡的重要性："时不可苟失，言不可人弃，文锦计画善而作事失。今修复不必仍旧，但择要害；土田不必起科，但令开垦；戍卒必谪发，但取乐从……"皇帝应允。于是，巡抚、总督两人亲自实地勘察，根据实际情况在原规划基础上进行了调整。原来洞子沟较为险要，施工难度大，便稍微向西移了移，改名镇边堡；水尽头堡太偏僻，便向东移了一点，改名镇川堡；沙河北太潮不适宜驻防，便移到河南，改名镇河堡；红寺位置理想，但是原来规划狭小局促，不够雄伟，便在重修时进行了扩大，并改名宏赐堡。宏赐堡西面设置镇鲁堡，向北五公里多靠近长城得胜口的南边建得胜堡。

为了配合边墙五堡防守，又在五堡北面挖壕筑墙，壕深一丈三尺，墙高一丈四尺，共二丈七尺，宽一丈五尺。壕沟外，每二里筑打墩台一座，台上起屋两间合为一间。每墩台设六名兵卒轮流值守，一遇警讯，立即相互传递，向所属堡垒报信，以便各堡驻军立即集结御敌。

在修筑五堡的过程中，除总督不时派宣府营指挥犒赏修堡、筑墙的军民夫役外，巡抚也常令山西、河南领班都指挥带些米面酒肉前去慰问。堡成、墙就、戍军就岗后，史道又号令士卒开垦数万顷良田，战时御敌，无战事时至田野耕作。此后，堡边粮草供应充足，无人再认为其为亡命的苦寒之地。

驻守军民除了安心在边堡就职生活外，还为尽心边务的史巡抚修了一座生祠，以纪念他的功德——这在频繁更换的大同巡抚中极其难能可贵。

至此，从当年巡抚张文锦创修五堡到重修五堡、真正驻军屯戍，整整过去了十五年。

10

五堡驻军防守，两道壕、墙阻挡，沿路墩台密布，按道理北面的俺答应该消停些，但这个元太祖十七世后人，很明白他的部落人民对中原物资的需求，要得到这些物资供给，要么他带领军队去抢劫，要么大明开放边贸。

五堡建成的第二年，俺答就组织军队劫掠灵丘。

下一年他组织了十万余人，一路去了宣府，一路从宏赐堡攻大同。新任大同总兵、副总兵战死，巡抚受到处分。

得胜堡残存的鼓楼（2013年薛华克摄）

生活在北京紫禁城、有很多宫女围绕、过着锦衣玉食日子的嘉靖皇帝，不能理解年龄仅小他几个月的俺答提出什么求贡通市等不着边际的要求，他根本不屑与之往来，拒绝与他们进行任何形式的有效对话。

皇帝有什么样的态度，他的臣子就有什么样的作为。当明朝在与蒙古人接壤处修起了坚固的堡垒和城墙时，俺答已经很明白中原人抵御他的决心，越过长城穿过堡垒去劫掠肯定会付出巨大的代价，他决定再次做出互市的探索，于是在嘉靖二十一年（1542）春，派出使臣自大同镇边堡入，要求款塞互市。接替史道巡抚任的龙大有，低估了俺答的诚心和其对中原粮食、铁器、布匹的渴望，诱杀了俺答的使臣。当龙大有因此加官升爵时，俺答早已经抑制不住自己的愤怒，次月，就带上他的所有士兵，进行了一次更深入、更凶狠的抢劫。他的主力部队先洗劫了大同，然后直达富饶的平阳（今临汾），又东进到了沁州（今长治沁县一带）。除了抢劫，他还进行了报复性的杀戮。第二年，他仍怒气难消，再次率领部队夜渡雁门关，袭击太原，抢掠平阳、泽州、潞州等地。

边事不断，宫廷里也不得消停安宁。

就在俺答报复性地深入山西抢掠的同时，嘉靖皇帝遭遇了几乎让他丧命的宫廷谋杀，据说忍受不了虐待的嫔妃和宫女合起来要用缚窗幔的丝绳子勒死他，只是这帮宫女杀人经验不足且力气太小，没有成功。但这次事件，对皇帝的性格和对外政策却影响很大。

俺答于嘉靖二十三年（1544）宣大秋防结束后劫掠到了京师附近，皇帝对他特别器重的宣大总督（翟鹏）和宣府巡抚（朱方）十分恼怒，让两人戴着刑具到了北京，巡抚被当庭打死，总督被革职充军。

11

新的宣大总督是后来被嘉靖皇帝称作“文可以安邦、武可以戡乱”的“岭南第一臣”翁万达，他曾与毛伯温一起到过安南治乱，深得嘉靖帝赏识。当宣大边务变得不堪朝廷接受时，担任兵部尚书之职的毛伯温举荐翁万达总督宣府、大同、偏关、保德军务。

翁万达显然是一个谙熟边务的防区总司令，思路清晰，用人得当，配合新总督工作的大同总兵周尚文是一个深得皇帝赏识、军旅生涯丰富、清廉爱士的职业军人。不过周尚文桀骜不驯，常和一起供职的文官搞不到一起，到了大同和巡抚意气不投，乞皇帝允辞职回乡休息。朝廷不得已调大同巡抚去甘肃，派两次平复大同兵变的詹荣任巡抚。

这又是一个工作效率和能力都让皇帝感到十分欣慰的奇妙组合：总督高屋建瓴，事事考虑周全；总兵智勇过人，蒙古人稍有侵犯即刻出塞穷追猛打；巡抚考虑问题缜密，军民协同建设边防。三个强人配合在一起，使得宣府、大同、偏关、保德的军事防务又迎来了里程碑式的建设高潮。

翁万达以唇亡齿寒等道理向皇帝奏请增修从偏关老营丫角山至东阳和（今阳高）、西阳和至宣府的千余里长城。皇帝同意了翁总督的建议。周尚文负责具体建设，詹荣配合征招民夫，在千余里城墙边筑了三百六十余所烽堠和设兵戍守的堡垒，距离得胜口不远处增建了镇羌堡、拒墙堡、拒门堡等边墙外五堡。

长城、壕沟、烽堠、堡垒，这些守边士兵即刻能遥相报信的军事设施，沿着朝廷最担忧的宣大防守线密密麻麻地摆布开来。

最让皇帝和管理财政的官员喜悦的是，边疆除有了恢宏的防御工事外，兵卒还开垦了数十万亩土地，营房建设了不少，兵员增加了一万四千余名，翁总兵实在是皇帝喜爱、朝廷万分赏识的能人中的能人，总的花费比预算节约了九万余两（《明督抚年表》有的书籍说几十万银两）。对于这样尽职尽责的总督、巡抚和总兵，嘉靖皇帝毫不吝啬地予以赞扬。皇帝对老将周尚文的嘉奖为：升其为左都督，加太子太保，荫子世袭锦衣千户，史称“终明之世，总兵官加三公者，尚文一人而已”。

翁万达是个光明磊落、要求严格的人，他不允许他管辖的军官不堪担当、尸位素餐。当宣府总兵、副总兵与城内宗府贵族盘踞城中欺凌军士时，翁总督毫不客气地弹劾了他们。大同和川王府奉国将军朱充灼（代简王六世孙）暗通蒙古人图谋不轨，总督不畏皇亲国戚，密报朝廷，使一干人伏诛。

面对明王朝新建的长城和堡垒，北边的俺答很不愉快。嘉靖二十六年（1547），他再次派遣使臣要求明政府开放边关马市，以便让他的人民有基本的生活保证。兵部要求翁万达考虑此事，翁万达知道皇帝一提纳贡就气不打一处来，回复道：“封疆之臣，惟知战守。”

俺答的要求又没有得到明政府的明确回复，怒火万丈，于是，在得胜堡、宏赐堡等五堡附近设伏兵，诱守军出塞追击，致使周尚文损兵折将——周尚文气恼不过，与之转战一月有余，设伏兵杀了其殿卒，俺答方引兵退去。

俺答不打算与大同这个已经七十多岁但仍然骁勇异常的老总兵对战。

嘉靖二十八年（1549）春，俺答领着六万人的部队到宣府抢掠，明军与之在滴水崖（今张家口赤城县）打了一仗，兵败。翁万达认为宣府总兵斯文怯懦，调周尚文率兵阻击。双方在曹家庄(今张家口宣化区）鏖战，最终以俺答连夜狼狈撤军结束。不幸的是，戎马一生、与蒙古骑兵作战二十多年的周老总兵，于同年五月突然离世，享年七十五岁。

整日沉迷于修道炼丹的嘉靖皇帝不肯兑现对老将军的抚恤，一位官员对皇帝的小气实在看不下去，勇敢地提出了自己的抗议和看法，皇帝气恼地把这位官员送进了监狱关了十八年。直到嘉靖帝驾崩，他的儿子隆庆帝即位，才给人家平反释放。

12

曹家庄大捷后，嘉靖帝授予翁万达兵部尚书之职。不久，召其入京“入掌本兵”。同年，因父丧，回乡守制。

俺答得知翁万达离开边关，立即兴兵犯境，大同失守。新任总督郭宗皋被停了俸禄，新任巡抚调其他地方任闲职。第二年夏季，俺答又来了，大同新任总兵、副总兵等将领皆战死，皇帝气得火冒三丈，宣布停了新巡抚张耀的薪水并与总督郭宗皋一同戴罪视事。朝廷一给事不知大同防事艰难，写了一大堆诬陷总督、巡抚苟逃罪责的话，皇帝看后又懊恼了起来，命锦衣卫让总督、巡抚戴着枷锁到北京。两位戴罪臣子到达北京之后，皇帝即刻命人当庭杖责，可怜的张巡抚当即死去，郭总督被发配到边疆充军。

皇帝的怒火随时能被点燃是有道理的。他最讨厌的而且总是向他提出纳贡开市的蒙古人这年秋天为了实现贸易往来的愿望，干脆把队伍开到了北京城外，兵布城下。接替战死疆场的大同总兵职务的是前陕西总兵仇鸾——他曾诬陷功绩卓著、被称为军旅硬汉的三边总督曾铣并致其下狱冤死。这个被皇帝错爱的官员，曾因延误军机而被上司曾总督夺了职下了狱，又因竭力诬陷曾总督而出了狱，因认当红内阁首辅严嵩为义父，方又受到重用。仇鸾很快就用事实证明他是一个乐于钻营、只为官阶服务的奇葩总兵——当俺答带着十余万大军又来到大同时，他用重金贿赂了俺答，告诉他们绕过大同去北京城西南面劫掠，俺答欣然从古北口一路抢劫到了北京。京城里的几万士兵多年都在为皇帝修建宫殿，临时集结起来，使用兵器已经很不习惯。时任兵部尚书组织不起有效的抵御，只能让俺答抢个饱满后自己主动回去——他眼睁睁地看着俺答布兵东直门，大肆毁坏德胜门和安定门外的民居后，扬长而去。

为俺答指明方向的仇鸾带兵来北京增援，皇帝感动得封其为平虏大将军，统领从各镇调来的援兵。

当俺答让一个他释放的明朝官员给皇帝带信，说不答应做生意他就年年来北京时，皇帝勉强答应一年开一次马市，贡期大概月余，贡马不得超过五百匹，贡使不得超过五十人，等等。

皇帝同意了俺答的请求后，又感觉受到了侮辱。这位多年未曾上朝的皇帝破例把朝廷官员召集到一起，远远地坐在椅子上看着他们，一句话没有说就回到了深宫。从此，他再没有与他的官员们见面。

13

嘉靖皇帝朱厚熜的脾气古怪，性格敏感、任性，多数人认为这和他在登基大典上就与大臣弄出的不愉快很有关系——大臣建议他以孝宗继子的身份接堂哥朱厚照的皇位，他拒绝了，由此留下了与恪守儒学伦理及治国策略的大臣们始终不能弥合的裂痕。俺答以武力威胁他应允开市，他的武将和文臣们没有击退敌人的良策，万般无奈之下，他违心同意。但马市开了半年，他就反悔了。俺答又试图提出比较适合其民众需求的交易（比如用牛羊交换粟豆等），派出的使臣遭到明军的逮捕、扣押。

嘉靖三十一年（1552）三月，总督京军和边兵的平虏大将军仇鸾出师镇川堡，过得胜口，在猫儿庄（今内蒙古丰镇市隆盛庄镇）遭遇到了俺答的埋伏，士卒死伤二百多人。不久，仇鸾当年买通蒙古人的行为被皇帝乳母的儿子（曾在大火中救过皇帝性命）、后来担任宣大总督的赵炳然揭发了出来。仇鸾的大将军印被没收，很快忧惧而死。

仇鸾死后，肺都快气炸了的皇帝没有放过对他的惩罚，命人将他的尸体挖出来，执行戮刑。

当年，俺答又过宏赐堡，下浑源。

执拗的嘉靖皇帝决心不和使他一生忧愤的蒙古人通好，更不愿意让他们得到明朝精美的丝绸、布匹和铁器等——哪怕是一只小铁锅，甚至愤恨他们到不能看到“夷狄”两个字。官员知道他的心病，在所有诏书和奏章中都刻意把这两个字写得很小，以满足他对蒙古人的小觑心态——这种态度，只能导致更大的灾难。

俺答绝不会因嘉靖皇帝对他的入骨憎恨，而放弃相互进行贸易往来的要求，既然大明不能给出明确的互市承诺，边墙五堡、大同及其周边地区、宣府一带的劫掠就一定不能避免——塞外人的日常生活保障要么通过市场交易解决要么通过战争解决——这是俺答坚持的道理：拒绝互市，就劫掠！

嘉靖三十九年（1560）是个例外，俺答受到了多年来不曾经历的挫折。大同总兵陆汉从镇河口出塞，捣其部帐于灰河，斩了他二十八个士卒，又乘虚袭击了他的都城归化（今内蒙古呼和浩特一带），烧了他的据点。这对长期与明朝作战的俺答并没有什么太大的影响，他还没有停止劫掠明朝边疆的意愿，他及他的儿子对大同的劫掠还将继续。

嘉靖四十三年至四十五年（1564—1566），大同总兵移防得胜堡边的宏赐堡。不过，一切并没有大的改观。

14

居住在北京深宫里的嘉靖皇帝对边境发生的一切已经无暇顾及，因为他的身体出了问题。一生对道教痴迷的他，为了长生不老吃了许多“仙丹”（这种丹药是由铅丹和砒霜等制成，能使服用者感到身体轻快、强壮、有活力，乃至有强烈的性冲动）。他还曾一度想放弃皇帝的职责，隐居起来专攻长生之术。当时朝廷一位官员断言他的想法是无稽之谈且说他服用的丹药危险时，被立即杖死。“长生不老药”最终导致皇帝铅、砷中毒，他的身体每况愈下，皮肤病和胃病折磨着他。他无缘无故地发怒、呆滞、抑郁，不能很好地休息。太监需要在他的枕边放一个大桃子，告诉他这是天上的仙人送给他的，他才能开心起来，才能勉强入睡。他想回到出生的地方疗养，以使得身体强壮起来。可大臣告诉他，他的身体很虚弱，不适合路途颠簸的旅行。

嘉靖皇帝在他六十岁那年停止了呼吸。他憎恨了一辈子、与他同龄的俺答，虽然从事被追逐、围剿的劫掠事业半个多世纪，

得胜堡附近的马市堡一景（2013年薛华克摄）

却比他多活了十多年。

多年与俺答的攻防、对战，使明朝的财政不堪重负，庞大的军费开支、对受到劫掠民众的救济、对地震和洪涝等自然灾害的赈济等，使朝廷过着捉襟见肘的日子，军饷和军队后勤给养都不能得到保证。

国家收入是固定有限的，边疆军费尤其是宣大一线的军费却不断增长，最明显的就是：当嘉靖皇帝于嘉靖三十七年（1558）欲向大同一个要塞（可能是得胜堡附近的宏赐堡）运输给养时，户部上报说国库加起来也不足二十万两银子，不能给这个要塞提供给养。

始终不能正视现实的嘉靖皇帝已驾鹤西去，边疆兵戎事端的解决迎来了曙光。除了一些不了解国家机器运转的艰难、整日吹毛求疵的愚顽官僚，朝廷大部分的明智人士都认识到了与俺答适度纳贡互市的必要性。

15

隆庆帝没有他的父亲那么强势和顽固，没有对俺答那种透彻肺腑的愤恨和鄙夷，没有对权力绝对掌控的欲望。皇父给他留下了一批能干的大臣——内有深谋远虑的徐阶、高拱、张居正、杨博，外有酷爱戏剧的军事家谭纶、政治谋略家兼军事家王崇古和名垂明史的军事统帅戚继光、俞大猷等。他信任他们，也乐意让这些忠于朝廷事业的大臣们充分发挥自己的才能。事实证明，他是对的，他们不负委托和信任，使明朝又走上了兴旺发展道路的同时，北边始终不能化解的矛盾也得到了非常巧妙的解决。

隆庆元年（1567），蒙古人的抢劫让宣大总督罢官回籍、山西巡抚下了狱、总兵官战死。隆庆四年（1570），照惯例驻防在阳和（今大同阳高县）的新总督，以同样的理由得到同样的结果。接任这个摊子的是在陕、延、宁、甘做了七年总督的王崇古。这个山西蒲州人，深谋远虑，战功显赫，考虑问题切中要害又总能从细枝末节中推出大方略。在陕西总督任上，他信任属下，使其各个骁勇并成长为智谋双全的将军。他善待塞外附归军民，搜集各种情报，总能做出让蒙古人不能得逞的布防决策。面对一团糟的宣大边务，他首先在通敌要道上遍插木牌，铺天盖地地宣传他的对外政策：杀戮酋者，加官晋爵，发赏银千百两；若来归顺，则同等待遇。对于甘愿为蒙古人效力者，他日朝廷进兵，必然杀个干干净净。他还额外制定了俺答属下归顺的政策，为在墩台防守的兵士多发三两银子，以酬劳他们搜集情报的辛劳……

他的政策很快有了意想不到的效果，除了来降的两千多兵骑，这一年的十月，俺答的孙子把汉那吉因为他的爷爷夺走了他喜欢的一个美妾（即后来著名的三娘子），一气之下带着妻子、属下等十余人来到大同投奔明朝。大同巡抚好生安顿后，立即把这一情况报告了王崇古，王立即与巡抚一起上疏朝廷，给了上、中、下三个处理建议。奏折到了北京，朝堂里争吵得一塌糊涂，重臣各抒己见，兵部尚书自己也困惑得不知所措。最后在内阁大学士高拱、张居正的力挺之下，诏授把汉那吉为都指挥使，赐大红官服一袭，拨给宅舍居住。主张拒降的御史则被罢黜流放。

惊闻孙子全家投靠了大明，正在西边劫掠的俺答立即回府，派长子出兵向明朝要孙子。俺答的妻子因三儿子早逝，从小一手把这个孙子抚养大，不知其孙死活的她，天天哭闹着要俺答归还她的孙子。

俺答心乱如麻。

这时，王崇古派出的通使到达。

俺答得知他的孙子不仅活着，而且还封了官，大喜。派出使者亲自验证，当使者回禀见到把汉那吉穿着一袭红色官服，俺答欣然接受了王崇古提出的归顺建议：归还背叛大明朝廷、投奔他并为其谋略的赵全等；归顺大明，接受封王；绝不再侵掠大同；等等。同时，他还为儿子求了官，提出互市建议。

史书记载，把汉那吉回去，俺答和妻子抱着他哭了一通，遣使臣报谢，誓言不再犯大同。王崇古接着要求俺答的侄子等各部一并入贡，俺答同意了。

与此同时，王崇古明令将士不得出塞烧荒捣巢，议通贡市，休息边民。

当王崇古把经过深思熟虑的建议上奏到朝廷后，隆庆帝召集朝廷官员开会讨论，反对的、赞同的，部分反对的、部分赞同的，忠诚明朝事业的官员们又一次相互吵成了一锅粥。兵部尚书仍然不敢自行裁决，把各类意见汇总，在御经筵上呈给皇帝。皇帝很民主，当即让阁臣们裁决。高拱、张居正的裁决是：外示羁縻，内修守备。皇帝于是下诏，封俺答为顺义王，其所居城曰归化；儿子等皆授官，封把汉那吉为昭勇将军，都指挥使如旧。

后来皇帝又采纳王崇古等廷臣建议，赐俺答顺义王王印，给俸禄，加抚赏，并明确指出，无诏不得擅自派使入京。

16

隆庆五年（1571）春，得胜堡已经是桃红柳绿。

在得胜堡外的晾马台上，大明王朝的重要官员、宣大总督王崇古等为大半生率军专注劫掠事业的俺答举行了正式的授封典礼。俺答对着大明官员承诺：永不犯边。

自此，纷扰了许多年的大明北部边境安宁，边墙七镇军民从此乐业，不用兵戈，累及大明王朝财政的军费也由此锐减。

按照王崇古建议制定的马市交易规则，得胜堡口的马市就设在得胜堡稍北四城堡（马市堡）。自开马市，这里的景象出现了翻天覆地的变化，商人们络绎不绝地从各地运来布匹、丝绸、茶叶、铁制品等。防守士兵在完成边务之余，把更多的精力花在了春耕秋收和一年一度的协调马市交易上。当贡期来临时，车马流连，商贩们忙碌着备货、采购。交易期间，马市堡简直就成了一个热闹的商业小城，商人、官兵、随军家属和孩子以及车、马、牛、羊等，曾经森严的堡垒变得热闹、拥挤、温馨。

万历二年（1574），由于张居正的各项改革政策得以推行和实施、全国官僚的工作积极性得到最有效的调动，朝廷的行政效率提高，边疆军费大量节省等因素，使得朝廷国库储备逐渐丰盈起来。

俺答在归化过着滋润的日子，其子孙也享受着和平安宁的生活。

不久，曾协助王崇古参与“隆庆议和”的前大同巡抚方逢时接任王崇古之职。在一派祥和中，他仍然履行着内修守备的职责，对得胜堡、镇羌堡、四城堡、宏赐堡等进行了维修、包砖与扩建。得胜堡的街道以青石铺地，中央的钟楼上又装饰了青龙吐水的排水设施，城门饰以精美的砖雕，城墙上修了垛口，等等。

一座精美坚固的城堡在晨钟暮鼓中，重复着维系北京紫禁城牵挂的美好生活。

得胜堡里人欢马叫。

17

明亡，清朝继大统。

拥有后金血统的游牧民族入主中原后，很好地推进了游牧文明和农业文明的融合，清王朝领土相较明朝大大增加，大同城也成了清朝的腹地，得胜堡的边防防御功能大大降低，朝廷只象征性地派驻少量兵员，起着维护地方秩序的作用。

得胜堡是什么时候开始衰落的？不知。其堡墙是什么时候遭到破坏的？亦不知。曾经车马不息的古青石街道是什么时候消失的？钟楼里的大钟去了哪里？那些剥下来的城砖又去了哪里？我不愿意知道得更多！

看着在堡外的小道上打场的农民，遥望着逐渐远去的寂寞的城堡，遥想着得胜堡的前世今生、如烟的往事……恍然觉得，得胜堡的历史仿若落了尘埃的镜子，当我们擦拭明亮时，它忽然照出了我们的无知，也照出了我们的丑陋。

但我无论如何都要说：得胜堡的凄美也是透骨的！

注：近两年人们在古堡北部的田野里种了大片高粱，至鼓楼的田间修了小路，有人在村子里建了民宿，至南门的街道进行了仿古重建，南门的瓮城恢复了从前的模样。

“马邑之谋”那座城

读过中国历史的人都知道“马邑之谋”，但不一定知道这场改变中国版图和外交走向的谋略发生地——山西朔州。

就当下的现实来讲，很多人（包括大部分山西人）对朔州的印象是片面和模糊的，总认为它是个新兴的城市，北风飕飕，挖煤、炼焦，平地而起的一簇簇高楼……它的名声某种程度上和与山西隔黄河相望的“塞外煤都”鄂尔多斯差不多，都因煤而富有，都多身价不菲、出手阔绰的煤老板——外地人总是怀着复杂的情绪给山西煤炭企业主这样不算敬重的称呼——即使他们中间不乏有理想有情怀做大事的企业家。

朔州没有建设张扬的现代公共建筑是有原因的，因为，它有超然的文化自信——它有一流的藏有大批汉代文物的博物馆，有让建筑艺术家膜拜并被称为世界十大建筑奇迹之一的辽代木塔，有气概卓然、令人惊异的辽金寺院及同时代的壁画和彩塑，等等。这些东西甫一呈现，立即摄人心魄，让人两眼放光。

一个拥有让世界惊异且羡慕的宝贝的地方，如果还有露天煤矿、扎在煤堆上的国家电厂、成群的牛羊、涌动的泉水和一望无际的湿地等，该是怎样的自豪？虽然，朔州煤炭资源的名声抢占了它的文化风头，但当你走近它并仔细阅读它的过往时，当你观察到支撑它文化自信的地方成为人们热衷游览的招牌文物而不是与人们生活发生密切关系的场景时，当你知道两千多年的古城萎缩成一个不被外人所知甚至当地人都忽略的两段城墙和城门时……它所表现出来的隐忍、从不低泣和呻吟的精神，才是它的厚度之所在。

1

马邑古城今何在？

今日繁华朔州城？

应该说，大多数人不知道朔州城是在两千多年历史的古城基础上发展起来的，也很少有人知道昔日名震朝野的马邑古城与朔州城的关系。它镌刻在历史上的名声虽早已不再引人瞩目，但在这片土地上发生的影响中国历史进程的阴谋、谎言与厮杀，却让它成为史书中的永恒——也是朔州城曾经最为闪耀的高光时刻。

马邑古城始于秦王朝时代。秦朝中期，秦始皇在雁门关外胡汉杂居区设置了马邑县。初建城郭时并不顺利，城基屡建屡塌。传说有一日，一匹骏马发疯似的绕地奔驰、反复不停，人们惊异，相信此乃神示，遂按马迹建城，城不再塌，马邑由此得名。

汉朝，自汉高祖刘邦率大军追击投奔匈奴的韩王信、经历了“白登之围”（今大同东北马铺山）后，与匈奴之间实行了和亲政策，处于汉、匈边境的马邑城，成为重要的边城，居住在城内的不少商人通过与匈奴开展边贸生意而发家致富。

“和亲”并不是一劳永逸的外交策略。从贝加尔湖北、西西伯利亚一直可以驰骋到银川的匈奴单于既喜欢大汉的公主，也喜欢大汉皇帝的封赏，更喜欢大汉丰富的物产。当边贸不能解决其庞大的需求时，他就率领他的铁骑到河南地区（今内蒙古黄河南部地区）抢掠。

年轻的汉武帝亲政后，对匈奴人的行为十分不满，尤其是有了文帝、景帝两代帝王（“文景之治”）留下的雄厚家底，他有了和亲以外的、让匈奴人了解一下汉王朝态度的打算。针对他的心思，朝堂上出现了两种截然不同的声音：御史大夫韩安国主张继续和亲以保北边安宁；大行令（如今天的外交部部长）王恢主张主动出击，让匈奴人领教一下大汉王朝的威武。

这时候，马邑城的一位叫聂壹的豪商闪现在了历史舞台上。这位富商长期做边贸生意，对匈奴人的行为喜好十分了解，他给王恢提出了成本最低、保险系数最高的歼敌方案：可以利益诱惑唯利是图的匈奴人，然后埋伏军队聚而歼之——他愿意到匈奴部落会见单于并引诱他至马邑。王恢把这个方案呈奏给汉武帝，汉武帝在争论不休的辩论中，支持并采纳了王恢的提议。当年六月，武帝“以御史大夫韩安国为护军将军，卫尉李广为骁骑将军，太仆公孙贺为轻车将军，大行令王恢为将屯将军，太中大夫李息为材官将军，将车骑、材官三十余万匿马邑旁的谷中，约单于入马邑纵兵”。

聂壹不仅生意做得风生水起，在匈奴还有很好的人脉，口才估计也十分了得。他到了匈奴部落，通过买卖上的朋友见到了大单于，在陈述了一大堆对大汉王朝的“失望”后，他向单于承诺：

崇福寺弥陀殿胁侍菩萨塑像局部特写（2015年欧阳君摄）

崇福寺大势至菩萨塑像局部特写（2015年欧阳君摄）

能把马邑县令、县丞斩首，迫马邑城降服，城里财物尽可取之。单于相信了这位商人的话，应允出兵，拿下马邑城。聂壹回到马邑，从监狱里提了个死囚，斩其首后悬挂于马邑城下。匈奴的使者信以为真，立即给单于报告："马邑长史已死，可急来！"

得到情报的单于领着十万骑兵浩浩荡荡地奔向马邑城。入武州塞（今山西左云县与大同市交界处，即云冈石窟所在的武州山西侧）后，在距马邑百十里的地方，单于发现当地牛羊遍野，不见牧者。于是攻下一亭，抓到了在亭内滞留的雁门尉史并以杀头逼之。了解密情的尉史说出了大汉藏兵之计后，单于立即掉头撤回。当匈奴部队已经远遁的消息传到汉军时，已追之不及。王恢本来领三万兵袭击匈奴的辎重，但闻其有十万兵，为保全兵力，按兵不动。汉武帝对此结局非常恼怒，让王恢成了阶下囚。王太后求情无果，王恢在狱中自杀。

"马邑之谋"虽没成功，但由此，汉武帝开始了势不可当的西征。来自山西河东（今山西临汾）的两位杰出将军——卫青和他的外甥霍去病，让单于日后尝到了汉武大帝送给他们的永恒痛苦。

然光阴流转，大汉王朝陨落。

匈奴、鲜卑、羯、氐、羌等民族的人，各领风骚地走过马邑城。

……

几百年后，隋朝立国。

隋文帝对突厥延续前朝的怀柔和亲政策，先后将安义、义成两位公主下嫁给启民可汗。

隋炀帝出访塞外突厥的大帐时，发现突厥可汗与鸭绿江对岸的高丽使者私下交往，极为不快，遂令高丽使者传话其主到大隋都城朝贡。高丽人没把隋炀帝的话当作一回事，由此导致隋炀帝着魔似的一连三次东征。

不知不觉中，马邑城的敏感地位再次凸显。

启民可汗去世后，其子继任为新可汗，是为始毕可汗。因隋炀帝采纳黄门侍郎裴矩的建议，分化突厥势力，拉拢始毕可汗之弟叱吉设，并设计诱杀可汗的谋臣于马邑城。毫无意外，此举加深了始毕可汗对隋炀帝的仇恨，决心与隋朝势不两立。

隋大业十一年（615）初秋，隋炀帝在距离马邑南不远处的雁门一带巡视时，始毕可汗率领几十万大军南下偷袭，把皇帝困在代州城（今山西代县）月余。隋炀帝一面调集各方军队前来解围，一面亲自率领士兵守卫城池，最后还是靠义成公主（她已按突厥人习俗再嫁始毕可汗）谎报军情，才诱使始毕可汗撤围。

出乎隋炀帝预料的“雁门之围”，使隋朝的政治生态发生了奇妙的变化，勤王的唐国公李渊对帝位有了微妙的想法，他和他的儿子们一边解救皇帝，一边在古晋阳城里为未来做着准备“活动”。面对江山动摇的复杂局面，隋炀帝不顾多位大臣的劝谏，离开洛阳到了江都（今扬州）。不久，遭到谋杀。

隋炀帝离开代州不久，马邑古城就发生了另一场改变历史的阴谋，一个怀揣帝王梦的“人物”毫无征兆地窜到了历史舞台的前面。

曾追随杨素征战、又深得隋炀帝欣赏的西北大将军王仁恭在马邑城担任太守，其一位长于交际的部下、曾应征出战高丽的鹰扬府尉刘武周，与王的侍婢有了私情。这位据说出身富家的刘武周一不做二不休，经过一系列谋划，一步登天——他先散布太守贪腐的谣言；又挑动吏民造反；后闯进太守府，一刀杀了为朝廷立下汗马功劳、他的恩人王太守；然后开仓放粮、笼络人心、投靠突厥——突厥人赐给他一个很有意味的大汗名“定杨可汗”；自称天子。

马邑城发生这场变故的时候，唐朝代替了隋朝。

坐上皇帝宝座上的刘武周决定释放其更大的雄心：南下！挑战另一位新皇帝——李渊。这也是他的新妹夫、降服于他的战将宋金刚给他出的谋略。于是，他围攻雁门，破晋阳，势如破竹，席卷整个山西南部地区，直到李世民率军击碎他的皇帝梦，他兵败逃至突厥。后来，不知道是刘武周思念马邑城还是在突厥生活得不愉快，总之，当他流露出想回到马邑的想法时，不能容忍的突厥人杀了他。

2

马邑古城是一个多民族混杂聚集区，南入雁门可直袭中原、北出朔漠可直进北方草原。这样特殊的战略位置，使得她既适合做中原王朝北征的军事后勤保障基地，也适合做北方游牧民族挺进中原的前哨。

经历了“马邑之谋”“雁门之围”和刘武周立国等影响中国历史进程的事件后，马邑并没有就此沉寂。她既有牛羊遍地的温馨生活，也见识了杨家将驰骋拼杀、收复失地的战争——杨业和其部属就是在掩护马邑（时称寰州）一带居民及其牛羊南迁时被契丹人所围而全军覆灭的——还见过女真族人铁蹄踏破大宋江山、挥刀南下的身影，当然还悲情地看到了大宋王朝的皇帝和臣子被掳北上的艰难步履……斗转星移，那些曾经惊心动魄的故事逐渐消失在每一个朝代谢下的大幕后，渐渐淡出人们的记忆。

马邑古城似乎也不再在历史的聚光灯下闪耀。

3

确切地说，朔州其实有两座马邑古城。

汉朝的马邑古城在今天的朔州城内，即古城区，有北齐城遗址、元明时期的城墙和城门；唐代建的马邑县古城在今朔州东北的马邑村，距离朔州老城区二十多千米。

前者在大部分时段里为州治所在地，后者曾为县治所在地。为区别两者，人们称前者为“马邑古城”，称后者为“马邑县城”。

马邑古城在北齐时最大。北齐天保六年（555），北齐朝廷将朔州治所从盛乐（今内蒙古和林格尔县）迁移到马邑城西南，过了两年，又将马邑县改为招远县，为朔州治所。隋朝置朔州总管府，后又改马邑郡，治所改为善阳（即马邑古城）。唐开元五年（717），在朔州治所善阳东北置马邑县。

从五代十国至元代，主宰朔州的主人轮番变化，一会儿为沙

陀人，一会儿为契丹人，一会儿为女真人，古老的马邑城始终为州治之所在。

元朝，蒙古人控制的疆域横跨亚欧大陆，马邑古城不再是重要的边城。至正（1341—1368）年末，驻兵大同的右丞相孛罗帖木儿派其手下将领守朔州，以兵少城阔为由——城周长九里十三步，省去古城的西北，在东南一隅筑城，以便守备。尚未完工，丞相入朝，守卫朔州的将领也随之入大都。

明洪武三年（1370），开国元勋郑遇春随傅友德屯太原、大同、朔州，奉敕完成元人未完的缩减版城池建设工程，砖券四门。二十年后即1390年，城池以砖包之，“城高三丈五尺，堞高六尺，共四丈二尺，顶阔四丈，脚阔八丈，周围一千二百丈。堞口三千一百三十四座，角楼四座，铺楼二十四座，烟墩四座”。万历年间，城池重修。

清初，先降后又反清的明末大同总兵姜瓖据马邑古城而守，城被攻破后，其样貌大损。之后，一路衰落。曾经穿梭各色人物、各路商人的古城，今仅南城墙、城门和西城墙、城门及瓮城尚存外，其余皆无踪影。

马邑县城池则在隆庆六年（1572）包砖重修，规模要小得多。

4

如果不是为了系统深入地拍摄山西的古代遗存，我相信我今生和朔州这个地方是没有交集的，我没有了解她的动机，也没有亲近她的驱动力。没有亲近她的愿望，自然就对穿越过这片土地的历史和风物只有片面的认知——我一直觉得朔州只是一个适合铁骑奔驰、甲士挥戈、将军挥洒军事才华的地方。没有战争，朔州是什么样子的，或者该是什么样子的，我大大地忽略了。

其实，没有铁马飞驰的朔州，是宁静安详的，她有朔风凛冽的时光，也有碧水环绕、浓绿铺地的景象。朔州志书上就记载了朔州不为人知的特殊气质和优美：那个时候朔州南面的翠屏山上夏日翠色耀目，凉爽袭人；东西绵延一百千米的山梁上，白雪皑皑，四季不消。发自宁武山的恢河一路滋润，入州境，潜伏地下奔涌十几里，再蓬勃涌出。清澈的河水绕过城南，与桑干河并流，绕行古堡、村落，浸养万物，若一银带在朔州平原飘舞；城北面的洪涛山下，风光霁月，泉流潺潺，燕子呢喃，花红柳绿，水绕人家，一派江南旖旎风光；城西北有玲珑小湖，古寺居于湖中。轻风月夜，影落水中，光摇栏外，书生凭栏望月，诗文积胸而发；隆冬时节，城东北的金龙池、神头山涌出来的泉水带着氤氲之汽，如烟如雾地散漫于城郭间，青砖黛瓦，昏鸦老树，仿若神话般美妙。夕阳西下，炊烟袅袅，古城北大街的钟楼上，金代万余斤重的洪钟响起，声播数里。林衙古刹内，香火缭绕，信徒驻足……

古代的文人总是比我们要浪漫很多，对于美景从来不吝啬自己的笔墨和才情。朔州老城或马邑古城，就被诗兴盎然的文人总结出最值得舒展雅兴和漫游的八景：林衙古刹、广福钟声、翠屏积雪、恢河伏流、洪涛雨霁、玉泉秋声、龙池月夜、桑干冬暖等。

让古人大动潘岳、宋玉之诗兴的古城美景，如何寻见？

地是，物非？

5

马邑古城在朔州老城内只留下了两段古城墙、两个城门洞和一座寺院。其中最耀眼的是古寺——崇福寺。

占地两万三千多平方米的崇福寺创建于唐麟德二年（665）。辽代初期为林太师府署，后改为林衙古刹。金熙宗皇统年间（1141—1149），一位翟姓开国侯始建弥陀殿。金天德年间（1149—1153），海陵王完颜亮敕名并题额“崇福禅寺”。

崇福寺可以说是朔州城区的心尖儿，五进院落，十座殿宇，建筑、佛塔、壁画、塑像、雕刻、琉璃脊饰、雕花门窗等构成了寺院最引人注目的艺术存在。

有文说崇福寺为唐朝开国大将、朔州人鄂国公尉迟敬德奉旨建造的，这个说法显然不可能。先随刘武周后降李世民的唐凌烟阁二十四人物之一、后来被百姓当作镇妖降福门神的尉迟敬德在显庆三年（658）去世，显然不能接受为他去世而伤心地废朝三日的唐高宗在麟德二年（665）的旨意。当然，或许在尉迟敬德去世七年后，高宗又想起了这位开国功臣，于是为他建庙？

谁修建的大庙没有关系，重要的是巍然屹立在高台上的金代

崇福寺北壁东侧门后残存壁画胁侍菩萨（2015年欧阳君摄）

大殿（弥陀殿）能让每一位观者因其壮丽而赞叹不已。不论多么高大不凡的人物，站在雄伟的殿宇下仰视它，都有一种渺小之感。大殿建在坚固的高台上，本是为殿宇防潮着想，但最后达到的效果是：朔州风雨再大，大殿也不会湿了一点墙脚。金熙宗时期所建的崇福寺巍峨的殿宇内，除了精美的壁画，还有面目丰润慈祥、背光达十多米的高大佛祖像和身形健壮、服饰璀璨、留着两撇俊美胡子的菩萨像。皇帝完颜亮为了表现自己对汉文化的深厚修养，亲赐“崇福禅寺”匾额。

弥陀殿集崇福寺最重要的艺术价值于一身，其建筑本身、壁画、彩塑、碑刻、窗棂等展示的一个时代辉煌的艺术使我们着迷，也使世界其他地方的文化爱好者为之疯狂——那玉手纤纤、高挑身材、修长双腿、脸庞丰润的菩萨简直美到了极致。日本侵华时期，弥陀殿北壁的壁画就被日本人切割下来，运至日本。同时盗走的还有一座北魏天安元年（466）雕刻的“曹天度千佛石塔”（原在平城即今大同）。这座佛塔据说是北魏的一位小官曹天度倾尽家资为其亡故的父母修造的，在约三米高的石塔底座、九层塔身、塔刹上，共精心雕刻了一千四百多尊佛像。当日本人装箱运输时，一位丁姓乡民把塔刹悄悄藏匿了起来，日子太平后，又送还寺内。塔身运到东京后，藏于东京博物馆。1945 年后，日本把塔身交还中国，今藏于台北故宫博物院。

出资凿刻石塔的北魏臣子曹天度，不能预料到石塔如何从平城神秘地“跑”到了朔州，更不能猜想到一千五百多年后塔身先跨海到了日本、后来又乘船辗转到了我国台湾。他再有智慧，也不会想到一座为显示其对父母孝敬、对佛祖忠诚的石塔，能有这般离奇的命运。

6

朔州城郊东的神头山、神头泉为唐朝所建的马邑古县城八景之二——“洪涛雨霁”“玉泉秋声”所在地，古人为此写下了许多旅行赞美诗。

神头山在山顶留有明代烽火台的洪涛山前。为何名神头，古书里没有详说。民间传说：一神婆带着儿子上山游玩，在石头上留下了深达约六点七厘米的足迹和放梳妆镜的痕迹，故名之神头。神婆的传说当然是虚构，但神头山下终日喷涌不息的七眼泉水，却是自古就有的神奇事实。

神头泉不远处有一个村庄叫吉村，村内有一座明清时期的三大王庙，传闻那是北魏皇帝拓跋珪的公主生下的三个儿子的化身之地——当地村民相信：有一日，拓跋公主骑马到清波荡漾、水柱入天的神泉游览，香汗淋漓时，她双手掬温泉润口，怀孕并在神头山上诞下三个小龙子后，坐化成仙。她的三个小龙子后来成长为三大龙王，专门为这一带降施甘露、庇护百姓。再后来，三大龙子的外公思念女儿，又为女儿生出服务百姓的龙子颇为自豪，就命人伐木凿石，鸠工建庙，以祭祀。据村人说，每到干旱季节，百姓到庙里烧香祷告，抬着三大王母亲也即龙母娘娘的雕像出巡乡间时，老天爷就会立即降下甘霖。

民间故事的生动性就在于剪个历史边儿，然后就是天荒地老地杜撰。开拓北魏的拓跋珪确有两个女儿，先后按照其意志嫁给了归附北魏的柔然将军，这位将军只有一子且早夭，因常年在外征战，没有再和两位公主生下“小龙”。

三大王庙里的三龙王是不是拓跋帝王的外孙并不重要，重要的是有三堂保护得不错的明清壁画呢。

7

朔州的历史和古典留存，比我们想象得要雄厚、丰饶得多。只是，这个坐在煤堆和伏流上的城市习惯了低调，一般不太张扬。当地人豪侠仗义，不善言辞，更在乎行动。

夜宿岳家寨

我到太行山深处的岳家寨，完全是因为受两组照片的诱惑。

给我这个片子的是我认识的摄影家中最勤奋、执着、勇敢的两位老摄影家——秦红宇和梁铭先生，他们受平顺春天的邀约，对太行山的奇美风光进行拍摄。这两位很有名望的摄影家，一位把太行山拍摄得峰峦如涛、紫云如海、气贯长虹、绮丽壮美；一位则拍摄得温情脉脉，老人、屋舍、门扉、矮墙、石碾、小狗、野花、青草等在凌厉而险峻的峰峦下，太行人自如淳朴的生活犹如卷轴画般展开。两位老摄影家风格迥异的取景喜好，彰显着太行山的壮阔和柔美。不同的情怀投射到岳家寨，就是完全不同的视觉影像：秦先生的村落挺拔在太行山险峻的高处，仿若威风凛凛的英雄，不惧山高崖深；梁先生的寨子则安卧在岩石下的缓坡之上，隐约在花红柳绿之间，仿若遁世桃源。一个村落可以有这样大的性格反差？那种毫无雕饰的朴素，勾起了我的兴致，我觉着我和那个地方有一种说不清的缘分。

都市里奔走着繁忙，手头上琐碎事务不断。

然而，我总是惦记着那个给了我强烈视觉冲击的岳家寨，我相信那房屋下总会有真情的关怀，有毫不矫情的粗犷，有与世无争的坦然，有不加粉饰的真诚。我愿意在这样的天然村落里卸下疲惫，寻找心灵的宁静。当然，如果能在深山的小村里了解一段属于她的历史，倾听一段有趣的家常故事，也是我行走中不期而遇的巨大收获。

图片中的岳家寨仿若一首舒缓有致的乐曲，是我的抒情，也是我的偏爱，难以克制对她的一往情深。在两年后寒意初露的深秋，我驱车进入浊漳河谷。

1

清澈的河水绕着山脚悠悠地流淌。

对于这条滋润南太行山麓文明的河流我并不陌生。十年前，我因采集中国戏剧发展历史的图片资料，曾在其西岸高坡上五代时期著名的寺院外与之相望。前年，又为拍摄五代时期的壁画、金代建筑和隐藏在迷雾中的龙门寺，再次见识其温存。去年春天又因到河南岸补拍元明时期的二十四诸天壁画，体会到了她氤氲朦胧的神秘。这次，沿着她随山附沟的路径，却是因为我对一个山寨的多情。

不知道是山峦过于密集，还是导航设备在山里不灵光，去岳家寨的路线始终不能有效地显示。在石城镇打听，说是过河，一直朝后山上去，就到了。

过了浊漳河，有三条路供我选择。拐进了一个村子向栅栏后面的牧羊人询问，他说走下面一条小路，然后拐上山，继续走即可。按照指点，我们上了一条刚能容下车身的山边田埂土路，壕坎不

太行山深处立于峭壁上的岳家寨（2014年欧阳君摄）

时磕着车底盘，司机小李抱怨着道路的艰难，二三里路，硬生生用了半个多小时。

驶出梯田中颠簸的小路，为了安抚自己的情绪，小李停车下来吐了一阵烟圈。这当儿，向下看去，只见一条宛如银链的水渠在半山腰间缥缈。

“看，那应该就是到河南林州的红旗渠！”没有等我的疑问出声，烟圈吐得好远的小李说。

“返回时，我们好好赏它一番。”对这林州人用双手造就的中国乃至世界水利建设奇迹，我觉着很有必要留个影儿。

过了青砖黛瓦的青草凹村，又过大坪村，山势逐渐变得险峻起来，沟两侧不再是草木稀疏的山坡，而是鬼斧劈砍的岩石和峭壁。在一大段凌厉的青石板路前，小李停下车，熄了发动机。

“这路会把我们车轮胎扎破的，不去了吧？”

“听说游客常到上面的寨子里度假，路应该不总是这么困难吧？要不，再走走试试看？”

又冒了一支烟的小李，只好小心地碾着石板路前行。好在粗糙的石板路并不长，一条如银蛇般飞舞的新水泥路很快出现在我们面前。路面平坦了，但它的危险系数却骤然增大，窄窄的水泥路，绕着山腰，似骑着崖壁边向上攀附。

太阳已从高处的山顶滚落了下去，暮色慢慢弥漫开来，转一个急弯，海拔高度就提高一大截。望着不断矮下去的山峦和愈加深险的沟壑，我坐在仿若空中行走的车里，紧张得几乎不敢喘气。

岳家寨到底在哪儿呢？山后，还是山上？

当右侧的山峦变得更加缥缈的时候，岳家寨终于显现在深壑对面的悬崖边上。

又绕了好几道急弯，在寨前的一块石板地上——这个或许是世界上最险峻的微型停车场，我们停了车。站在崖边的围栏后，小李俯瞰着下面的沟壑，长长地向空中吐出一缕青烟："这地方美得有点恐怖！我们今天就住这里吧！"

我以为小李也喜欢这硬汉似的岳家寨，当即同意——第二天下了山后，他告诉我他上来时紧张得双腿打颤，实在不敢在黑夜中开车下山了。对于一个驾龄不长的年轻人来说，走岳家寨这样曲折而险峻的道路，实在有点冒险，他说的怕石头路扎破轮胎的话，其实是对上岳家寨山路艰险的畏惧，只是我毫不体恤地忽略了。

2

经历了骇人的惊险，迎接我们的是乡村的别样景致。

过了松树下半个床大的白菜地，就是院落错落有致、上下左右紧凑相接的岳家寨核心居住区。干净而狭窄的石巷子、低矮的石头围墙、款款的石头台阶、坚实的石头屋子、浅黄色的石房顶，在渐渐降临的夜幕中，显得十分明净。

双脚踩在石头小路上，我有一种小时候走在姥姥家四合院后石头巷子的感觉，心里充满着温暖。

石板路拐弯处，一位略胖、穿着黑色紧身裤的青年妇女走过来。

"有没有住的地方？"

"有，一晚上三十元。我看到你们的车上来，就出来照应。"

"我怕冷，找两个稍许暖和的房间。"

青年妇女带我们进了一个安静的四方院落里，打开屋门，里面一溜儿四张大床，像过去的车马店一样。蓝色碎花布面被子整齐地放在墙头，房间有一股久不通风的潮湿味道——我不太满意住这么空旷的大房子。

“要不住豪华一点的屋子？”女子又带我们下到寨子最低处的院落。院子很干净，但房子散发出的霉味更重，后墙根下潮气浸出一大片霉斑，两双蓝色塑料拖鞋随意扔在墙角，床铺收拾得也不甚整齐，一张有几个烟洞的棕色人造革沙发摆在床边的墙根——我一脚跨进屋内，看了一眼就退了出来，朝她笑笑，表示不能在这样的房子里过夜。

我建议青年妇女给我找一个还有村民居住的院落或屋子，睡大炕就行，只要干净暖和。她领我们到那四方院后面的小院里，我在有人居住的窑洞里安顿了下来，小李住进了对面有两张床的小石板屋，房内干净整洁，墙上贴有亮光光的印刷画，虽然烧热水的电水壶够不着电插板，但不妨碍尚算舒适的过夜。

“最下面院子里有食堂，可以吃晚饭。”青年妇女收了六十元房钱，就转身离去了。

山崖边上的岳家寨，虽然一侧有山体的庇护，但寒意总是比山脚下的村落和长治盆地来得早一些。喜欢来此体验盛夏凉爽的游客，也早早收住了自己的脚步，等待着次年盛夏的到来。游客少了，石板房屋的农家小客栈也就冷清了下来。屋内少了主人经营的温馨，让我觉着四肢无处着落。

我居住的窑洞主人——一个满脸劳动纹的大叔回来了，他放下农具，坐在台阶上喝水，我们和他寒暄了一会儿，就离开院子到寨子里游逛去了——其实寨子依山而建，无街可逛。

3

寨子很小，上下左右，十几分钟就转悠完了，我发现多数院落都悄无声息、黑灯瞎火。村里没有孩子，没有年轻人，如果我的判断没有错的话，最年轻的大概就是为我们安排住所的那个妇女。

我们去了村子最下面、停车场附近的大食堂，旁边有为夏日游客用餐而搭建的凉棚，但大食堂的门上落着锁。我们返了回来，准备去找妇女寻做饭的厨师。

上了宽宽的石头台阶，向右拐个小弯儿，进入一个精致的小石头院落。一对中年夫妇迎了出来，和我们打招呼。

“有没有饭吃？家常饭就行。”

“烙饼、土豆丝、稀饭，行吗？”

“这就足够好！”

进了他们家三间小北屋，屋子东西两间有两张收拾得十分利落的大床，床上各叠着两条鲜艳的大花厚被子，使整个房间充满了浓浓的温情。男主人落落大方地请我们坐下，又从大暖壶里给我们倒了两碗开水。

“家里可以住客人吗？”我后悔刚进村时没有摸索到这里来。

“可以，但要和村里负责人商量。”

“小李，去告诉那个妇女，已交的住宿费不要了，你就住到这里来。”我担心小李住的小石屋子半夜冷，建议他搬到这儿来。小李出去一会儿就回来了，说青年妇女的脑子不会转弯，没有同意他的请求。

这家的女主人已经到南面兼柴房的厨房里忙活去了。

“这奖状是不是您得的？”我看着房间中堂两边张贴的优秀村干部奖状问。

“是我当村支书时得的奖，干了好几年，县里曾派我到申纪兰家乡去学习过，她亲自给我们讲过话。现在村里讲究任期年限，我不当村支书了，也没有出去打工，和老婆计划把家庭客栈办好……一儿一女，都在外地打工。我们这里苦些，庄稼人也习惯了……不过现在政府支持旅游，我想只要我们两口子好好经营，把来的游客服务好，一年也能挣个小万把块钱。”

他腰杆挺拔，眼角布满深刻的皱纹，脸庞被太阳晒得黝黑，一双粗糙的手不时在桌角磨蹭，我脑子里一边装进他对生活朴素的期待，一边想着杭州和他同龄的人在西湖边的洒脱和逍遥。

“一年一万块钱够干啥？”小李悄声在我耳边说。

4

岳家寨村原名下石壕村，这是我后来知道的。

当城里人发现太行山深处这个小村子，既能满足探险的需求，又能过恍若隔世的“世外桃源”生活时，呼朋邀友，来到这个村子避暑消夏。又经过一波又一波摄影家恰到好处的光影渲染，小村子美妙的名声远播山外。

当地政府敏锐地看到了山民致富的路径和前途，出资修路，改善交通，引导扶持村民招待入村游客。村寨里人多姓岳，土得掉渣的“下石壕村”除了给游客平添恐惧外，并没有什么深厚的文化意义。为了增添下石壕村的魅力，也为了用朗朗上口的村名吸引更多游客，平顺县民政部门正式发文，向全县通告改名决定。通告中说明，

“据历史资料考证，下石壕村村民是宋代民族英雄岳飞的后代。当年岳飞被奸臣所害，其后人被迫从河南汤阴逃难于此，看到这里‘山大沟深、人迹罕见、世外桃源’而择居定住，起名‘岳家寨’……”我终于明白进山后找不着岳家寨的原因了：平顺县民政局为下石壕村改了新名，要上寨子，除了问山下庄子里的村民，手机导航全无用处。

下石壕村改名岳家寨后，盛夏里游客盈寨，山外人也多认为寨民的先辈定是那个矢志不渝地要光复大宋江山的岳飞将军的后代。不过，这种说法经不起推敲。岳飞的哥哥早年夭折，一个弟弟随其征战，阵前亡。他的长子与他同时罹难，在战争间隙认识的第二任妻子李娃（第一任妻子改嫁给他军中一位低级军官）及其余子女被流放到岭南。次子不能接受父亲、哥哥被杀的事实，在岭南郁郁而逝。岳飞的妻儿在岭南艰苦地度过了二十年的流放生活，直到继位的新皇帝为其平反昭雪，其妻及后人方举家归都。

南宋的首位皇帝高宗赵构能鼓起勇气、下诏杀死岳飞，就是为了顺畅地与金人媾和。“绍兴和约”一经签署，以淮河为界的金朝就成了南宋的宗主国。经历了“靖康之变”、一系列惊魂的逃难后，偏安杭州的赵构或许已无什么心思派人去汤阴追杀岳飞的后人（即使想派刺客去汤阴杀人，也未必能突破金人的防线，或者需要向金人提出申请）——后世的文人都说他被西湖边柔软的杨柳、娇俏的美人和歌舞笙箫给迷惑了。

岳飞已经被其效忠的皇帝所杀，金人统治的地盘也没有什么反对的风浪，到汤阴去杀岳家族人似乎完全没有必要。

岳家寨的先人如果不是岳飞的后人，倒也有可能是岳飞的族人。岳飞能写出“三十功名尘与土，八千里路云和月”这等气贯长虹的诗，显然非无名的小家出身。他执意抗金、收复北宋失地，在没有被以“莫须有”的罪名杀害之前，沦陷在金人铁骑下的汤阴岳家族人，为了躲避灾祸，为了避免被泄愤的金人杀戮，带着家眷，流亡到太行山险要之地（汤阴在岳家寨东南不算遥远处），在此落根散叶，倒也有可能。

近九百年前的事情，没有文字记载，难以说清。

不过，即使岳家寨与汤阴一点关系也没有，又有什么关系呢？如果岳飞的英名，能让这个小寨子声名远播，能让这里辛苦劳作、在石头缝里讨生活的人们幸福，只要寨子里的村民能致富，能过上更加现代文明的生活，将军一定会穿越时空，显出他爽朗的微笑。

5

夜幕彻底降临到寨子里，一轮弯月从寨子对面的山上翻越上来，远处的黛山、村前的沟壑在淡淡的薄雾中显得有点模糊。我靠在石头碾盘上欣赏着寨子里的夜景，享受着深山里的宁静。轻风温柔地滑过脸颊，有丝丝寒意。

做饭的女主人虽然一条腿不甚利索，但操持家常饭食却十分麻利。电磁炉上的稀饭正在翻滚，柴火灶上的铁锅里，已经有两张烙好的饼子，厨房里萦绕着饼子的香味，难以抵挡浓纯麦香的诱惑，我先撕了半张下肚。

这时候，有四条汉子进了院子，三个大个儿、一个中等个儿，说从河南郑州、林州上来的。

“这么晚也敢开车上来？”我问。

岳家寨的石板房（2015年欧阳君摄）

“嗨！没关系。”中年男人轻巧地回答。

“弄点什么吃的？”一个看似头儿的高个子男人问。

“跟我们吃一样的吧，烙饼、稀饭、土豆丝、辣白菜。这家大姐的烙饼特好吃。”

“好！”

“这屋能住下吗？我们想住这个屋。”

男主人同样说了村里统一安排的话。

小李领着中年男人出去寻找那个接待过我们的青年妇女，不一会儿工夫就回来了，说那个女人一定要安排他们四个人住前面那座带我们看过的院子里。

“房子里冷飕飕的怎么住？这女人脑子不开窍！”

“哈哈，山里人憨实，脑筋不转弯。”

“没有关系，拿酒来，先吃饭！”穿戴整齐的高个子男人说。

一会儿，四瓶四川名酒就从他们的车里窜到了桌子上，男主人也陆续把两大盘土豆丝、两盘白菜、一大锅稀饭、十几张烙饼端了上来。“爽！——来！——喝酒！——干！”这四个中原汉子如同上了梁山的好汉，邀请男主人和我们一起喝酒。我们也不生分，痛快地饮了好几杯。饭间聊天，我隐约知道他们是志同道合的朋友，做钢铁建材或与之有关联的生意。上岳家寨来度周末，看看风景之外，更重要的是打算在这里喝酒、打扑克，逃避老婆管制，好好放松一下。

他们的愿望如此简单，又能让岳家寨村民挣点钱，在游客稀少的季节，岳家寨尽能力接待好他们是应该的。如果这帮家伙能经常逃避老婆唠叨和商业上烦乱的事务，经常上来看风景、打扑克、喝酒，对需要增收的村民来说岂不是好事情？趁大家还没有吃完饭，我亲自去找了那个女人。

“我决定不了，要找村支书。”青年妇女似有不悦。

在我下榻的窑洞隔壁找到了个子不高、约有四十来岁的支书。他的炕上放着一盒已经启了盖子的麻将，屋子里生着炉火，暖融融的。我讲了寻他的意图，说这个季节到寨子里来的人，不喜欢住透着霉味的冷清的屋子。我们吃饭的那家干净、温暖，又能和主人聊天说话，希望他能通融，安排客人住那儿。支书说他们全村开过会、定过章程，村民无论是否还在村里住，所有的房子，一律交给村里统一经营安排，任何人没有权利私自接待客人……我说村子里的规定要以服务好游客为前提，已是夜晚寒冷侵袭的季节，客人从城市里摸黑来到岳家寨，图的就是体验寨子里的朴素民风和山里人的亲切和淳朴……来了能住得舒服、愉快，带走对这里的美好印象很重要，那家夫妇两个守着的家里，干净温暖，有生活气息，能给远道而来的客人这样的感觉。烧水、做饭、聊聊天，支应起来也方便，非要把他们安排在那好久没人住的大通铺甚不妥当。

足够憨厚的支书，似乎不能明白城市人的行为，对他们渴望体味那种也不大能说清楚的质朴——即使这种体味要付出费用并要忍耐路途劳苦的愿望，似乎也不能理解。说起接受我们吃饭的人家，他很恼火：“不当干部了还搞破坏！”（这话让我差点笑了出来）他耐心地对我说我是外来人，不了解村里的情况……

最后的谈话结果是：为了公平，客人还是应该住在他委托的女管理员安排的地方。我说河南上来的客人刚才都喝了酒，这时候不能开车下山。他说这个情况不是他考虑的范围，他考虑的是村里制度的执行。

“支书，你和咱们村里人或许需要理解一件事：有人守着寨子的石头老屋、甘愿接受诸多不便而全心为客人服务，就应该得到更多的收益。他们与离开寨子里的人或季节性住在岳家寨的人取得同等居住安排机会，是不公平的，对客人也是不够体恤的！”

支书低头不语。我知道我和他的思路很难有交集，返回来后就痛快地告诉河南的客人：“村支书是一个很有趣的人，也是个守规矩的人，他现在对平均主义的理解和需求可能要比岳家寨为客人留下美好记忆的需求要大。”同时向他们解释这里是太行山深处的村落，不少人可能都是“竹竿式”地考虑问题，请他们理解这种有点极致的厚道，村支书真的很为难，他不想破坏村里的规定。

接待我们吃饭的男主人，面色尴尬地坐在床边，说了些抱歉的话。

“没有关系！撤！”中等个头儿的中年男人豪爽地说。

6

半夜里，我醒来，轻轻推开门，走到院子外，欣赏着静谧的岳家寨午夜风光。一阵轻风吹过，有草梗翻动的声音。不甚明朗的弯月让村里石板房、石街、石墙、石碾子、石台阶和寨前黑黝黝的深谷变得既清晰又迷离。

一阵雾气弥漫了上来，一切变得有点儿朦胧了起来。

略带湿润的寒气透了身，我轻轻掩上门，再次进入梦乡。

7

第二天，我在人们的呼喊声中醒来。

出门转到石板房顶上一看，神了！那四个河南兄弟正站在云雾缭绕的石崖上喊山：“嗨——嗨——嗨——”等我洗漱完毕，他们已经来到了我住的院子。

“你们昨儿住哪儿了？这么早就上来了。”

“嘿嘿，我们住在山下。”敦实的中年男子神秘地笑着。

“走，我们一起去那家吃早饭去。”

早饭吃的什么我似乎忘记了，好像还是烙饼、稀饭、炒土豆丝。我脑子里老想着他们昨晚居住在哪儿的问题，也就没在意吃了些什么。他们为我的早饭结了账，说改变了旅行的计划，不打算在这里玩扑克、喝酒了，要从寨子下的小路继续向后，翻过山，到太行大峡谷里去游历一番。

天空阴霾笼罩，迷迷瞪瞪的。

与四位潇洒的河南客人道别后，我们也很快驱车下了山。

掠过山下两池墨绿色小水潭，又很快闪过干涸的河床边床铺大小的白菜地，在青草凹与坐在路边的老婆婆搭了几句腔，绕着似乎总也走不完的惊险的盘山公路，一气儿到达了平顺县城。

8

次年的秋天，我又特地委派年轻而优秀的摄影师到岳家寨，为她留下了各种姿态的美丽影像。

有机会，我还计划去看望她一趟，只为欣赏她的美。

冶底古村上的董家奶奶

在太行山深处的古村落里，邂逅董家奶奶或许是上苍的安排。时间过去了十七八年，她靠在街边廊檐下的样子，至今仍清晰地镌刻在我的脑海中。这位与不公命运默默抗争了一辈子的女人，曾让我生出了无尽的牵挂，可以说是我人生重要的精神导师之一——尽管她没有说过一句名言警句。直到现在，我还是时常地想起她——即使她已经到了另一个世界。

1

2005 年的盛夏，我和朋友红到泽州冶底探寻古庙。很不凑巧，看庙的老人去邻村看他女儿去了，他是一位本村退休的老教师，义务守庙。没有事儿就昼夜守在庙里，支应着寥寥的香客，有事就锁上庙门，扬长而去。

等不得老教师归来，我们只好与大门前被敲掉前腿的石狮子告别，由年轻的村书记带领，去寻找冶底古道。

古道就在岱庙西面的庄稼地的中间，满是马蹄、车辙印迹的青石路面在荒草中泛着幽幽的蓝光，它从村西头延伸至冶底河，爬上对面的山梁，蜿蜒至西北边从中原到太原的古代商旅干线上。午后懒洋洋的阳光、青石间冒出的不知名的小紫花使古道呈现出神秘的历史气息，深深的车辙印使我们不难猜出冶底和周边村落在明清时代的商业繁荣——其生产的名声远扬的铧犁、铆钉等铁制品被运到远方，外地的食盐、布料、皮毛运输到本地，古道可以说是冶底一道不可或缺的风景，也曾经是村民通向外界的致富大道。

接通古道的村落一定不会让人失望，随即我们在村里转悠了个透彻。

从原来临河的前街走过去，又从依山的后街走回来，一个院落一个院落地探访：东西棋杆院、赵百万院、棋盘院、当铺院、三和堂院、广聚兴院、作了托儿所的庙院等。村里的民居都是二层楼兼耳楼的四合院，或二进，或五进，有的房檐下或窗棂下有梅兰竹菊石雕装饰，有的则朴实无华，挂门匾号之。

返回到岱庙，门仍紧锁着，务农的村民路过，说看庙老人要在女儿家住几日——可见村民对老教师平日的行动很是了解。于是，辞谢过年轻的村书记，又从前街走到后街、后街转悠到前街……

心有不甘，似有所失。

2

前街东头不远处的一廊庑下，一位老奶奶一手扶着廊柱，一手搭上凉棚，向我们张望。她满头银发，穿着浅藏蓝色大襟衣服，着白袜并裹白色脚布，俨然是午后冶底街上的一道风景。

我们欣喜地走上前去。

近前，我们和这位看起来颇有民国韵味的老奶奶打了招呼。她亲切地请我们进屋歇歇、喝点水。能在乡下见到这样一位上镜的老奶奶实在不容易，我们也没有客气，掀起门帘，跟她径直穿过正屋，从西侧小后门出去，来到了她的后院。

后面的石头小院不大，但别有一番温馨的景致：南墙根下两平方米左右的一铺菜地，透着翠绿，旁边长着一棵修剪得圆嘟嘟、像绿色皮球般的冬青。西北角一小灶台上支着一个简易的塑料顶防雨棚，棚顶下的木杆上挂着的旧罐头瓶、可乐瓶里面的绿植流溢出浓淡不一的枝枝绿色。

毫无疑问，老奶奶是一个热爱生活、极其爱美的人。

老奶奶进了西侧小屋，在灶台边的碗柜里拿出两个碗，用勺子给我们从火炉上的小铁锅里舀了两碗水。

“出门人不容易，娇（当地人对晚辈的爱称），先坐院子里喝点水吧。”我们坐在小院子靠墙的石头上端着碗喝水，她则坐在一把旧竹躺椅上和我们聊起了天。

“奶奶，您今年快八十了吧？”看着她的小脚我们评估着她的年龄。

“八十九。”

“真看不出您有这个岁数。”

“嗯呀——老得不行了。”

“您看起来还很硬朗。”

“年岁大了，不中用了，骨头都松了。”

漂亮的奶奶、发亮的旧竹藤椅、整洁的石头院落，组合在一起是很有乡土古典气息的照片。我们一起以她为中心取了很多镜头，她大大方方地配合着。

老奶奶总是笑眯眯的，她花白的头发一丝不苟地挽在脑后，藏蓝色的大襟衣服已经洗得发白，玄色裤子打在白色裹脚布里，干净利索。近九十岁的老人，耳不聋眼不花，还真不多见。即使她到了这个岁数，从五官上看，也是一个不落架、爱整洁、十分迷人的老奶奶。

“家里现在几口人？”

“两口，儿子和我。”

“孙子、孙女在外头？”

“没有孙子孙女，儿媳妇老早离了婚。咱家庭不行。”

我们觉得这样和老奶奶对话太过冒昧，就转移了话题，打听了些村里过去的事和她年轻的往事……她毕竟是一位年长的老人，我们不好意思过度叨扰她，起身离开小院和她告别。

穿过带前廊的大屋时，我眼睛再次快速扫了一下：正对门的北墙上挂着一幅几乎占据整个幅面的一个苍劲大字和陪衬了几个小字的中堂，旁边挂两个小玻璃相框，框内一张是老奶奶戴黑绒抹额式帽子坐在椅子上的照片，一张是目光炯炯的白胡子老爷爷的肖像。堂下面的条几前置一方桌子，两边两把椅子，再两边是两张床。东间窗台下一个小炕边有一盘砖砌的火炉，进门西间炕上放了箱子、大缸、布袋、瓦罐、纸箱……家里看起来虽然简陋，但一切摆置得井然有序。

老奶奶又缓慢踱着步子，送我们到街上，当我拉起她一双粗糙的手告别时，我注意到薄衫下透出的内衣螺纹袖口已很破损，颜色已老旧成了灰黄色。“奶奶的日子过得真不容易。”我心里嘀咕着。我告诉她我下次来冶底保证再来看她。

与董家奶奶的缘分就此开始。

3

那年的冬季，我从江南飞到太行山下再次进行野外采风。或许是埋藏在她心头多年的故事召唤，或许是上天特别垂爱于我，让我感受她的慈祥。寒风飕飕的一日，我到冶底敲开了董家奶奶的屋门。

穿着一袭蓝色中山装、戴着单檐帽、帽子底下又系了白色毛巾的高个子中年男人——我前次没有谋面的董家奶奶的儿子钟山叔叔开了门。

“奶奶，我又来了。”

她很高兴又嗔怪我：“这么冷的天，怎就来了？”

我说来听她讲故事的。

此时，董家奶奶一身冬季着装，头上顶着棕色的头巾，衣服也从我夏季看到的藏蓝色换成了稍厚实点的斜纹灰蓝色，胸前戴了一个过去我在电影里才能看到的与上衣同色的围裙，围裙的上方一个漂亮的大弧线，弧线的正中央缝的一个小环套在脖子下的盘扣上，两根细细撬边布条在腰后轻轻挽起。

董家奶奶要张罗着给我们做饭。我说为了不给她老人家增加麻烦，我已经在村口的小饭店吃了一大碗炒面。她责怪：“娇，不老实！在外吃是啥道理，下次回来要在家里吃。”

我当下保证：从此到冶底再不敢在外吃饭。

没多寒暄，在东窗下热乎乎的小炕上，我和董家奶奶、钟山叔叔聊起了他们的往事。董家奶奶慢言细语地讲述起了她的过去：

没有快乐的童年、在董家近七十年的艰难生活、儿子得疾病、年轻的侄子夭折……说到伤心处，不时用挂在前襟纽上的一块已经旧得发灰的蓝格子手绢擦拭滚下来的眼泪。

陪同我到董家奶奶家的年轻村支书也仔细倾听着，他时而坐在炕边，时而坐在椅子上，时而站着抽根烟，不时对我不明白的地方做些解释。“我从小在村里生活，都不知道老奶奶的事情，就知道村里人都说老奶奶为人好。”村支书说。

那个下午，直到炕头的窗户暗淡下来，我才告别奶奶，离开冶底。

4

董家奶奶出生在与冶底不甚远的一个偏僻小山庄，祖母和母亲在她四岁时给她缠了脚——这种摧残中国女人的陋习导致的刻骨铭心的疼痛至今让她记忆深刻。大冬天里，她两脚被长长的白布缠得不能走路，麻木的两腿直直地杵在雪地里，流着眼泪看着父亲劈柴、铡草。但她始终没有反抗母亲“为小女儿缠一双魅力的小脚”的意愿，默默地忍受着疼痛。

八岁时，她没了父亲。老实厚道、只顾埋头干活的父亲是如何去世的，她已记不太清楚，似乎是得病而亡。家里唯一的顶梁柱没了，只剩下一屋子小脚女人：祖母、母亲、三个姐姐和她。母亲做着男人的粗活，纺棉花、织布、剪纸、刺绣、纳鞋底、裁剪衣服全都是她和姐姐们干，她虽然最小，因为爱琢磨，绣花等针线活儿就在村里拔了尖儿。渐渐地，她出落成一个漂亮伶俐的大姑娘，在方圆十几里的村庄赢得了心灵手巧、漂亮能干的名声。

善良慈爱的祖母、勤劳敦厚的母亲操持着这个家，三个淳朴的姐姐和她一起受着两代小脚女人典型的传统教育，隐忍、勤勉、宽厚、仁慈等，早早地根植在她们的心中。

到了出嫁的年龄，她与一庄户人家的儿子成婚，婚后刚生下一个女儿，丈夫就突然故去，她抱着幼小的女儿投奔了大姐。

大姐的婆家就是冶底古街东头的董家，姐夫是董家在省城太原读过书的大儿子，此时正在晋城县国民政府机构里任职，见到这个守寡的小姨妹，十分怜爱。或许是这个能干的小妹让董家父母甚是如意，或许大姐夫确实爱上了这个年轻貌美的少妇。总之，已和大姐有了两个女儿的姐夫成了她的第二任丈夫，她成了董家长子的小夫人。

婚后，她随丈夫住在当时县府机关所在地的犁川镇上，她那同样善良漂亮的姐姐伺候着公婆、带着两个女儿住在冶底村。

与丈夫在犁川的一段日子或许是董家奶奶这一生中度过的最值得回味、最美好的一段时光。尽管国民党、共产党、日本人在这个地界各占一圈，局势混乱，但对于年轻的董家奶奶来说，与才华横溢、像大哥一样的姐夫加丈夫相守在一起，便是万分地幸福和知足。

日本投降后，共产党和国民党也分道扬镳，由貌合神离的合作到真刀真枪地干了起来。共产党在这个地方的力量逐渐强大起来，搞土改、分田地，一派朝气蓬勃的新气象。董家奶奶的丈夫看着自己服务的政党失了势，没有像其他长官或同事一样去追随“阎长官”（阎锡山），而是撇下身怀六甲的娇妻，只身逃到了远方。

丈夫走了以后，董家奶奶拖着沉重的身子回到了冶底村。

那个时候，交通、通信极端不便，再加上两个阵营严峻的内战，在外逃匿的董家儿子没有给他的父母和两个妻子传递任何信息。而对于生活在冶底、活动半径并不大的董家奶奶和姐姐来说，她们的“主心骨”去了什么地方、是死是活，亦全然不知。

丈夫逃走不久，董家奶奶就不负公婆所望，生了一个“有一双漂亮大眼睛”的儿子。她养育着儿子，默默地等待着不知还在不在世上的丈夫。

1945 年秋，这里的人民由共产党领导，斗地主、分田地，自主婚姻、打倒封建思想等全在冶底实行开了。姐妹俩同时嫁给一个丈夫，显然不符合一夫一妻的婚姻政策，于是，由村农会干部做主，姐姐与逃亡在外的丈夫离了婚，改嫁他人，妹妹则留了下来。

从此，年轻的董家奶奶独自挑起了家庭的重担，照顾公婆、养育女儿和刚刚出生的儿子。

本来她还有两个小叔子，但一个在二十多岁时得病死了，留下一个儿子，一个十九岁参加了八路军，头年十月入伍，第二年春天攻打运城时牺牲了。

后来，她有了丈夫还活着的消息：他离开犁川，一路冒险逃到了甘肃兰州。因为信息阻塞、路途遥远，兰州人并不知道他的历史，他暂且在那里提心吊胆地生活着。尽管他可能很思念他的父母、想念他的妻子和儿女，也可能十分孤独，但因为改变不了为国民党效力的历史，只好暂且窝着心躲避着。

董家奶奶也不知道丈夫什么时候才能回来，她心里盼望着，这种隐在心底的期盼别人是看不出来的，她也不敢对外流露。孝敬公婆、养育儿女，她期望丈夫回来能与之分担。她有很多难处，背地里流了很多眼泪，既不敢又不能向任何人、哪怕是她的公公婆婆说一个字——他们心里也全是苦水——三个儿子，两个没有了，一个不知道还能不能回来。她只能悄悄地隐忍着、等待着……

中华人民共和国成立后不久，就展开了“肃反”运动。有人想到了冶底“躲藏”在甘肃的“反革命分子”——董家奶奶的丈夫，县人民政府立即派人把他逮了回来，投进了劳改所。

分离了十几年的丈夫以这样的方式回来，她没有想到，也没有见到他。

1961 年，冶底村“反革命分子审判大会”在村里的大舞台上举行，她没有去看被押在审判台上的丈夫，直到 1978 年，他突然从监狱里被放了回来，他们终于团聚。

这三十三年是怎样的艰难，是怎样的刻骨铭心，即使早已是耄耋之年，但提起往事，她仍然掩饰不住自己的心酸，老泪纵横。

5

那时候，年轻的董家奶奶，靠一双巧手和不知疲倦地辛勤劳动与公婆一起艰难地维持着这个家，白天与公公一起下地干活，晚上则在灯下做针线活儿至半夜甚至通宵。除了驾牛犁地，什么样的重活苦活她都默默地抢着干，就怕人家因为丈夫的原因看不起她。并不强壮的她还跟公公学会了熏荒——把灌木树枝堆成一大堆，覆盖上土，在上面开口，点燃，烧一冬天，就成了含磷较高的肥料，开春打开，扬撒在地里(人民公社时期北方农村常以此法来给土地补给养分)。这是一种技术性较高的农活，点燃的火只能冒烟，不能窜出火苗，否则春天看到的只是一堆烧过的土。她只顾埋头干活，不跑嘴（不说闲话），生产小队分组劳动，大家都愿意和她在一起。

时年89岁的董家奶奶（2005年夏摄于其后院）

种地、锄草、修地塄、整大寨田，多累多苦，她丝毫不敢懈怠，也从来没有耽搁过农活。除了刮风下雨，一年她能出勤三百二十多天，挣一百八十多个工分。到了年关，为了多挣三个半工分，她也会和男社员一样，早早起来为队里的牲口喂草。

她的一手好针线活儿在两千多人的冶底村是家喻户晓的。每年正月十五，村里表演用的旱船、各种行头等修复整理工作，都顺理成章地成为她分内的活儿。她会裁剪、画稿、刺绣，又为人和善，村里媳妇想做个好看的针线或裁剪式样好看的衣服都喜欢找她，冶底村年岁稍大点的人，几乎都穿过她亲手做的或裁剪的漂亮绣花鞋或绣花兜兜。她不用出门，两条古街上谁家生了娃、谁家的孩子满月、谁家孩子生日、谁家要嫁女娶媳妇，她都一清二楚。

“人家上门来找咱帮忙，就是看得起咱，放下自己手头的活，也要赶紧把人家托付的事情做了。”这是董家奶奶天然善良的秉性，也是她在艰难时世中救赎自己的方法——董家奶奶没有和接受人民审判的丈夫脱离关系，还在千辛万苦地照应父母和儿女，单凭这种不能走在革命前列的觉悟，她就需要通过更多的劳动付出，来证明她虽然不是一个积极的革命者，但也不是拽革命后腿的人。

董家奶奶没有受过“五四精神”的教育，更没有受过西洋文化熏陶，在她的观念里，丈夫就是她的天、她的生活重心——尽管他现在正在人民的监狱里接受改造，但这仍然不能撼动丈夫在她心目中的地位。她除了拼命地干活，并不太知道外面的世界到底是什么样子，也不懂得政治、思想、立场是干什么的。村人都认为她是个能干、和善、从旧社会过来的女人。

既然全村人都不指望董家奶奶在各种斗争中有什么成就，也就在村里的集会、游行、批斗等活动上把她忘得一干二净。一是她温和的性情让村里“热情的革命者”提不起兴趣；另一方面没准他过满月生日的小衣服、小裤子还是她做的呢，等他的孩子出世，还要董家奶奶裁剪个花样或帮着做双绣花鞋呢；再者，董家奶奶实在没有路线观念，见了村里什么人都是和气地一笑，谁让她帮忙她都不推辞，显然不是“弄革命”的一块料。

于是，董家奶奶白天默默地铆着劲与村民一起种地，晚上在昏暗的灯光下，钻研着她的针线活儿，想着如何给村里的小娃儿绣出不重花样的鞋子、给结婚的新人剪出更加漂亮的窗花。

“老奶奶善良，人性、各方面都好，村里大人、小孩从来没有对她不好的。”陪同我到奶奶家的村支书说这话的时候，表现出对她由衷的尊敬。

6

董家奶奶没日没夜拼命地干活，公婆也最大限度地操劳着，但家里买油盐酱醋的钱仍不能支应。于是她从村供销社里赊来棉花，晚上在煤油灯下纺成线，然后再把纺好的棉线送到供销社里，换回点粮食或油盐来。

日子在她辛辛苦苦的操劳中度过，孩子们一天天地长大，公公、婆婆也一天天地变老。体力已经明显下降的公公思来想去，决定在临街盖三间房子，开个小米粥铺，靠卖粥赚点生活费。儿媳手巧，纺棉线多少能挣点粮食回来，如果再把换回来的米熬成粥卖，儿媳的劳动就增了值，家里的日子也好过些。他的两个孙子已经长成了大小伙子，饭量也大，光凭儿媳一个劳动力，日子真太难过了。

于是董家奶奶和公公一起备齐了盖房子的各种材料，请了人工，开始施工。地基刚落下的一天夜里，公公突发疾病，肚子剧痛难忍，董家奶奶担心意外，连夜跑到山那边的犁川镇去抓药。漆黑的山路上不时有野狼嚎叫，董家奶奶迈着两只小脚，心急火燎地深一下浅一下地摸索在崎岖不平的山路上。两侧的树枝刮了她的脸，石头把她绊倒在地磕破了膝盖，她全然不知。有几次还踩了空，滚落在路边灌木丛中，她爬起来，又手脚并用地摸索到小路上。天不亮，她急促地叫醒还在梦中的医生，抓上药，火急火燎地赶回了村里。

公公病倒在炕上，盖房的重担落在她一个人身上，近半个月里，她的头几乎没有挨过床，三间面临古街、带前廊的房子根据公公的设想盖了起来。

家里没有盖房子请小工的开支，她承应以做针线活儿的换工方式回报，邻里乡亲都没说个“不”字。后来，她陆续做了二十多双鞋、三十多套衣服，才还清了邻居们的帮工。

似乎老天爷眷顾这个看起来弱小的媳妇，房子盖成了，公公的病也好了许多，能独自料理生活，也可以下地出门了。

……

公公八十四岁、婆婆八十六岁的时候相继离世，董家奶奶东借西借凑钱操办了后事，她甚至怕侄子将来找不到父亲的坟头，带着儿子、侄子，把董家二兄弟的遗骨拾到一起，埋到公婆身旁。

年迈的老母亲看着她心爱的小女儿憔悴的脸，穿着补丁摞补丁的衣服，心疼地抚摸着她粗糙的手：“我娃又当媳妇又当儿，难呀，难……”她望着母亲默泪无言。

董家奶奶的侄子已长成了一个高高大大的小伙子，读完初中，就到煤矿的井下挖煤，娶了媳妇，还生了两个儿子。可是，不久煤矿瓦斯爆炸，年仅二十二岁的侄子没了命。

一手养大的侄子突然间没了，她欲哭无泪。

对于董家奶奶来说，苦难似乎没有个头……

7

董家奶奶一说起她唯一的儿子董钟山，眼泪就止不住地流了下来。她不断地用挂在胸前的那块旧得发灰的手绢抹去滚下来的泪水，儿子的现状是她整日面对的但又是最不愿意提及的。

8

钟山叔叔六十多岁，一米八几的大个，不胖也不算太瘦，走路腰板挺直，一副好身架，浓眉大眼，一看就知道年轻时是个相貌英俊、挺拔帅气的小伙。然而他的身体状况却大不如年近九十岁的母亲，高血压、心脏病、冠心病等娇贵熬人的病他都有。“如果不是我妈的精心护理，我或许早就离开了人世。”他这么说。

“娃，我们是苦命。”这是董家奶奶在无法抗拒生活中所遭遇的一切艰难时，安慰自己和儿子的经典语言。这种宿命式的朴素理念使她和儿子从精神上达到了对困难现状的解脱——既然生来就是受苦的，我们就自甘认命，不抱怨、不躲避，默默地承受、坦然地面对。缠着一双小脚的董家奶奶，八十多年来所秉持的这种“苦命论”，听起来似乎毫无抗争现实、勇于改变命运的伟大理想，但却很实用。这种顺应时势的朴素心理，帮助她度过了一段接一段的艰难岁月。

董家奶奶头脑里缺乏高深的理论，但如果没有这种极朴素的苦命理论对待艰难时世，或许她早已精神崩溃、逃遁离世了。她亲自抚养成人的侄子在矿难中离世，而儿子婚姻变故，也再次把她推向了苦难的深渊。

董叔叔二十多岁的时候结婚了，这是一件喜事。如果这一生有一件令董家奶奶如意的事情，那就是儿子娶了媳妇。她没有什么太大的奢望，只指望儿子结婚生子，她抱上个大孙子，辛苦一辈子也就值了。

然而，这个很普通的期望也难得到满足。

“文化大革命”的开启彻底改变了董叔叔一生的命运。

董家奶奶属于劳苦大众，可她的丈夫现在正被关押在监狱接受改造，也不能缓解她新娶进家门的儿媳妇在这个家的压力，于是就选择了与这个家割断联系——与董钟山离婚！

钟山叔叔从小就是在压抑中长大的，此时接受不了这个现实，郁闷、不可思议、懊恼交织在一起。论长相，他一米八的个头，浓眉大眼，周周正正，算得上是一个十分英俊的男人；论力气，他年轻，有的是使不完的劲；论人品，他和母亲一样，待人和气友善；论文化，他也算村里数得着的，是村民公认的“好人才”——就是各方面都不错的男子。新婚不久妻子与这个家割断联系，就因为他连面都没有见过的父亲？郁积在心中的这个死结，折磨得他彻夜地失眠。他很抑郁，精神变得涣散，在经历了一个多月没有天明夜黑的生活后，本该是家庭顶梁柱的他，彻底崩溃了。

唯一的儿子精神出了问题，对她来说，简直是塌了天。

除了生产队年底一点可怜的分红，家里哪有钱给儿子治病？！万般无奈，董家奶奶把董家祖上的房子卖了四间，换了三百元钱，把儿子安置到了医院。

三百块钱很快就花完了，虽然儿子的病只是稍许缓解，但她实在拿不出钱来让儿子在医院继续接受治疗，只好让他在家里养病。

生活还得继续。

她像照顾不懂事的孩子一样照顾着比她高大许多的儿子，种地、做饭、照看他午休、借钱买药……病中的钟山叔叔神经变得很敏感，一丁点儿声音都能使他彻夜不眠。中午为了让他能安静小憩一会儿，董家奶奶值岗般地驱走在门前欢闹的孩童，或请求路过她门前的邻居不要动静太大，到了闷热的夏天，她一面观察着屋外的情况，一面还要不停地给他摇扇纳凉。

儿子精神垮了，连带着身体也受到了伤害，心脏病、高血压等接踵跑到了他身上。董家奶奶东家借一元、西家借五毛（角），凑齐了住院费，让他再次住进了县医院。

钟山叔叔第三次发病是那年冬天大雪纷飞的时候，董家奶奶再也弄不出钱让他去住院，火急火燎的她只有到犁川镇上去请医生。雪花飘飞的太行山里，寒冷异常，她拄着棍子，迈着一双小脚，艰难地移动在冰天雪地的山路上。等他请医生回来，几乎成了个雪人，“脚和鞋、鞋和裤子，冻成了一片”。

上天总算对董家奶奶有了恻隐之心，他儿子的病情没有继续朝坏的方向发展，而是在她的精心照料下，慢慢地好转了。尽管他的身体还很虚弱，但脑子已经清醒了许多，不用她照顾，也能安然地睡眠了。

“没有我妈的精心照料和护理，我早就不在人世了。”这话，钟山叔叔那天下午说了好几遍。他说话文文的，很有条理。虽然疾病缠身，但已经能帮老母亲干一些体力较重的家务活，村里考虑到他母子俩的生活状况，为他安排了村道两旁花木的管理工作，他尽心倾力，把花木修理得有模有样。“一个月能挣三百元钱，很不错！”他对现状很满意。

董家奶奶八十多岁时，才停下手里的针线活儿。

9

说起父亲，钟山叔叔流露出来的更多是骄傲和自豪——尽管因为父亲的经历他再没有结婚成家，但他爱戴遭遇坎坷的父亲，欣赏父亲的才华。说起父亲的往事，他露出了笑容。

用年轻的村支书的话说，董家奶奶的丈夫在冶底可以说是一个奇人，这个结论主要源于他的形象和经历。他从临汾监狱回到冶底，头发花白，飘逸而茂密的白胡须一直垂到胸前，冶底人年龄、经历不同，对他的印象也就不同。稍年轻的人觉得他像一位教书老先生，能读书看报，还教他的外孙们读古文诗词；四五十岁的中年人则觉得少年时看到的被押到审判台上的人，此刻像个电影里看到的老知识分子；同龄人看到他则有点不解：这人坐了 20 年的监狱，没有垮了架，竟然还戴着眼镜，摸着胡子看《山西日报》，潇洒地写着比斗还大的毛笔字，如何管教这老家伙的……30 多年的隔膜，他们的心里除了疑惑还是疑惑。

董家奶奶的丈夫是靠着父亲卖“米萁”［山西东部地区农村人常吃的一种饭，用小米、面条、南瓜、豆角、盐等混合制作而成，又称“和（huó）子饭”］挣钱读出书来的。他老父亲肚里没有什么墨水，但知道“知识改变命运”的硬道理，当时虽然已经废除科举制度，但读书总是有用的。当教书先生、当政府公务员、当个军官都行。靠着一碗一碗地卖“米萁”，艰辛地把儿子送到了省城里的“太原国民师范”读书。这个学校正是治理山西多年的阎锡山亲自督办的，是所专门为山西培养教育人才的高级师范学校——阎锡山不愧是留过洋的，能充分认识到山西经济要腾飞，教育还得搞上去，抓教育还需要先抓教师队伍。于是，下大本钱培养教育人才。阎的心思似乎也没有白费，日后很多山西籍国民党或共产党的高级官员都出自这所学校。

董家爷爷毕业后，没有去学校当教员，而是在当时国民党领导的县政府担任秘书之类的工作。

1945 年秋天，董家爷爷随即撇下他娇小的妻子和即将出世的儿子，躲避到了西北地区——甘肃。

或许是接受了在晋城的教训，董家爷爷在甘肃没有参加国民党，但也没有去靠近共产党，他悄然地在兰州西门外的一个铁矿石厂当会计，间或帮人补补锅、写写字，一躲就是十三年。

1957 年，全国开展了“肃反”运动，有人想起了冶底村还有个国民党的残余分子逃亡在甘肃，并据说他在外面用过四个名字，于是派人把他从兰州押了回来，并立即投放到看守所。

在看守所待了将近三年，董家爷爷被押送回冶底村与本村一位国民党统治时期的地方政府公安局局长一起接受公开审判。他因为曾经效忠国民党而被判刑二十年，立即送到监狱进行“洗心革面”，那位有“血债”的同乡，则被立即执行了枪决。

董家爷爷被送到了山西临汾人民监狱进行劳动改造。其间他未见过面的儿子曾经去看过他，但监管人员没有让他们父子见面。

不过，他儿子也没有虚跑一趟，为董家奶奶带回可靠消息：她的丈夫还活着，而且可能比她活得还要好点。据说，监狱管理人员发现他干活能力虽然不强，但是个“好写家、好说家，有知识、字写得好的人才”，非常重视他的特长，除把他派到监狱厨房干些活外，还分派他给监狱的犯人读报。

1978 年，对董家人来说，是值得永远记住的一年，董家爷爷被提前释放出狱，回到冶底。

董家奶奶终于和三十三年没有见过面的丈夫重新生活在了一起。

三十三年，经历了怎样的煎熬？分离时，奶奶还是一位风韵迷人的少妇，爷爷是年轻、充满活力的政府工作人员；再见面时，一位尘霜满面，一位皓首银须，一切恍若隔世。

回到村里的董家爷爷，除了每天必读当教师的大女儿为她订阅的《山西日报》、与同龄人聊聊天和教教外孙阅读古文古诗外，就是帮助妻子维持家里的日常生活、照顾生病的儿子。他写得一手好书法，还会画画，经常写中堂、裱字画卖。他写的中堂，刚劲有力，洒脱自如，寥寥几个字，或超斗或若升，布局精妙，自成一格，全村人几乎家家都有他的作品，其超大规模的字也成为一户人家一进门最吸引眼球的地方。

或许，挂在家里中堂的字并不是他最夸张的书法，村委会大门口两侧墙上的大字才是他写得最气派的。他用黍毛和纳底捻绳的麻绳扎了个巨大而结实的刷子，站在凳子上，蘸上红油漆，一挥而就两米多高的“开放创新”四个大字。

从狂放遒劲的大字可以猜测到，写这四个大字时，他的心情

冶底岱庙金代舞楼（2007年薛华克摄）

冶底村岱庙位于村西北的高坡上，正殿始建于宋元丰三年（1080），重修于金大定二十七年（1187），后历代屡有修葺和重建。清康熙六年（1667）冶底村民创立了“关圣帝君堆金会”，每年在庙里进行春祈、秋报庙会。岱岳庙的金代舞楼位于其上院南侧，大约创建于金正隆二年（1157），元代重修，柱子和藻井保留了原来的样式。

是何等愉快，何等的洒脱和扬眉吐气！

村里的老人说，二十世纪八十年代，董家爷爷在北京或其他地方当大官的老同学曾经与他联系过，有的还来了信。但不知道何种原因，他没有给他们回过信。这些老人猜测，他们当年都是“恰同学少年”，现在地位悬殊，人家是受人敬仰的国家领导，他是乡下卖字画的老头，估计是不愿意高攀，才不回信联系。

不管有没有“当了大官”的同学给他写信，反正他的生命在冶底村并非暗淡无光，当那些和他年龄相仿的老头在古街道两旁的石头上晒太阳时，他则神情怡然地醉心在他的字画中，或戴着眼镜抚着长长的白胡须看他们看不懂的古书籍。最让村里人惊讶或疑惑的是，他后来还当了县政协委员——“就是那种住在县政府招待所、和县长坐在一起开会开三四天的”委员，而且这样的会还开了好几次。参加泽州县政协会议，也就成为董家爷爷在“政治舞台”上最风光、最辉煌的阶段。

1994 年，八十四岁的董家爷爷离开了人世。

他在兰州闯荡时，用的四个名字是：董志伟，董伟峰（或威风，或慰风）、董伟雄（或讯）、董国泰。国泰是他的小名，是他父亲给他取的，其余带“伟”字或与之谐音的是他自己取的。

“老汉为人可好哩。”这是村里人对他最精练的评价，也是钟山叔叔心底里的父亲形象。

10

那天，我趁着夜色离开了冶底村时，悄悄给董家奶奶留下了一笔生活费，并告诉她来年春天再来看她，因为我工作的目的地冶底岱庙还没有拍摄呢。

返程途中，我不断思索着：我个人能为他们做些什么呢？董家奶奶和钟山叔叔家里唯一的电器就是两只昏暗的低瓦数电灯泡，他们是不是应该生活得更好？我希望他们生活得幸福，不再有经济担忧——他们成了我在冶底的惦记，我也成了他们远方的牵挂。

回到杭州，我写了“董家奶奶”的博客，还配发了她倚在屋檐廊下和坐在藤椅上的照片。我七十多岁的中学语文老师、斯文了一辈子的老教授，看到博客后，打过来电话说：“平平，董家奶奶这样的女人就是我的梦中情人！”哈哈，我知道了恩师心中的秘密。河北的一位老先生在电话线路上与我畅谈了让董家奶奶成为电影主角的设想。不知身在何处的G先生，在我的电子邮箱里留言，他要和我一起负担奶奶未来的生活，不几日他就汇了一万元过来，要我按月支付给奶奶。

董家奶奶成了我和朋友们共同的惦记。

适合奶奶的深蓝色、浅蓝色、月白色、黑色平纹或斜纹棉布寄到了冶底，苏州好看的高支棉手绢、黑色粘了装饰水晶的毛线帽子也到了冶底，旅行途中见到的毛织毯、皮实的电视机也到了冶底（希望她看奥运会但她偏爱看儿童频道）……她打手机过来（她能适应现代化的通信我很高兴）责备我胡乱花钱，说出门在外，挣钱不容易，应该省着点，我嘻嘻地接受她的远程教育，反正她也只能在电话里慢悠悠地责怪和忠告，而我只希望苦难了一辈子的她能享受上现代物质文明，哪怕是一点点。

从此，只要我回晋城野外采风，必然和好友红（董家奶奶亲切地叫她红）一起去看望她。每次她都嗔怪我：“乱花钱，不准回来了！”她总是为我们考虑。

“嗯，平——太瘦了，应该像红一样吃得胖胖的，看她多好看，脸红扑扑的。”我们在一起时，她总爱把我不大上彩的脸和红（她当然不胖）幸福感浓郁的脸蛋比较一番，她的审美取向让我们开心地笑成一团。

11

钟山叔叔身体逐渐好了起来，还种了一亩多地的谷子，他希望我们能吃上他亲手种的沁州黄（享誉中国的低产量黄小米）。我和红很开心，只要他生活得有精神头，身体逐渐健康起来，我们就十分满足。深秋，当他扛着小米、红豆、红薯，像探访亲人般找到红的办公室大门外时，红感动得立即给我拨通了电话：“叔叔十几年不进城了，今天特地进城来给我们送东西……”

后来我们在电话里讨论：如果有可能，帮钟山叔叔物色个老伴，以便奶奶百年后，有人说个话儿，也不孤单。

2009 年夏天，我和红又去冶底看董家奶奶，顺便去考察被列入国家级文保单位后重新整理修复的冶底岱庙。这次同行的司机小 N 背着董家奶奶登上高高的台阶，进了庙院，她带着我们给东岳大帝烧了香、磕了头。

“三十年没来过这庙里了，看今天的香火格蓬蓬的，多好。”她以传统的程序在香台前精心侍弄着香火。“老爷，保佑我娃们好好的，出门顺顺当当的啊！”她虔诚地给东岳大帝说着话儿。

九十多岁的老奶奶为我们祈福，我们多大的造化！这种不容易得到的幸福感，真的很受用，红在边儿上念叨：“保佑奶奶健康、长寿！”

下台阶的时候，我们又从原路窜下，奶奶轻声把我们叫了回来：“你们回来——这边下去，烧香不能走回头路。”

这老规矩我们哪懂得？乖乖地尾随在她身后。微风撩起她的衣角时，我发现她的内搭衣服背后镶着一块红布，我知道那块“红”是她对生活的美好期许。

离开冶底时，我拿了董家奶奶用旧了的一个舀米的圆筒小升子。“可以做笔筒。”我希望我拿点她的东西能让她高兴，因为她总是说“外面挣钱不容易，不要再回来”之类的话。

初冬，我收到来自冶底的信，无疑这是钟山叔叔写的（他的字写得像硬笔书法一样好看），我很高兴。信中除了问候我的工作，还说了些感谢之类的话。然而，让我意外的是信中竟然还夹了一张当地的报纸，上面载着一段类似表扬信或者感谢信的文字。我的电话立刻就到了冶底：董叔叔，要再生分，再说感谢的话，我就不回冶底了，云云。

钟山叔叔就在电话那头憨憨地笑。

奶奶接过了电话，问我过得可好、吃胖了没有，又嘱咐出远门要当心，不要乱花钱——这几话已是她叮咛我的必用语。

我住在杭州，当地认识我的人也寥寥，但我还是给红去电说：再去冶底时，要做钟山叔叔的思想工作，勿谈感谢，他给我们种谷子碾小米已经很够意思了。

红的工作方法趣意横生：“奶奶！不要在意，杭州钱好挣，她不缺钱，可劲花！”她是奶奶的开心果，总有本领把奶奶说得笑成一朵花。

除了生活上想让他们宽裕一点外，不再繁华的冶底哪儿有花钱的地方？除了医药费、基本生活费，节俭了一辈子的母子，又有什么地方需要花钱？

12

钟山叔叔在小院子里种了一小铺蔬菜，又在不远处的一溜儿田里种了一小片红薯，秋天挖了红薯后，钟山叔就给红送到了城里，红近水楼台先得月，最先吃了还不算，把留给我的那一份也快吃完了，等我从晋北路过晋城时，就用飞机托回几个来。对，就几个——红担心我拿着辛苦呢！

我们尽情享用钟山叔叔的劳动果实，只要他开心，只要他觉着生活有意思，只要他有精气神，只要他因为劳动而忽略了睡眠困扰，只要他身体健康就好！

记得有一次路过晋城又去冶底时，钟山叔叔像做作文一般文绉绉地说了一句表扬我和红的话：“你们俩就是上天派给我和我妈的天使！”这话让我们笑得人仰马翻：“这么大的两个老天使，哈哈哈……”我们已经有了对应策略，只要他开心，说什么我和红都不再纠正，顺着他的话爬到哪儿是哪儿！

董家奶奶前后街坊邻居也早已熟悉了我们的身影，只要有车停在她的门口，就知道“不是城里那个姑娘来了，就是杭州的那个回来了”。对，我每次去，后院的邻居大姐见面第一句话就是：“回来了？”然后挽起衣袖，帮董家奶奶一起给我们做饭。

13

2010年起，我因写作《仰望三关》一书很少回到晋城，念及董家奶奶时，也只能打电话过去问候。冬季的一天，红来了电话，说董家奶奶在屋子里走着走着摔了一跤，腿骨折断了，住了院。对于九十多岁的受伤老人，医院也没有太好的治疗良方，不久就出了院。摔断的腿彻底痊愈已经不可能，细心的红为了防止长期卧床的奶奶背后长褥疮，购买了非常好的水床、轮椅、滋补品送到冶底。

钟山叔叔俨然把红当成了主心骨，有事情总是最及时告诉她并和她商量。临近春节，我抽时间回去看了躺在床上的董家奶奶，她精神很好，一顿能吃一碗饭，听力也没有减弱。红故意问她："你还认识我吗？"董家奶奶嗔怪说："老远的，回来干啥！"

我这点卯式的看望又能如何呢？除了经济上多些关照和不时地电话问候，很多事情都需要红去周全。

14

次年的春天，红又来了电话，说钟山叔叔胸部疼痛，到医院一检查，是肺癌晚期。她心里很难受，当日发了博客，祝愿他能早日康复。

曾在晋城打工、当时在浙江台州工作的一位河南小伙看到了红的博文和相关链接后，曲折打听到我的电话："我挣的钱不多，但想尽点心意，我喜欢晋城，也喜欢文中描述的两位老人。"他给钟山叔叔汇来了一千元医药费。

我和红商量尽可能地不接受外人的帮助，我们有能力承担钟山叔叔前期的住院费、化疗费、营养费，他按比例报销后的费用，可以循环到下期治疗，不会出现紧张状况。

不过，后来听红说，她的朋友也多有慷慨解囊给予帮助的。

没有人敢把钟山叔叔的病情告诉董家奶奶，尽管她躺在床上天天询问他的去向。我去电宽慰他，他说：“我看得很开，好了更好，好不了也没有关系，只要能把我妈送走就行了，我不能撇下她走在她前头了。”他的声音如常，高亢有力，彼时最大的愿望就是不能走在母亲的前面。

15

这年年底，董家奶奶在睡梦中走了，享年九十七岁。

此后，钟山叔叔的病情急剧恶化，我们都很担忧，怕他没了精神支柱会立即垮下去。果不然，春节后不久，他就随着母亲的脚步远行，终年六十八岁。

红去冶底送了钟山叔叔最后一程。

16

来自冶底的牵挂和关心已经远去了两年多，现在每每思及，总能触动我心底最柔软的地方。这个家庭仿佛一叶小舟，在风雨飘摇的大时代里随着波涛起起伏伏，上面的成员也上上下下，而董家奶奶却始终稳稳地握着船桨，靠着隐忍、坚毅、顽强，终于迎来了风平浪静的时刻。在此过程中，时代在她的身心上不断烙下伤痕，她却用柔软将这些创伤抚平——这或许就是传统中国女人的最伟大之处，也是令我动容之处。

董家奶奶和钟山叔叔从来都不知道，因为他们的慈爱和善良、对人和对待这个世界的宽容态度，使我和红这几年成长了不少。

同时我还想给天上的董家奶奶说：我没有胖，是为了穿漂亮的衣服。倒是红很没有坚持她的表扬，经常减食，消瘦了不少呢。

17

在大历史面前，个体和家庭都是渺小的，最多是史书上微不足道的一个数字；但在家庭里，每个个体都是重要的，不可或缺甚至是伟岸的，他们所撑起的每个家庭的经历集结起来，就是大历史。所以，我认为在大历史的叙述中，绝不能少了像董家奶奶这样值得称道的个体，只有通过阅读她这样每个个体的遭遇，我们才能穿越历史的迷雾，理解和读懂大历史！

18

顺便提一下，冶底岱庙有一座全国闻名、精巧到妙不可言的金代戏楼，楼里四根柱子记忆着一段段已经逝去的风光。

注：文中的“红”为晋城著名文化人谢红俭女士，著有《沁河古堡》《中国古堡》等书，是沁河流域古堡文化的先锋研究者。

一个老人、两条小狗、五只猫

支应我在河曲工作的朋友建议我去巡镇看看，他说巡镇是河曲大镇之一，如果碰上赶集的日子，黄河对岸陕西府谷县的人都会驾着船，载着扫帚、鸡毛掸子、小猪崽子、小羊羔等来巡镇赶集。东面保德县的人也会来，那个热闹，河曲县城是比不上的。镇上也有大庙、古建筑，保不准，我能有意想不到的发现。

他的建议颇让我感兴趣。我喜欢有西北风情的人文景观，也喜欢带有地域特色、透着生活气息的动感场景，如果能拍摄到载着各种农副产品的船只从黄河对岸划桨过来的场面，也算我搜寻古典艺术留存的额外收获。退一步说，即使没有遇到赶集的船只，能在黄河边古老的集市上买点土特产、在热闹的小摊位上吃点诸如马蹄酥、麻花、粉皮、荞麦碗托等当地特色食品，也是工作旅行中很惬意的一件事——一想到热闹的集上扎堆的各种小吃我就心花怒放。

毫不迟疑，第二天我就到达了巡镇。

不巧的是，巡镇没有我期待的集市。因为那一日不是农历逢三、逢八的赶集日，唯一的一条大街的东头，只有卖甜瓜、桃子、西瓜、豆角、土豆等时令果蔬的。一个农妇面前摆了一小堆当地特产的紫皮土豆，陪同的小赵说这个品种的土豆产量低，很粉，口感极好。想起几年前在偏关田野里用玉米秸秆烧土豆的经历，我买下了农妇面前的那堆土豆，以备野外烧烤时吃（后来忙碌，终究没有机会品尝其滋味）。没有赶上赶集的日子，买上一袋从来没有吃过的紫皮土豆，也心满意足。

巡镇街上有不少小卖部，还有一个带有人民公社时期印记的大商场，路边有个补车的摊位，西头有一个大舞台。从街道的长度和店面的数量来看，巡镇在晋西北一带，的确算是有点规模的大镇。

1

居于黄河东岸的巡镇，或许源于交通的便利以及与对岸陕西、内蒙古村镇的物品交易，成就了曾经河曲最繁华大镇的名声，其历史不算复杂，也不是很久远。在明朝以前，她就是一个自然村落，村民们捕鱼、牧羊、耕种，日出而作，日落而息。偶有村里不安分的青年人招惹点是非，也很快被族长、耆老平息下去。到了明朝，为了对付顽强的元朝流亡政府的侵袭，朝廷筑长城为疆，将蒙古人挡在了长城之外。巡镇对岸的北面不远处，就是蒙古人频繁活动的地盘，虽然有黄河阻隔，又有朝廷出台的各种阻止蒙古人来东岸进行贸易的严格管制，然而民间的需求总是能突破朝廷最严密的防护策略，距离边境很近的巡镇，就成了朝廷不可忽视的商业聚落。

洪武九年（1376），盗匪猖獗，不法商贩常来往于黄河两岸，朝廷在巡镇置巡检司，设立官秩品级最低、有军人某些职能但不入军籍的人员帮助官府抓捕盗贼，平息各类突发事件。此时，一位功勋卓著的开国将军被贬到距巡镇不远处，履行当地公安局局长一样的职责，将军率军征战的雄才大略用到抓捕盗贼上，其结果是巡镇的盗贼闻声匿迹。

北京紫禁城里的皇帝，对因不能满足贸易需求而不时进行抢掠的蒙古人，有一种难以克制的厌恶，对其开放边境市场的要求不予理睬。

由此，巡镇的商业萧条了。

当万历初期内阁首辅张居正和处理边疆事务的能臣一起解决了蒙古人长期对抗的问题后，边境安宁了下来，浓厚的商业气氛弥漫在巡镇的上空，不过巡检司并没有因朝廷与蒙古人和解而取消，终明一代，巡检司始终是巡镇吃财政饭但又没有多少行政处置权力的地方常设机构，这个机构的存在，成为今天的巡镇人常常夸耀的一个历史闪光点。

巡镇最值得骄傲的或许是她曾一度成为河曲县县治所在地，她是晋察冀最早的解放区之一。从 1940 年起，中国共产党领导的河曲县政府机关就驻扎于此，直到中华人民共和国成立十年后的 1959 年，县政府机关才移迁到保河营。

2

寻找巡镇的文化脉络是我前往的重要兴致之一。

曾盛名百余年的巡镇三官庙屹立在镇北一座小山坡顶上，一看它崭新的房顶，就知道已经新翻修过了。以一路走过的经验推测，如果不是在文物部门指导下的翻新，一般情况下里面不会再有让我们十分感兴趣的东西了。

三官庙建于清乾隆五年（1740），解放时巡镇吕祖庙与其合二为一，吕祖神像亦被抬进庙内。土改时，村里的民兵队长带头砸碎了庙里的所有神像，他后来在一次投掷手榴弹训练时，竟然没有扔出去，把自己给炸死了——村人迷信地认为这是他砸神像的“报应”。没有了神像的三官庙后来就成了河曲县党校，直到几年前党校才撤离，再后来，有住庙师父募集款项，重新修庙、造像，三官庙方又恢复了原来的功用。

3

等待庙里师父开门的时候，我到坡下头的一所院落去探望，吸引我的不是这个院落“美观”的外表，而是一个腰板直挺的大爷和他院落里的无限生机。他的院子里顺放着两个洗衣盆（里面泡着还没有清洗的衣服）、少了两条腿的凳子、一口水缸、一根长蛇样的水管、一把已经腐朽的扫帚、白色油漆桶等，右面的窗户上搭着一堆衣服。门前石头缝中长着几十棵小葱、两株爬上竿子的牵牛花，右侧塌毁的房基前几株壮硕的玉米，爬上了半截院墙的南瓜秧……这个超级杂乱的景象让我觉得：这大爷要不是孤寡老人，就是一个儿女依靠不上的类单身汉，只有没有亲人料理和关照的老人，才有这样毫无章法的生活。

面色红润的大爷站在那个房檐不出墙体一尺的两间房屋的门前，向庙上瞭望。两条小狗警惕地看着我们，象征性地吠了两声后，就卧到大爷的脚边。

“大爷，就一个人生活吗？”我下了坡走近时，注意到他红色秋衣外面套着的米色夹克衫上，别着一枚有红色背光的毛主席像章。

“啊——一个人住。”大爷说话不是很清楚。

“多大岁数了？”

“八十三了。”老人用手比画着。

院子里的小黄狗见陌生人和它的主人说话，使劲地吠叫，另一条脸如蝴蝶一样的小白花狗，则仰头惊异地看着，然后挪了个位子，坐在草丛里晒太阳。大爷朝着小黄狗“嗯”了一声，掀开暗红色方格子门帘，进了屋内。

4

我冒昧地跟着大爷进了他的小屋。

嗨——他老人家这屋子里乱得真是够级别了。通铺大炕占了房子的一半，大炕上又被他分割成三个区域：最右一端放着一堆旧衣服、一大卷被子、几个旧纸箱子；中间是睡卧区，几条没有套被套的被子像抹布一般胡乱地堆在大炕的中间，一块绿底大红花铺单上又覆了半块洗得不太明亮的方格子布；窗台下是更为杂乱的做饭区，电磁炉、面盆、铝锅、长柄锅、暖水瓶、小簸箕、水杯、盘子、碗、锅盖、插线板、烧水的铝壶等一溜儿地摆放着，墙角小桌子上还有一台满身油腻的方头电视。

大概是窗外遮盖了一块防雨木板的缘故，大爷的屋子里显得十分昏暗，当他坐到炕边时，两只以黑为主色的小花猫突然从昏暗处窜了出来，毫无顾忌地在大爷的被窝边打起了架，上下翻滚，

看庙老人及其居住的院落（2015年摄）

听师父的嘱托、守护了三官庙一辈子的老人，现在和两只小狗、五只小猫生活在一起。他爱读书、爱收集书籍，据说有一养女，在其他地方居住。

玩得不亦乐乎。又一只大黄猫窜了过来，呆呆地盯着我看了一阵后，躲避到他的身后，等他爬上炕头，打开挂在炕头上的电灯开关时，我发现炕角的小桌子下面竟然还有两只小猫，它们似乎胆子小一点，躲在桌子下，不肯像其他小猫一样出来撒欢。

房屋的另一半放着一个腿脚已经扭着的长条桌子和其他杂物，桌子上方挂着一张印刷的佛像和放着照片的镜框。

我注意到这个行动和说话都不算利索的大爷是一个爱读书的人，他窗台上放着一大摞书，枕头边上还放着一小摞，有《早晚念诵集》《彭公案》等。

“大爷，你挺爱看书的。”

“啊——我师父告诉我说：‘守好庙！’我听师父的话，守了三十多年，有空就看看书。”大爷边说边到炕头另一端提起一个上面有“××粮食加工厂”字样的蛇皮袋，把多半袋子的书倒在了炕上：“我老了，要这些书没有用了，你看看有没有你需要的书，带走吧。”

大爷没有排斥和拒绝我进入他乱得翻天覆地的屋子，我已经心存感激，又大方地送我书，我更是心头颤动，虽然不缺可读之书，但为了对得起大爷的热情，我仍然仔细翻看了大爷收集的各种书籍——有关于如何喷洒农药的、有关于果树修剪的、有大棚蔬菜种植技术类的，还有散文类和一些佛教知识的。我边翻书边想：一个孤独的老人，如果没有对各种知识的喜好，如果心里没有对这个世界的爱，如何能收集到知识跨度如此之大的书籍？一个在西北黄河边不断衰落下去的镇上常年守庙的人，收集到这些种类的书籍是多么不易。最后，我选择了杨绛、王小波等著的《向日葵》《名家难忘的真情实感》《时文选粹》后，与大爷告辞。

5

从盛夏到冬季，和两条狗、五只猫生活的老人总是让我放不下心来，他冬季如何过的？有没有生上炭火？孤独的老人到底有没有子女？有没有人去看过他？这些问题总是萦绕在我的脑海中。虽然在写这篇文章时（2016 年冬），承载着我对他惦记的包裹就会抵达那间杂乱的小屋，但仍难了却对他的挂念。

每当看到搁在案头的那三本书，老人朴素的言语就会回响在我的耳边——一路行走，从不缺乏的关爱，让我忘却了所经历的辛苦，只留下一份份感激。

犁川、大阳：我曾经那样靓丽

时光荏苒，不知不觉又过了几个春秋。

几年前，我受托对山西古村落及文物古迹中值得观瞻的文化景点等进行拍摄，得到些许费用后，亲自登门去请教省城太原一位十分受人尊敬的摄影大家，他听了我的报告后，不无担忧地告诉我：“倒退十年那点费用打四个滚也不够，更何况当下？！简直是天方夜谭！”我用初生牛犊的精神说了一句令他感觉无可救药的话：“我上了这个船，下来就要淹死的，死活得干下去。”

工作开始不久，就验证了摄影大家的担忧是极其有道理的，他的很多看法是高瞻远瞩的，没有听他的劝告，把自己绑到独木桥上，觉着像架在铁架上火烤一般，不精打细算、勒紧裤腰带过日子，怕是丢人不知道要丢到哪里去了。于是，我一方面筹措经费，为团队补助“给养”；另一方面看着地图，费尽心思，规划了又规划，安排了又安排，尽量做到工作调配合理，不耽搁时间，以期摄影工作顺畅又节省费用。

尽管费用十分紧张，但对于家乡享誉全国的古堡、古村落的拍摄，我还是给了相当的宽裕度。不管有没有响亮的名声，只要有古建筑群，只要未来有开发利用价值，我都列到拍摄计划里，打算把这些古村落拍摄得“灿若兰花”。

1

泽州犁川。

已经不记得这是第几次带队到晋城。

到达晋城刚好是五一节，亚马逊中国时任副总裁白驹逸先生和夫人宋女士带着两个十分淘气的儿子也同时到达，他们一家是受我们前期所拍的太行古村落照片的诱惑，来这里欣赏古堡与古村落的。

我觉着白先生从美国到北京，再到依傍大山过着宁静富足生活的晋城，不能不去闻名遐迩的“皇城相府”（午亭山村）走一遭——这是近年来很吸引游客的地方。他虽然很希望看到康熙帝时代的文渊阁大学士、《康熙字典》总阅官陈廷敬故里气派的庄园，但不太乐意在潮水般的游客中完成他对那群古建筑群的欣赏，他们在高处望了一眼相府，便调转车头回来了。

白先生和他夫人远离京城的拥挤，就是来太行山里寻找宁静和质朴的，他们并没有像我所顾虑的那样，嫌弃太行山里古村落的“落后”。

于是，我陪他们来到了犁川古镇。

乡村公交车停车小广场附近有一家小饭店，我们计划在这里解决午饭。小饭店没有什么客人，也没有什么复杂的菜品，就做当地人都喜欢吃的鸡蛋炒焖面（面蒸熟后再和鸡蛋炒在一起）和西红柿汤。我们各要了一大碗，起初我还担心白先生那两个洋小子吃不习

下犁川古街上秋天的民居院落一景（2012年摄）

犁川为泽州古镇之一，因生产小犁铧而名扬华北地区，其由上、下两个犁川村组成。上犁川有古河街，村里的古建保存完好，下犁川规模较小，古村坐落在犁川河南岸。

惯，没想到这乡村土饭很符合他们的胃口，他们像两只小饿虎，吃得很欢实，三下五除二报销了一碗后，就追逐在古街上了。

犁川镇所在地为上犁川村，比我想象得要大，从村中心穿行而过的犁川河，为这个如今已不热闹的古村落平添了几分风情。河两边明清时期营建的鳞次栉比的商铺多关着门，现代人在古道上铺设了水泥（估计下面是石板路），抬高了路基，使得临街的一层铺面房显得稍许低矮些，河街两侧铺面房后的街巷里，是典型的晋东南四合院，或一进或二进乃至三进四进，院落的大小、门楼的高低、雕梁画栋的繁复，都标志着当年这一家或一族的富有程度。

我们顺着河街向上行走，两个没有约束的少年，忽进忽出地在街道两边的院落自由奔走，沐浴在春日温暖中的小狗旁若无人地在古街道上晃荡，即使见了这两个西方面孔的小男孩，也懒得吠叫两下。

河中段桥头一家门前卧着只小黄猫，睁开眼睛斜瞄一眼我们这些人后，又继续闭上眼睛养自己的精神，任凭两个孩子挑逗它，都不肯提起一点情绪。

我们进了桥头台阶下的一间铺面房里，一位体态略胖、刚春播回来的大婶正在炕头的火炉上蒸槐花馅包子，当她揭开小铁蒸锅盖时，几个冒着热气的白生生、虚乎乎的包子馋得我们两眼放光。

“来村里玩来了？吃过午饭了没有？快进来，快进来，吃个包子。”脸庞红润的大婶看到高大的白驹逸进门，也不见外，热情地招呼。

“谢谢！看起来真好吃。”白先生没有见外和客气，边赞美边在旁边高粱秆做的箅子上拿起一个已经快放凉的包子吃了起来：

“好！真好吃！”宋女士也拿起一个品尝：“不错，不知道槐花包子这么香！”好客的大婶看到他们吃得很满意，又劝说：“不要客气，再吃。”

我们谢过大婶，说刚吃过午饭，白先生的两个小子在村里疯得没有影子了，自然也没有能吃上大婶蒸的鲜嫩的槐花包子。

告辞了大婶，我们继续向东走，右边古街道的门楼下坐着几个人，他们正端着碗吃午饭。

“哎呀，怎么来了个浓眉大眼的外国人？！”一戴着白头巾的高个大娘嬉笑着说。

“这个地方好呀！”为了和几个村民聊天，白驹逸干脆大大方方地坐到街对面的条石上。

“有啥好的？破烂地方，年轻人都不愿意住，还是你们外国好吧？你是哪个国家的？长得这么白净。”

“美国。”白驹逸笑着回答。

“美国多好，不住这样的房子吧？”

“我小时候住的就像这样古老的石头房子。”

“你那个石头房是别墅吧？大老远地来到我们这里，得花很多钱吧？住在北京？北京多好，都是大楼，看我们这地方都旧成啥样子了。”

白先生笑着没有答话。

“一个月能挣多少钱？一万块？两万块？”

“我怎么回答？”白驹逸问我。

“没有关系，你就说收入还行就可以了。”

胖大娘对一个白白净净的外国人带着夫人孩子来这地方旅游百思不得其解。旁边的中年人告诉大娘，现在大城市流行到没有人的

犁川镇南岭村民居（2012年薛华克拍摄）

地方旅游，喜欢看古老的东西，他们图乡下空气好，安静，人少。

“大城市人吃饱了撑的，你觉着我们这地方中看吗？”大娘或许想让白先生印证这个日益落寞的古村落的价值，她不明白像她这样顶着白头巾的太行山农妇有什么好看的，她更不明白她和她生活在其中的老院落就是远方客人眼中的景致、就是历史的印迹，她两手端着碗放在腿上，无论如何也想不通她不待见的犁川到底哪儿迷人。

“我很喜欢！”白驹逸认真的回答让胖大娘更加困惑了。

2

村里人说，明清时期的犁川甚是繁华，因毗邻沁河、连接河南，是古泽州县远近闻名的三大古镇之一。那个时期，犁川是北方一带著名的犁铧生产地，每一个村落都有自己的犁铧产品，好比我们现在认可的德国不锈钢锅、瑞士军刀、法国化妆品一样，过去河南、山东、河北一带农民只认可这里制造的铁犁铧，这里产的犁铧不论大小，皆坚实耐用、钻地轻松、耕地省力，越用越像一件精心打磨的工艺品，锃亮放光，不生锈迹——一把犁川犁铧如果不是犁地时触碰到巨石，能用几年乃至十几年。各地农民因耕地深浅不同、地质不一，偏好也不一样，比如河南的农民就偏好选择犁川镇西沟村生产的小犁铧，山东的农民就喜欢另一个村子产的大而宽的犁铧。过去春季犁川河街上买卖铁制农具的人熙熙攘攘，赶着大车或骡马的商人来来往往，他们在店铺后的大车店里歇夜，和早已熟悉的店主聊聊家常，然后把贩运的农具装载到车上，沿着古道，出犁川镇北门，消失在远处的山峦中。

犁川河穿过的河街是上犁川的主街，为东西走向，街西头是一座低矮的小山，山坡上有十几座能俯瞰整个下犁川风光的老房子，古街在河拐弯处向北拐去，直至北门。连接古街道的东西、南北巷子，原是商铺主人生活的院落，从高大的山墙、精致的窗棂木雕、威武的门楼和精巧的照壁砖雕来看，这里的商人家底算得上殷实。

3

七八个老汉在犁川北街的墙根下晒着太阳，街头有几名妇女在井口边洗衣服。

我边走边想，在中国城镇化建设大潮的裹挟下，古犁川基本没有遭到伤筋动骨的拆迁或损毁，仍能保持着自己几百年的古韵味，实在是一种幸运。虽然村里部分老房已经歪斜，有些院落也早已人去楼空，但她透射出来的那种明清古韵，恰是人们愿意来看望它的理由，也是它该引以为豪却又被当地人忽略的地方。

宋女士在街上寻她的两个孩子，这两孩子来到这宁静温馨的乡村，如同两匹脱了缰的小野马，一刻不肯停歇，从这个院里跑出来，又窜进另一个院子。在长满杂草的院子里找到他们时，他们正和村里几个孩子玩闹着比赛攀爬一棵枯树……

一公里之遥的下犁川规模似乎比上犁川小些，但同样古韵悠长。它的大部分院落都在犁川河南面，一条窄窄的街道从中穿过，街中心有一栋过街楼，上有观音阁，村民把楼刷成了淡黄色，在阳光的照射下，显得特别突兀。

从田里种地回来的农民，端着碗坐在石头铺就的街道边吃饭，

上犁川一庭院里村民和他活泼可爱的孙女

放假回村的孩子们围拢在一起玩石子儿，一位白发老人拄着拐杖在街边的台阶上晒太阳。

白驹逸夫妇陶醉在中国古老的乡村景致中，对农家窗台上一堆堆色彩艳丽的南瓜、院子里挂着的一吊吊玉米、大门上的木刻雕花、连接院落的小石径等都有着浓厚的兴趣，他们的两个孩子则只管快乐地奔跑。

站在犁川河桥上观望，河南岸高耸的庙院倒映在水中，与飘扬在河边的柳树在水中交相辉映，别有一番情致。

4

从犁川镇出来，我带着白驹逸一家人去见识了著名的大阳古镇。

声名远扬的中国历史文化名镇——大阳古镇，应该是晋城最大的一个古镇，我曾仓促地去过一次，实在难说过瘾。她太大，拥有的古建筑太多，街道太长——从各方面来说她应该算得上山西最大古镇之一：镇东口的九层柱式砖塔、南门楼上标志着其悠久历史的“古阳阿县”匾额、商铺连绵不断的五里古街、街上大礼堂对面炸油条的小店等，都让人难以忘怀。

大阳古镇新修的宽阔的东西大街是在已经消失的大阳河河床上建起来的，虽比老街敞亮许多，但没有经过认真规划的水泥、瓷砖建筑多少暴露了现代乡村建筑的粗陋通病。好在这一日，正逢赶集，摆在街两边的服装、饮食、农具、儿童玩具等摊位，多少遮掩住了新建筑的粗糙，我们把车停在一饭店的拐角处，从有“古阳阿县”匾额的券门下进入古街。

阳光洒在古街上，行人不多，几个身上背着摄像机脚架的外地学生在街道拐弯处拍摄，一边的女教师正在给他们讲着什么。

古街两旁的小商铺规模都不大，最大的也不过三四间房屋，但每一间都有自己的特色。手机、服饰、农具、文具、粮食、蔬菜、种子、药品、被子、日用杂品等店铺，应有尽有。也就是说，从针头线脑，到农具种子，但凡乡村人生活、种地用的到的东西，在这条街上都可以买到，我们在小特色店挨个儿转悠，宋女士买了两把天然草根做的刷锅刷子，我买了几卷彩色缝衣线和一板超大号的缝衣针。

街上飘着烤饼的香味，把我们引到一家三角火烧店前，大铁炉里烤了一圈，炉上的铁盖子上放了一圈，焦黄色的三角糖火烧看着就让人有胃口。门口小桌子上的箱子里，新出炉的饼子，香味从盖着的小棉被里窜了出来，我们买了五个，站在店前一口气吃完了。白家的小子还想吃，他们的母亲宋女士建议他们给肚子留点空间，要不到了前面再遇到好吃的就吃不下去了。

街角一卖凉粉的小摊位上，一头顶白纱巾、身着淡青色洋布大襟衣服的老大娘正在切凉粉，几个小白瓷碗，几把小勺子，盖着白纱布的调料瓶子,放在淡绿色瓷盆里的凉粉,让人路过小小的方桌时，直觉着滑爽的凉粉要入口。我们本来计划去城东门转一圈，返回来吃一碗，结果折回来时，凉粉摊已收。

从一卖肉丸汤的小店敞开的大窗户里飘出的肉香味也让人难以拔腿离开，架在小火炉上的瓢锅里，香味浓郁的肉丸拥挤在一起漂浮着，店主一边用大铁勺翻滚着肉丸，一边招呼客人。两个老人正在店里唯一一张方桌上喝着肉丸汤。

“多少钱一碗？”

“两块。”掌勺的店主说，“吃一碗吧？”

大阳古镇上卖炸油条的婆媳店（2012年摄）

大阳古镇历史久远，汉朝在此置阳阿县，明中晚期始有“大阳”之称。大阳古镇冶炼业和铁制品制造业发达，明清时期，其生产的钢针闻名全国，行销海外。清末，大阳镇有手工制针作坊三百多家，其钢针品类齐全、质量优越，时称“中国钢针之都”。“东西两大阳，南北四寨上，沿河十八庄，七十二条巷”是其繁华时期的真实写照。古镇的明清古街从东至西有两千五百米长，是中国目前村镇中最长的古街之一。

我们商议了一下，都否定了自己的肚子还有接受肉丸的空间，只好无奈地辞谢了热情的店主。

一路走过来，我发现和英国人下午要喝红茶一样，大阳古镇街上的老居民似乎有个特别的习惯：午休起来到街上吃小吃。下午两三点钟，老居民午睡醒来以后，就会溜达到街上的小吃店里，浅浅地吃一碗凉粉或者肉丸汤什么的。他们午后吃小吃当然不是为了解决饥饿问题，而是一种形式、一种生活情调，一个生活中不可缺少的程序或习惯，而这个小小的习惯，不经意地显露出大阳人保持了几百年乃至上千年的某种优越感。

5

与山西很多明清时期崛起的古镇不同，大阳镇南券门上“古阳阿县”匾额已经告诉了每一个来访者，其历史可以追溯得很遥远——公元前200年，随汉高祖刘邦打天下的郎中骑亓诉因功受封阳阿侯，封地即今天大阳古镇及周边（古阳阿城一带），阳阿侯国建都城于此，传四世，后因罪除国。东汉在此置阳阿县，一直至隋朝末年。“阳阿古剑”甚有名声，古阳阿不仅是刀、剑等军品生产基地，也是铁锅、剪刀等民用品生产基地。在盐铁受到国家管控的时代，因煤、铁矿产资源发达，其繁荣的冶炼业为古阳阿人挣得了相当丰厚的财富。又因其历史渊源，坐拥财源，各地商贾穿梭来往，使其繁盛。

明清时期，大阳除沿袭其铁制产品优势外，还开发出了更精细化的产品——大阳钢针。大阳钢针品质优越、种类齐全，扬名全国、行销海外，成为中国乃至世界很多家庭妇女最喜爱使用的名牌产品。彼时，仅大阳镇就有三百家制作钢针的作坊，人称“九州针都”。至十九世纪末，大阳颇具规模的钱庄、商号、银楼、典当行等有百余家。

6

大阳街中心旧戏院的对面就是我上次光顾过的卖油条、油糕的铺子，婆媳两个正在摘了窗格的窗户里面操作着。婆婆用一双特制的长筷子翻着油锅里的油条，媳妇利索地揉面、切块、扭制。窗前小铁锅里金黄的油条格外诱人，立在铁架子上正沥着油的油糕黄莹莹的，让人垂涎欲滴。闻着香味，望着泛着光泽的油糕，我们都挪不动步了，一致意见是：吃一轮！

白家两个小子以吃下两根油条的实际行动，证明了婆媳两个炸油条的水平。

白驹逸建议再买几根当两个孩子次日的早餐——虽然他们住的五星级酒店提供不错的早餐，我们干脆把铁锅里剩余的十一根全买了，有趣的是，没有等到明天，两个孩子提着两个红白道相间的塑料袋在大阳古镇街巷里蹦跶的时候，那肥胖的油条就悄然地没了踪影。

或许摄入能量过多的缘故，大家都劲头十足，在大阳古镇的街上不停地穿行。

7

大阳古镇要比犁川镇大得多，地形也复杂得多。沿着大阳河，从东头数到西头，就有七十二条街巷，街巷里又是一串接着一串的深宅大院。状元府巷、李家三巷、永和巷、庙后巷、成家巷、则神三巷、钱市巷、菜市巷、枣市五巷、醋房巷……楼接楼、巷接巷、院连院，各有千秋，甚是好看。尚书、御史、翰林、巡抚、侍郎、郡守、状元、将军宅第和商贾大院，阁楼、庙堂、戏楼……大阳古镇呈现出的气派、殷实、富足、人文底蕴哪里是一日两日能看明白的！

没有一个庞大的研究团队帮助，不付出足够多的时间，看透大阳古镇实在够呛！

不过，即使粗略地瞅几眼，也能感知大阳过往的富商子弟不仅执着地追求财富，也热心读书出仕、报效国家，由此沉淀下来的文化底蕴让大阳古镇变得更加丰富饱满且雅致有韵。“走在大阳不夸官”的民间流行语和他们留给今人的大宅院，也让我们这些生猛地踏进大阳古镇的陌生人，简单地了解了大阳古镇在太行山一带显赫的历史地位。

8

那天晚上回到城里，已近深夜。

注：近几年，大阳古镇发生了巨变，古街道上的石板路重新铺设，部分民居和老商铺进行了修缮，村头水塘里种满了荷花、修建了石拱桥等，有人在明清老宅里开了舒适的民宿和乡土菜馆。夏季夜幕降临，村里有“打铁花”表演。

东张村和名字叫花的女人

深秋，午后。

到灵丘县东北面的石家田乡东张村的道路越来越不好走，车窗外的风景也愈加让人不堪忍受，满眼都是草木稀少的荒滩、乱石。用贫瘠来描述似乎都有点勉强，加上“极度”可能才算中肯。

一群羊在一片大河滩的石头缝隙里寻找着已发黄的枯草。

“这里的羊也真够辛苦的。”走错路的小李握着方向盘在颠簸的车里感叹。

“这地方似乎已经不适合人类居住。”越过干涸的河床，想到还绿色葱茏的江南，我也颇为感慨。

走了好长一段冤枉路，终于到达了东张村。

“没准那三十平方米的清代壁画已经重描了。”车在修葺一新的关帝庙前停下时，我心里就凉了大半截——虽然我对遥远的乡下经常不抱过高的期望，但还是从村里唯一一个小杂货店里拿上钥匙，去证实自己的担忧。没错，打开新漆的朱红色门扇时，崭新绚丽的乡村壁画赫然描绘在洁白的墙上，其技艺比起我在其他地方看到的宛若三年级学生画的抱着桃子的童子，已经算是很

“娴熟”的了，不过不值得让我拿出相机。

在跑了山西省东西南北很多地方后，我已经摸索出损毁寺观古典艺术的三条规律：要么经济很发达，商业很繁荣，一切拆毁重来；要么村人信仰虔诚，集资重修庙宇；要么人走庙废，随其自灭。其艺术的品位也与距离文化中心的距离和富裕程度有关。一个区域，距离商业或政治文化中心愈远，其寺观艺术也愈接近他们真实的生活需求，种类也愈繁杂，价值的评估亦愈加奥妙，以爱心毁去的可能性也就愈大——腰包瘪塌的当地百姓好不容易集资重修庙宇，民间画匠一般总会把古老陈旧的抹去，画上亮丽的、职业艺术家可能笑掉大牙的新式画面。

对于这种行为，走多了，看多了，我也很能理解。一些民间艺人的技艺虽然实在无法恭维，但老百姓口袋里的钱，也只能请得起这样水平的腕儿，好或者坏，都是他们对守护这方土地的神灵献上的一份恭敬，只要他们满心欢喜，也就足够了，毕竟他们才是真正生活在这片土地上的人。祖宗留下的那点儿遗产固然可贵，但其子孙的精神寄托也很重要，他们的感受比我们这些所谓对艺术的关切更为重要——尽管新的东西可能很庸俗，不堪历史担当，可这又如何能怪罪他们呢？

虽然我有非常通达的理由解释自己的遗憾，但仍有些许不甘，就在这个古意如游丝般的街巷里散漫地游荡。

1

这个村子可以说有浓重岁月的痕迹，那个小杂货店对面的街道上，似乎很久都没有人清扫过，到处都是垃圾，杂草、牛羊粪、

东张村花家放置杂物的房屋外景（2015年拍摄）

枯树叶、柴火秆等，房子多数倾斜扭歪。整个村子看起来满目苍凉，灰头土脸的，毫无生机。

穿着桃红色运动衣、黑色超短裤和胖头毛绒拖鞋的年轻的杂货店女店主穿过街道时，芜杂的街道方闪现出一抹亮色。

杂货店西面的一个大院落里住着一对七八十岁的老姐妹，毫无遮拦的院子里一片混乱，玉米秸秆等杂乱地铺了半个院子，如果不是盖着砖红色石棉瓦的北房（房子为政府资助所盖）挂有门帘，我几乎会断定院子更适合羊群留宿。院子里，有着迷人线条的卷棚顶西厢房已显欲倾之势，从半截石墙、敞开的栅栏门来看，应该是勉强地作为羊舍或牛舍之用无疑。

我顺路走进杂货店斜对面一既无大门也无栅栏的院落。

院落不小，晾衣的铁丝上搭着一件陈旧的玫红色衣服，门前堆着盖着油布的老式单筒洗衣机、洗衣盆、扫把、编织袋等，北面一小泥坯房前的柴火灶上放着两个大不锈钢盆和一些灶具，南面大房子已彻底倒塌，只剩下石头墙垣，西面有三间低矮的小屋，二尺宽的半扇石墙把三间屋子分割成两部分，北边两间窗户张着塑料布居住，剩下一间似堆放杂物。

“有人吗？”

一只毛发混乱的小黑狗窜了出来。

“不要叫，回来！”一个年轻女人的声音从屋子里飘了出来。我掀开门帘进去，只见一个约三十来岁、个子不高、有一双明亮大眼睛的女人正在大炕边照看一个两岁左右的女孩。

“进来坐坐吧。”她喜盈盈地说。

“就你和孩子在家？”

“孩子她爸去地里收玉米去了。”

屋内的大炕占去了房间一半，搭满衣服的竹竿又占去不少空间，锅碗、盛着粮食的编织袋等凌乱地摆放在地上，狭窄的小屋显得很局促。

“没有盖新房子？”

“哪里有钱盖房子，养孩子还养不过来呢。”女人把孩子放到院子里，机灵漂亮的小女孩爬到了南面倒塌的石堆上。

“小心！”她喊着。

“几个孩子？”

“三个。”她把小女儿从乱石堆上拎了下来，不好意思地笑着，“两个大的在乡里上学，住校。我本来上着环，不知怎的就怀上了这个，借了三百块钱去城里打胎，受了一通罪，结果胎没有打下来，肚子大了起来，也没钱再进城，就生了下来。”

“真悬！养孩子是很辛苦的，这小家伙长得真水灵，我抱走养吧？”虽是打趣，但是真心很喜欢眼前这个漂亮的小女孩。

“滚！滚——”眼睛和妈妈一样漂亮、露着小屁股蹲在地上抠石头缝里土的小女孩，似乎听懂了我的话，噘着小嘴朝我嚷着。

“我可舍不得，我和她爸能把他们养大。告诉你吧，她还没有断奶的时候，我又怀上了，现在快六个多月了。我喜欢孩子，给他们吃口饭都能养大，养大了都有用。”她抚弄了一下自己有点凌乱的头发，很甜蜜地笑了起来。

“养四个孩子是很辛苦的。真没有想过为了减轻负担，把孩子给人一个？”看到她的家当和有点沉重的身子，我都为其感到艰难。

“我和她爸都喜欢孩子，舍不得把孩子给人，再辛苦我们也要把他们养大！”她笑着露出了牙齿。

“你是本地媳妇吗？”我觉得现在这么喜欢孩子的年轻媳妇似乎不多。

“不是，我是重庆沙坪坝的，嫁到这里好多年了，前几年回过一次老家。”

“生出肚子里这个孩子，去做绝育手术吧。养这几个孩子足够了，现在物价高、开销大，你们夫妻两个把他们养大太受累了。”

“是的，我和他爸也是这么打算的。要不是花了钱，没有流干净，也不会有这个小家伙，也不会再怀上。”她继续露着牙齿微微地笑着。

看着她发自内心的灿烂笑容，我似被一道光亮闪过：这个天性憨厚的女人，能让人产生一种莫名的喜爱。那低矮的石头小屋，没有让她有丝毫的怨怼，她心甘情愿地守着她的男人，与之孕育出漂亮的孩子。而那个男人——他一定是一个勤勉苦干的男人，以自己的一份苦力为这个不怎么会操持家务的女人撑起一片蓝天。

2

后来我了解到这个女子的名字叫花，十几岁时就嫁到了东张村，是村里第一个从外头“娶”来的媳妇。她的第一任丈夫比她大很多，很爱惜她，没让她遭罪。不几年，村里一个与她年龄相仿的青年人看上了她，出钱给第一任丈夫，娶了她，两个人还生了一个女儿。不知道是花季年龄的花嫁了人不会操持家务，还是第二任丈夫觉得与花脾气不和或相中了其他女人？总之，他们过了四五年后，花又被现在这个男人娶进了门。据说，花现在的丈夫对花很是疼爱，真心爱她，不过有时候两个人脾气上来，也打一架。举目无亲的花和第三任丈夫就这么打闹着、相爱着，生了三个，怀着一个。

两个憨厚、善良的人，互相依赖着。她需要他结实的肩膀，他需要她柔软的身体；他是她的天，她是他的地，最基本的需求，却给了对方不再有过多奢望的安全。他们过着很不富裕的生活，没有一间像样的居室和一件体面的衣服，但两人就这样撑起了一个完整的家，虽没有丰富的物质享受，但竭尽全力地养着孩子——这景象多少让城市的时髦男女感到不解和迷茫，但这是乡村贫贱夫妻的生活原貌，或许少了几分浪漫，却有让人踏实的温馨。

3

与花告别，转过一座房顶宛若蒙古人帽顶般圆弧线条的房子，来到了另一条尚算有模样的古街上。老房子从山墙或房顶上远远地望去曲线毕露，优雅迷人，但进到院落里看，多是老旧残垣，飘摇欲倾，经不起暴风骤雨的吹打。老房中间穿插地盖着一些外表、气势和模样都大大逊色于老房子的低矮硬山顶建筑，这些房子的主人似乎大多没有长久居住的打算，既没有围砌像样的院落，也没有覆盖像老房一样的卷棚顶，只铺设了一层薄薄的石棉瓦了事。

街道的西段，一个三十来岁的年轻人正在指挥一辆挖土机和几位中年人清理街道上的碎石块和垃圾，这模样的村里还能留下这么精干帅气的青年人？我正纳闷时，他已过来询问我们的来路。当知道我们是来拍摄的“南方人”时，他来了兴致，说带我们去看几处像样的老房子，希望我们能看上这村里的老房子，卖个好价钱，让村民筹钱盖上新房。

灵丘县觉山寺东院弥陀殿东壁清代壁画局部——“五龙吸水”图（张晓磊摄）

这个年轻人是村书记。

年轻、精力旺盛的村书记带我在不大的村里绕了一圈。总体看下来，除了石墙、黛瓦、古木构成的房顶好看，皆无雕梁画栋、石雕、木刻等象征着财富和美好愿望的装饰物，房基和地面也非大财主或大商贾宅院里巨大的条石和青砖，而是当地随手可得、尽显质朴的石材。没有处处流溢着财富的奢华、低调和精美，也就很难被新兴的富翁们钟爱。为了不打击年轻书记对自己村里的这份独特的爱恋，我留下了他的联系方式，答应回到南方看看哪一个我认识的老板能爱上这个村落——我回来后也没有食言，鼓动、游说我的朋友，有可能的话到村里呼吸新鲜空气、牧羊、种树、搞文化教育。

4

天已经逐渐黑了下来，我走到村东头，又走到西头，又折了回来。通过年轻村书记传递给我的信息，我尽力收拢、挖掘着这个村子过往的模样——二十世纪初，有几百户人家的东张村，两条短短的古街从东到西，呈“二”字排列，村民为图吉祥，称为“二龙戏珠”。通体卷棚顶房屋的院落，曲曲折折，一院挨着一院儿，过着较为宽裕日子的王家、张家和村民一起耕种着千余亩田地。街道的西头大庙里，总有一些妇女带着孩子烧香、磕头，祈求平安。村里的小商人，赶着毛驴拉着平车儿来往于河北和灵丘县之间，贩卖些布匹、食盐以及妇人们用的杂货。解放了，村民们分了地主的土地，铆着劲儿在这一片并不算肥沃的土地上忙活着，村里的孩童们不是去村头大庙里上学，就是在街头上追逐、打闹……

生活过得不算富裕，但是热热闹闹。近千人聚集在村里，一会儿和和气气，互相帮衬，一会儿又为丁点小事儿，吵吵闹闹。孩童的读书声、青年人的嬉笑声、夫妇的吵架声等，充斥着整个村落。

如今的东张村衰落了。村里稍许有点能耐的，都只是名分上还是这里的村民，其心、妻儿、家产统统都安置在镇上和城里了。没有在城里置产的年轻人，也远离了这个村子，飘在大大小小的城市里。离不开这片土地的人，种着几亩或十几亩不很肥沃的土地，围着几头牛羊，把积攒的不多的一些钱输送给离开这片土地、决意不再回头的儿女。

东张村里不再热闹，只有萧条和落寞在疯长，而这应该也是很多偏远乡村不得不面对的现实。

花、老人、陆续从地里归来的村民、或许不在村里扎根生活的年轻书记、不堪赞美的村貌——有甜蜜和希望，也有无奈和彷徨、平淡和苦涩。

我带着对东张村复杂的印象，乘着夜色离开了。

米山镇的西屋虎奶

三年前的深秋，在晋城偶然认识了一个年轻的中学历史老师，除了授课，他的喜好就是在乡下犄角旮旯里寻觅有点历史价值的古代遗存，因此收获颇丰。他的爱好对我正组织的拍摄一事很重要，便当即表示要向他请教，请务必告诉我晋城哪儿还有我没有听过或见过的“好东西”。这位历史老师没有推辞，欣然答应了我的请求，当得知我正在对建筑、塑像、壁画等进行分类拍摄时，他告诉我他小时候住的院子里有一座名为铁佛寺的寺院，里面有我期待的惊喜！

这位历史老师特别强调，因为庙就在村民居住的院子里，或者说庙院成了村民的院子，很少有人知晓，里面的雕塑相当精彩，连省里的雕塑研究专家也未必了解。

高平铁佛寺？确实没有听说过。我拿的一本之前罗列的厚厚的拍摄名录里没有这个地方，收集的山西国宝单位名录资料里也没有其名号。我当即把铁佛寺的芳名刻录在脑子里、惦记在心头，决定要把这不曾公布于世的佛像美美地拍摄一通。

当年，因时间安排、摄影师调度都不能周全，没有成行。等到次年盛春，方见铁佛寺之芳容和其内令我异常惊喜的彩塑。

1

铁佛寺在高平市米山镇里一座很不起眼的农家四合院里，如果没有人指引，找到寺庙身影还是要费点周折的，佛寺掩映在村民炊烟袅袅的生活中，新旧农家院落前堵后拥，很难被人发现。我们从一条老街穿过去，过一座原有阁楼的街门，在一小半个窗户大的微型娘娘庙神龛前，左拐上小缓坡，进大门，进左院落，铁佛寺（北殿）在两根绳子上晾晒的衣服之间，妩媚地呈现在我们的眼前。

真正进入殿内还颇费了些工夫。看门的是住在院西屋的一位大娘，约七十来岁，她反应机敏、行动利落，尽管市文物主管领导已经和分管的县里的负责人打了招呼，但她仍温和而坚决地表示，要得到村主任的亲自指示才能让我们进去。我又和县里文物部门负责人通话，请他和村主任或书记再招呼一下。在得到各路上级部门的通知后，大娘才从厨房的墙上取下一串钥匙，去开大殿门。

头一道锁头都开了，但门就是推不开，倒腾了半天，大娘说她也弄不懂这门如何开，要等在镇上上班的儿子回来才行。

一个多小时后，庙门真正的负责人回来了，他对着门上的一个机关用了点力，翻转了两下，轻轻一推，两扇门豁然洞开。一股阴凉冲出大门的同时，二三十尊在中国独一无二的明代（或元明时期）塑像，惊艳地呈现在我们的面前。

殿宇不大，三开间，呈正方形，立柱、佛台、高大的塑像紧凑地排列着，室内显得热闹且拥挤。殿中央正方形的佛台上，佛祖脸上的涂金已经被刮去，裸露出来的黄泥，仿佛被人挠抓的伤痕；佛祖两位弟子不见踪影（后发现在佛台转角处地面上），一尊大菩萨只剩一半身躯。最能体现铁佛寺造像特色的就是靠墙一米高的台基上的二十四诸天，他们个个体态雄浑，衣履繁复，表情夸张。为了表现塑像的威严，塑像师当年用一种韧性很强的荆条或铁丝做头发，密密麻麻，或弯曲或直立，犹如西方现代摇滚歌星烫过的爆炸式发型，甚是生动。每一尊塑像的发型、衣履、盔甲、法器等细节极为讲究，各诸天的造像方式也别具一格，甚为独特。

二十四诸天的大型塑像在山西寺庙里并不多见，除了这一处，就大同善化寺大雄宝殿和大同上华严寺大殿有同类塑像。善化寺的辽代二十四诸天（其中有几尊明代重塑），体态高大，每一尊塑像都堪称精美绝伦，尤其是鬼子母、月宫天子，面部丰润，表情细腻，雍容华贵，让人百看不厌。上华严寺的明代二十四诸天，金碧辉煌，衣履考究，但面容僵硬，从整体水平上远逊于善化寺辽代塑像。铁佛寺的二十四诸天，代表了明中期的塑像特色，体态壮硕，服饰繁杂，其独特的人物造型、极富感染力的发饰等，都值得中国塑像研究者予以认真关注。

东墙台基下佛弟子阿难的塑像身躯已经毁坏，木头顶端塑造的头颅靠在墙壁上，摄影师特意打了光线，拍摄出来的效果竟然异常动人。

殿宇南墙殿门和窗户之间的墙壁上，还有两幅与造像同时代的壁画，为两位端着鲜花的供养菩萨，画工水平也颇具地域特色。三开间不大的殿宇内，隐藏着这么多不被外人所了解的精美壁画

铁佛寺大殿佛坛上的释迦牟尼像头部特写（2013年梅佳摄）

铁佛寺二十四诸天塑像之一——罗刹天半身像（2014年梅佳摄）

铁佛寺修建于金大定七年（1167），明嘉靖元年（1522）重修。殿内现存塑像三十四尊，最为精彩者为二十四诸天，从衣履到发饰，一丝不苟，匠心独运。

和塑像，我真是感到诧异。

2

殿宇外阳光照耀，暖洋洋的让人昏昏欲睡。

殿宇里阴气袭人，让人腿脚生冷，难以长久坚持。

满院的温暖倒是挺舒服，可协同大娘看门的小黄狗是一个不好对付的小主，从我们进了这个院子里，它就没有消停过，只要我们稍许动作，哪怕扭个身，它也把铁链子扯到最大限度，扑上来朝着我们狂吠。它的主人命令它不得吠叫，它也只能停息一会儿。这条据说“刚吃上政府补助”的小黄狗，横竖不待见我们，我们小心翼翼，出来不好意思进去，进去不好意思出来，被它整得很被动。摄影助理为了和它处理好关系，提高它对我们的识别度，中午去镇上“大食堂”吃饭时，特地买了一块肉和两根香肠。小黄狗吃了他买的食品，但并没有领他的恩情，只要我们敢出庙门或从外面踏进院落，它就吠叫到我们在它的视线里消失为止。

忠诚的小黄狗只顾自己尽责，并没有照顾到主人需要午休这个环节。躺在床上不能入睡的大娘，掀起竹帘子，出来数落了小狗一通，小狗方退缩到自己的窝门口，装模作样地眯起了眼睛。

“大娘，打扰了您午休，实在不好意思。”

“没有关系，里面凉吧？”

“是的，不是一般的凉，透骨的凉。”

“这些东西为啥能保留下来？我半晌都在纳闷这个事情，您知道吗？”我坐在她房檐下的台阶上问她。

大娘向我讲述了铁佛寺主殿被保护下来的一段故事——故事

的主角就是她的婆婆（后称西屋奶奶），是她当年挺身与村里扛着锄头的小伙子们对垒，方留下了这满堂的精彩。

3

铁佛寺之称呼，因寺西北角的殿宇里一尊铁铸大佛像而得名。1949年后，全民大炼钢铁时代，村里人把铁佛抬出去熔成了一堆铁水。后来，村里又在庙院里办食堂（大锅就安在南殿里），北殿因为有佛像，面积又大，便作了粮库。有村民想起“腐蚀”人们灵魂的佛像身上有金箔，刮下来或许能卖俩钱，就爬到佛像上，把佛脸和袈裟上的金箔用刀刮了去。

住在寺院西屋的奶奶是个信佛的人，虽然响应政府号召不再烧香磕头，但对在佛祖脸上刮金的行为不能容忍，发誓要阻止伤害殿里佛像的行为。

大食堂的饭越来越难吃饱，早、晚饭经常是能照出人影的清米汤，村民常常饿得没有气力在庄稼地里干活，但穷困和饥饿并没有降低一些村民“革命”或者打碎“牛鬼蛇神”的激情。有一日，村里的一伙青年人不知哪根筋伤着了，激愤地拿着锄头来到铁佛寺院子里，吵闹着要进殿里砸碎这些塑像，他们高呼要彻底把人类从迷信思想中解放出来，做米山镇乃至这个世界的真正主人。住在西屋的老奶奶——大娘的婆婆不干了，她气恼地迈着两只小脚，跨进殿宇，两手扶着沉重的殿门，对着她从小看着长大的一帮正情绪亢奋的人厉声喊道：“跨进这门试试看，要砸这里面的神像，先把我砸死了！”心气旺盛的青年人，被怒目圆睁的老太太一副要与他们拼死的决然态度给压制了下去。这帮平常称呼她

铁佛寺二十四诸天塑像之一——崇宁天头部特写

“大娘”“婶婶”或者“奶奶”的青年人，可能觉着要“革命”，但也不敢把一个能干又在村里很有口碑的老太太的命给弄没了，就暂时放弃了砸佛像的举动。

自此事件之后，西屋老奶奶警惕地守着殿宇，几乎是寸步不离。村里的青年人可能觉着通过砸佛像来实现革命理想的机会渺茫，热情也就随着日月的飞度，慢慢退去了。以后也没人再提及这档子事情，殿宇里的塑像也因此保留了下来。

西屋奶奶去世后，作为儿媳妇的大娘，接了婆婆的班，继续义务守护着庙宇，除了为村里礼佛、敬香、祈福、还愿的人开门关门外，外人她一概拒绝接待。她的年龄逐渐大起来后，儿子又接了她的班，继续守护着铁佛寺和寺中的每一尊塑像。

“这西屋奶奶真够虎气的！”我心中感叹。

4

在文物贩子和盗宝者猖獗的时候，在满地都是文物的高平看守这些神像并非一件容易的事情。除了常在这里出没的，钱袋沉重、身份高贵的所谓京城文物“藏家”外，受“财富”刺激来此勤奋盗宝的外地文物贩子也一波又一波地涌来。当地的文物盗窃者也不容小觑，他们技术娴熟、分工明确、合作密切，曾鬼神般地把长治一著名的国保单位的六尊塑像头割了下来，埋在自家的猪圈里，当地公安局费了很大周折方追回那六尊宋代塑像的头颅。

大娘说，看庙很不容易，他们就有过一次令其心颤的经历。

几年前的一个雨夜里，有一小股文物偷盗队伍从殿宇后顶上的洞口空降到里面，企图盗走部分塑像的头。当这伙人正聚精会神地切割北墙根诸天像的脑袋时，大娘的儿子在雨滴声中听到了异样的声音，他翻起身，披上衣服就奔出屋外，大声呼叫，前后院的人都惊醒了。盗贼丢下工具，攀上房顶洞口，开车逃离。这次惊险，让大娘一家人和村里都察觉到维修殿宇的迫切性。事情上报到有关部门，殿宇得以维修。

5

听着大娘的叙述，我对这个宁静的小院子有了一种异常的亲切感，对守门严格的大娘也有了一种特别的敬意，看着她皱纹纵横的脸庞，心里有一种膨胀起来的情绪：没有西屋奶奶当年的挺身保护，我们今日肯定与铁佛寺无缘相见；没有她的儿媳和孙子的坚持守护，铁佛寺或许早已经毁了。山西的文物保护史上应该有这西屋奶奶的故事，中国的塑像研究者须记住这个小院，记住发生在面部伤痕累累的佛像面前的一段往事，记住守护了这堂塑像的祖孙三代。

见我站了起来，装样打盹的小黄狗又狂吠了起来，我进殿里忍受着袭人的阴凉，不敢再招惹它，一直到夕阳西下。

第三日，当我们收拾完设备准备离开时，我再次仔细看了一眼满屋子精美的雕塑和壁画，默默自语：铁佛寺不会再沉寂下去了，登上中国国宝名录是迟早的事情，只要米山镇愿意。

车行驶在高速公路上，完成工作的摄影师仍然疑惑为什么太行山南端的一个“毫不知名”的镇里能有国宝级的美妙建筑、雕塑和壁画……我看着路边的风光，没有回答。他们不知道米山镇有极其不平凡的历史——战国时期，老成持重的赵国大将军廉颇曾在这里囤粮与秦军对垒，后赵王中了秦国“反间计”，以颇有才名但没有实战经验的赵括（赵国已故名将赵奢之子）代替廉颇统军，遂致赵兵大败，酿成了世界战争史上最为惨烈的被“坑杀”降卒四十万的“长平之战”；他们更不知道铁器制造业发达的高平，是古代国家采购铁制产品的重要基地……

当历史和财富都足够丰厚时，拥有任何精美的东西都不足为奇，高平即是如此，米山镇亦如此。

注：2016年在北京举办的第34届世界艺术史大会上，铁佛寺彩塑作品图像首次出现在“华彩之塑——山西古代彩塑艺术研究与传承专题展”上，引起中外学者关注。之后，国家拨重资对其建筑及内部进行修缮。2019年，铁佛寺被列为第八批全国重点文物保护单位。

河曲旧县孤影

这几年一直惦记着河曲，主要是想看看其历史上唯一一次帝王曾经去过的地方——楼子营。《明史》和地方志记载，明正德十三年（1518）秋，皇帝朱厚照在视察山西与内蒙古交界一带的防务途中别出心裁地为自己取了个新名字：朱寿。计划以这个名字统领大明的军队，建立不世之功。他在当时防御蒙古小王子的重镇偏关下了一道圣旨，敕封“总督军务威武大将军总兵官朱寿亲统六师，肃清边境，特加封镇国公，岁支禄米五千石。吏部如敕奉行”。当留在北京朝廷中枢工作的大臣们还没有弄明白朱寿为何人时，这个决心要成为职业军事统帅的青年帝王，已经和来自太原的已婚歌女在偏关城里坠入爱河。与心爱的人在偏关城里度过了他的二十八岁生日后，他们一起来到河曲楼子营。在楼子营，守防的军民为皇帝组织了一场畅游黄河的比赛，正德皇帝很开心，为第一名渡河者赏了酒。

发生过这等事情的地方，定是有趣和值得光顾的。黄河、渡口、军堡、渔夫，这些词放在一起就能使人产生丰富的想象，我很是期待。

后来看到的楼子营，不要说全无当年皇帝巡视的范儿，甚至连个基本模样都找不到了。正德皇帝住过的军堡已了无痕迹，堡前的长城、烽火台也颓然荒落，衰败不堪。楼子营黄河中心的娘娘滩尚留其名，南岸制高点、监视对岸整个军情的罗圈堡，也只剩下伤痛的残迹——这是后话。

看历史景致固然重要，但欣赏现代人的激情创造和生活情趣，或许更得当下要领。当太原的朋友得知我要带人到河曲补拍壁画和风景时，立即关照我说，河曲一年一度的黄河灯会要开始了，很热闹，会期里有享誉晋、陕、蒙、冀的二人台擂台赛，希望我去看看。我不喜热闹，但没有看过在黄河里放灯，非常需要见识一下。因此，我在省城里就定了目标：游楼子营、观黄河灯会、听二人台、访岱岳庙。

1

河曲人在黄河上放河灯的习俗已有几百年的历史了，据说明朝时一位地方官，担忧黄河灾情，曾亲率部下在黄河边祭祀以治水而立国成王的大禹，用在河面上放灯的形式祈告大禹在天之灵，以保黄河不泛灾情，由此开灯会先河。之后，逐渐形成惯例，每年的农历七月十五日，方圆几十里乃至更远处的百姓都会在月亮升起时点燃插在河灯里的蜡烛，与亲人一起默默把灯放进黄河，看着它随波漂去。再后来祭祀的内容也逐渐扩大，从单纯的祭祀大禹，到缅怀故人，再到美好愿望的祈求。小小的河灯，既寄托着对已故亡灵的哀思，也承载着人们祈求河神保佑家人行船或来年生活平安的愿望。

到达河曲的下午，刚出门拐上街，一阵狂风突然卷来，天昏地暗间大雨瓢泼，我们奔进路边的小粮店避雨。半个小时后，大雨骤停，天地豁然。

雨后，空气格外的清爽。

我们来到古渡口旧址，要相信铺设着大理石、装着长安街上一样华灯的广场是明清时期的古渡口，对没有到过河曲的人的想象力还是非常有挑战性的。渡口大广场上有一座翻新的卷棚顶清代戏台，背向黄河，台口对面对着的禹王庙，模样如古，面貌亮新。从古戏台两侧高高的台阶下去，是正在修建的滨河林荫大道，大道前就是装有喷泉、可凭栏欣赏黄河的渡口小广场。小广场西面还有一个仿古石亭，似乎是小城年轻情侣的专属，扎堆在那儿嬉笑密语。小广场的背后的林荫大道旁，巨大的石砌墙壁上写着“古渡口”三个硕大无比的红字——石壁是明清时期的还是新修的，我始终没有弄明白。

傍晚，挂着蒙、陕、冀牌照的车挤满了通向渡口的大街，路边卖各种彩灯、玩具、零食的摊贩不时地吆喝着，广场上的巨型电子屏幕播放着以往二人台比赛的节目，边上卖羊肉串的摊位上飘散出的焦煳味弥漫在整个广场上空。天空的月亮似乎在捉迷藏，一会出来亮堂一下，一会又藏到鹅绒一般的云朵后面。渡口小广场上挤满了人，大家期待着放河灯的时刻。

晚上八点多，上千只河灯被船工从上游一拨一拨地放了下来，灯光忽明忽暗，随着波涛旋转着，悠悠地漂向远方。最后一尾河灯明明灭灭地漂走之后，人们仍意犹未尽。为了延续节日的快乐，有人开始在广场上放飞红色纱笼灯，一只又一只，一组又一组，几百只纱笼灯飘飞在黄河和小城的天空中，甚为壮观。

看灯的人不能像古人一样，自己弄个花哨的灯笼，点上蜡烛，许个愿望，在锣鼓礼乐声中把它放进黄河，实在是一件憾事。灯会的组织者出于安全考虑，在渡口小广场和林荫大道距离黄河护栏或绿化带一米多处，扎了两米多高的木隔板，防止人们近河观灯出现意外——黄河在岸边远处看起来四平八稳，但近水观望，水流湍急，暗流涌动，令人生畏。

广场舞台上，锣鼓喧天，二人台正热闹地进行着，精彩的表演引起观众一阵阵的叫好声。

至午夜，广场上的人还兴奋着。

2

在河曲，我最喜欢呼吸着清晨新鲜湿润的空气，倚靠在大理石栏杆上，观望波涛翻滚的黄河，遥望对岸汽车像黑点般移动。

小城人的生活幸福指数某种程度上说比较高，没有让人难受的汽车尾气，没有堵车，没有雾霾，舒适自在。太阳初升，渡口广场上就布满了晨练的人，年轻的女子聚在一起跳着时髦的劲舞，中老年妇女穿着飘逸的彩装伴着轻慢的音乐跳着广场舞，还有人练习剑术、打太极。太阳稍高，他们就到广场边新建的仿古门楼下的早市菜摊上，买些新鲜蔬菜，悠哉悠哉地回了家。

街道上，总有农民赶着小毛驴车，拉着一车西红柿或茄子或玉米或西瓜，边走边卖——小城人不紧不慢、温馨闲适的生活便在这些细节上体现了出来。

我让同行的文字助理仔细观察小城的风物人情，小伙子倒是很上心，但关注点都在姑娘的身上，说河曲的女子身材好看，少见胖乎乎的妞儿。我由此用心，发现这小城里的人确实与别处有所不同，精神爽气，表情恬静，似乎有一种不言自明的满足感。是基因所赐呢，还是黄河赋予的乐观性格，抑或是广场为他们提供了运动的便利，我们没有弄清楚，但城里不论男女老少，确实极少见体态臃肿者。

在路上评论穿戴时髦的姑娘，欣赏窈窕女子的纤纤细腰，用去了我们不少时间。

从老人的和善、中年人的坦然、姑娘们清澈的眼眸和窈窕的身材中，我们看出来这个正走向新时代的小城，有着积极向上的姿态和努力的步履。

3

摄影师抱怨去了河曲乡间好几个地方，都白转了，记录中的庙宇，或迹象难寻，或倾废倒塌，或焕然一新，反正我们想要的东西片甲没有拍到，很没有成就感。我安慰他们：寻觅或者说空转也是我们工作的一部分，因为当我们只能得到模棱两可的答案时，用自己的眼睛去印证是最保险的。

他嘀咕着表示理解，但没有遮掩自己付出辛苦后却毫无收获的失望情绪。为了不浪费他的时间和热情，去河曲海潮庵印证壁画是不是还存在的事儿，就由我去完成。

初秋，马路边不时有农民在卖时令瓜果，车从他们身边经过时，我有一种特别温暖的满足感，觉得无论在河曲怎么走，都不会挨饿。

海潮庵在一山丘下，红墙黛瓦，层层叠叠，颇有些规模。

山门前，一位戴着黄色头巾、大耳环的中年妇女提着篮子在

旧县明清古民居院落里的砖雕照壁（2014年摄）

卖香烛，大概是农忙季节，香客并不多。

刚从乡下调到县里工作的小梁领我们进了山门，闪过精巧的钟鼓楼，上一洞式台阶，过禅堂院，西进一小月门，入菩提院，拜见了海潮庵的住持常悲师父。我向身材高大的常悲师父说明来意，常悲师父很客气，说一切都好办，请我们先用午餐。

斋堂在下院东面两小间房子里，有四排长条桌子，我们一行三个人坐到最后一排。一位女居士发给我们每人一只大瓷碗，又发了一只喝水的金属碗。她给我们一人盛了一勺烩菜，然后又端来一小瓷盆晋西北人爱吃的酸饭。不一会，又提壶给我们倒了开水。

常悲师父也和我们一样，在最前面一排桌子上用餐。

这时候，刚才在山门前卖香烛的妇女进来了，她提了一小塑料袋豆角给帮厨的女居士，大概意思是豆角是在自己的田里采摘的，奉给庙里的师父们用。常悲师父轻声对女居士说："给她盛上饭，多一点。她身体不大好，那些供佛的馒头给她带回去。"卖香烛的妇女坐到我们前面一排贴墙根的位置，女居士亦给她两个碗，盛饭，倒水，并轻声嘱咐她用餐慢点儿。饭毕，女居士又无声地供应了两轮水果，一轮是冷藏过的西瓜，一轮是当地产的小苹果。

我对海潮庵和常悲师父是陌生的，他和女居士对卖香烛的妇女的和善的态度，让我对海潮庵油然而生了一种亲近感，卖香烛的妇女的憨厚笨拙和常悲师父的慈爱亲切给我留下了深刻印象。

4

海潮庵没有成为一堆瓦砾，是受到方圆民众的呵护还是因其深处偏僻之地？和常悲师父的交谈中，我还是忍不住提到这个问题。他的回答十分有趣：上世纪七十年代，一个在当地以勇猛著称的人物领着河曲县城的一干人马，扛着铁锹、锄头等工具，兴致盎然地奔向海潮庵。大概路走得太急或吸了凉气，走到半路，肚子突然疼痛难忍，他自己认为这是佛祖对他谬念的惩罚，于是冷汗浸背之余，下令打砸队撤回县城。海潮庵由此躲过一劫。

用过斋饭，常悲师父请我们在他待客的地方小坐，他让禅院里的青年师父沏了一壶茶，寻出一本《河曲名刹海潮庵》的书送我，然后介绍了一些海潮庵的往事——海潮庵原名海潮禅院，清中期开始，十几代方丈都慈悲为怀，苦心修道，抚慰方圆几百里的百姓。布道之余，师徒们还徒步万里，奉钵化缘，纠工备料，扩建寺庙，经过百余年的努力，终使得海潮庵成为晋陕蒙一带影响力非常大的寺院，最鼎盛时期，禅院里有上百位住寺和尚……

为了不打扰常悲师父的午休，我喝了两杯茶后，即向他告辞。他送我们出来，又送我们一人一串五台山一带特有的降龙木做的佛珠手串。尔后，又安排寺院里的年轻师父带我们去观览寺院各殿宇。

我们先去了禅堂院东有壁画的观音殿，殿前抱厦里铺设的青石地面，已经被踩踏得凹凸不平、光滑明亮。厦顶和四周挂了很多明清乃至民国时期当地文人墨客的楹联牌匾，三开间大小的窑洞式殿宇里，壁画保存完整，香火长久的熏染使之覆了一层油亮的棕黄色，更显古意。我告诉值守的年轻师父，改天摄影师来拍摄时，需要摘下墙上信徒们送的各种赞美菩萨灵应的锦旗、幡挂等。

看遍了海潮庵，方知道这个依山而建的禅院有十二处院落、两百多个大小单体建筑，司房院、禅堂院、菩提院、祖师院、藏经院、水月院、十方院等，曲径相通，又互相独立，院连着院，殿宇接着殿宇。窑洞上盖楼，楼上又盖精巧的歇山顶、单边顶殿宇。巧、妙、美、幽，是海潮庵的关键字。

无论近看还是远看，海潮庵都是经过精心布局和设计过的一处寺院建筑群，它精致而多样的殿顶、曲折迂回的楼台、华美的殿宇，是研究中国明清寺庙建筑不可多得的样板。我想，研究晋西北古建筑的专家，如果错过了海潮庵，是蛮吃亏的。

5

引导我们的小梁建议我去海潮庵后山岗上的旧县去看看，他说旧县是古河曲县治所在地（现在是河曲县的一个镇），很值得一览。

我当然有兴致。

从山下绕将上来，猛然闯入眼帘的是一片挺拔在高高的山梁上错落有致、灰墙黛瓦的村落，在阳光照耀下，我们感觉仿若进入了宋元古画，有点迷晕。

“好地方！”

小梁说他姥姥家就在这村附近，对这个地方不陌生，要带我好好转转。

我们下了车，从一有阁楼的券门进去，过深巷，左拐进入了层层递高的民居群。小街巷两侧的房屋都用巨大的明代城砖垒砌，不少院落的门楼、过厅、房屋依然完好，街道宁静，很少见人行走。

河曲旧县南城门城墙（2014年摄）

旧县北依山岗，三面临壑，曾为古代河曲县治所在地。宋太平兴国七年（982）在此建火山军，治平四年（1067）建立火山县。从金贞元元年（1153）置河曲县到清乾隆二十九年（1764）迁县治至河保营（今河曲县所在地），河曲县县治曾在旧县断断续续持续了七百多年。

在一街巷的岔路口，两个男人正在高坡上的一座大院门前聊天，其中一个中年男人坐在低矮的墙基上，正大口大口地仰头抽烟，吐出的烟雾，一缕接一缕，似乎飞到天上成了白云，其潇洒状，我甚为羡慕。我也想要坐在高处，双脚踩在那一堆石头上，一会俯瞰旧县风光和万千山峦，一会对着蓝天白云——那白云似乎能用手捉住——吞云吐雾，最终我克制住自己借支烟吐几圈烟雾的想法，但由此暗下决心，日后有机会，定要纠集一干朋友，在旧县高处点燃一支香烟，仰天吐它一大阵烟圈——尽管我是一个烟草抵制者，但不妨碍我在此立下超然洒脱的“宏愿”。

在山顶上一所院落里，巨大的砖雕墙饰依然完好，那砖雕狮子肥胖、勇猛，前爪滚着一个绣球，跷着尾巴，瞪着圆溜溜的眼睛，似窥视着院外的来人。院落里，满目生机，苹果树、石榴树、西红柿、辣椒、豆角、胡萝卜，每一床铺大小的地块，都是翠绿欲滴，院主人说他的房子原是上下两进院，前几年中间的房屋塌了，就收拾出地基种了蔬菜。南墙根一头大胖花猪，躺在那里没事找事地哼哼，为这宁静的院落增添了些热闹的生活气息。院中央有个一米多高的长方形的砖砌台子，上面种着几枝玫瑰。我问院落主人，为什么很多院落都有这样的台子，是不是旧县自古就有这样一个在院中种花的习惯，他说此台下面是储藏过冬蔬菜的地窖入口，上面种花。

两个在村里闲溜的老大爷，见我对村里古物有兴致，特领我翻看倒在路边煤堆上的石碑，他们说那是一块宋代的碑刻，上面字迹已经漫漶，但能隐约辨认出一些字，似乎是一个告示碑，要文官经过某处下马的意思。大爷说：这地方历史长着呢，北汉杨继业的军队就曾在这一带驻扎过……

向村南走，方观得旧县真容。

只见临沟壑的地方都用宽大厚实的城砖垒砌，二十几米高的笔直城墙围裹着这个方圆六平方公里的城池，蔚然壮观。当年，沿黄河来的蒙古人，想从山下沟壑里攀爬上来破城，实在难如登天。我们从一条似排水系统的小路走下去，见城基部分侵蚀塌陷的豁口处裸露出里面垒就的石头，深沟里除了树木杂草，就是村民从城墙上倾倒下来的生活垃圾。

村南头小坪子上是一排排平房，据说原来是一座规模甚是了得的大庙，后来庙里的神仙都被不客气地“请”了出去，成了旧县中学所在地。再后来，人们干脆拆了原来的建筑，改成了一排排很有秩序感的平房。如今学校也早已经废弃，为数不多的师生都进了城。

山岗西南侧也都是错落有致的民居，沿着缓坡一直延伸到山顶，一院落门楼下的清道光年间阴刻木匾依然完好，但从墙上的草丛来看，紧锁着的大院里已是没有人迹了。

小梁介绍，旧县出过很多人才，元曲四大家之一的白朴就是从旧县走出去的。明清时期，旧县也出过多位进士，例如做过应天府丞、其门徒为兵部尚书的万历初年进士苗朝阳，他中年自行辞官（万历皇帝经常对臣子们的辞呈不予理睬），回到旧县，耕读书之余，编撰《河曲志》；还有在南方颇有政绩的道光年间进士黄宅中，因病中途辞官、回归故里；等等。小梁领我们到距离聚魁门不远的地方看黄宅中老宅，因其现在的房主远行，我们没能一睹其宅院容貌。

6

距离聚魁门不远的村东北头，还有一座清代戏楼，戏楼是为祭祀何方神仙而建，不得而知。在戏楼边的小路上，我们遇到了一个忻州来的文物贩子，他开着一辆破旧的卡车来收旧家具、旧器皿等，凡熬了点时光的，从几十块到几百块，统统上了他铺了一条旧毯子的车斗中。

中国的文物贩子是最勤奋和最有文化嗅觉的一群人，其名声虽然不佳，但我们不得不佩服其在穷乡僻壤淘宝的功夫，旧县这样一个曾经做过几百年县治的地方，自然少不得大小文物贩子的扫荡与光顾，除了砖头、房梁他们还没有收购的意愿外（这是新一代建筑商的喜好），但凡能说出点历史的，一概进入他们贩卖的视野。

中年贩子一脸诚恳，说自己跑这趟赚不着多少，老百姓手里的东西已经很少了。关于文物买卖我一窍不通，但为了解一个时代修复瓷盘的工艺，我想要那个用铜丝和铆钉修复的破了几道裂缝的青花盘子，他说收来三十块，给我六十块。在旁边下象棋的老大爷说他坐地起价就能赚钱，心不要大，挣个十块八块就行了。于是我按照大爷的提示给了文物贩子五十元。只可惜，因我旅途保护不善，那只旧盘子回到杭州时已成了一堆碎瓷片。

在方圆六平方公里的旧县转了个遍，青年人和孩子极少见，有若干尚在种地的中年人，但多数是六七十岁以上难离故土的老者，他们或在村口晒晒太阳，或在村东头小卖部前通往村外的路边下下棋、玩玩扑克。

7

“旧县是不是中国历史文化名镇或者名村？”

小梁没有给我作出准确的回答。来河曲前，省城里的地方文化专家没有给我来此探寻的建议，可见其待遇是谈不上高的，这样一个有着历史韵味的地方没有进入中国历史名城保护的视野，多少让人有些遗憾。

或许我见识浅薄？或许中国大地上如旧县这般历经数百年、修建得如此坚固的城池比比皆是？

我觉得不一定。

犹如旧县这样的城池定是寥寥无几。

明万历年间，国库算不上充裕，或许说捉襟见肘更加合适。万历皇帝把自己圈在深宫，拒绝和他的大臣们交流互动，除了驾驭朝廷官员的能力外，可动用的财力也是他受制约的一个原因。在这样一个国家财力匮乏、朝廷用度难支的情况下，能得到国库资金支持，动用军民，克服重重困难，在沟壑的深处修建成墙壁二三十米高的城池，是多么不容易的一件事！造城墙，建城郭，立庙社，恭耕织，旧县人维持着边陲山城的安全、生机与繁荣。然而，四百多年后，旧县——这个曾经被誉为“凤凰”的小城，就这么衰落并被后人轻轻地抛弃了。

如今行走在这街巷中，摩挲着一砖一石，听老人谈古，少了“雄图表里借河山”的慷慨，徒留下“至今犹说汉宫残”的感慨。旧县作为河曲重镇或县治所在地的历史并不短，根据后来所查资料，从宋太平兴国七年（982）在此建火山军、治平四年（1067）建立火山县，到金贞元元年（1153）置河曲县，再到清乾隆二十九年（1764）迁县治至河保营（即今山西河曲县人民政府所在地），其间或独立治县，或隶属他州，断断续续维持了七百多年的时间。如今，除了地方文化人士从祖宗写的志书里寻觅出的历史片段外，能够接续旧县发展历史的建筑、碑刻，几乎不复存在。

旧县面临的难堪还不止于此。

城南面沟里，正升腾着的白烟般的模糊粉尘，据说是南方一煤老板挣钱必然的“奉献”。小梁的言外之意很明白：这个古代曾被视为凤凰的古城，即使再有价值，面对近在眼前的煤矿和富足阔绰的煤老板，它也只能面对衰亡的命运。

真是如此吗？有没有河曲人重新珍惜它的那一天？

不过，单说现在，我也无须虚伪地遮掩，尽吐些芬芳的废话。我的真心话是：两百多年来，河曲亏待了旧县！

盂县东南部：且剪个月亮边儿

2013 年深秋，到盂县拍摄的摄影师从一位守庙老人那儿获得一条信息——当地一位摄影家出版了一本关于盂县壁画的书，里面收录了四十多处古壁画。这个消息对我来说十分重要，要知道我手头掌握的资料里，盂县只有明清壁画几处，如此大的数字差异，足以引起我前去探寻的兴趣。

“盂县我们绝不能小觑！”

办公室的人很快从网络上查到了新出版的《盂县古壁画大观》，不过，网上并没有销售信息。通过太原一位老摄影家的曲折打听，我获得了该书编著者崔达道先生的电话。

隆冬的一个下午，我如约到崔先生家，见面方知他是一位非常资深的老摄影家，已八十多岁了。老先生热情地接待了我，看到他拍摄的壁画胶片和自费出版的书籍时，我甚为感动。遂相约，来年春天跟他一起去看盂县美妙的风光。

2015 年的春天很古怪，气温忽高忽低，冬春不分。由于对庙宇里阴森寒冷的恐惧，迟迟没有动身，一直拖到五月初摄影团队才陆续出发。到达盂县时，崔先生正专注于抗战老兵的拍摄，我随即决定独立行动，按照他书中的目录，仔细规划，先近后远，分片“消灭”。若确因高度等空间原因，我拍摄得不满意的，则由年轻力壮的摄影师上来补拍。

1

孙家镇大吉村烈女祠位于盂县城北四公里处的水神山，其周边风光旖旎，建祠之说颇为传奇——是为祭祀后周世宗柴荣之女柴花公主以身殉国而修建的。传说生性刚烈的柴花公主，因不能接受赵匡胤黄袍加身的现实，逃出开封，追随山西泽州（今晋城）的一位检校太尉反宋，兵败后逃匿到这里的一洞窟内，新建的大宋王朝南征北战，后由宋太宗赵光义完成了江山统一。柴花公主见复国无望，遂在洞口前的一棵枣树上自尽。后来，灭了南宋的元朝人为纪念柴花公主的英烈行为，在其自尽的洞前建祠，名为烈女祠——传闻所表达的意思总是与当时朝廷倡导的主流价值观相契合：宋朝不义且该灭！

到了明代，当地人为了更好地宣传柴花公主的事迹，又在水神山下宽敞的地方修建了规模更加宏大的寺院——报国寺。

烈女祠紧依山峦，由两组建筑组成：一组以圣母殿为核心，一组以圣母梳妆楼为核心。圣母殿东西墙上有明清壁画，内容为“圣母出巡图”和“圣母回銮图”。只见圣母车辇隆重出行，众多侍女拥簇，小鬼乐伎鸣锣开道，负责各类事务的女官骑马随行，场面甚为排场。梳妆楼里也有壁画，内容为圣母在高楼琼宇中休憩、梳妆打扮的场景，画中山水氤氲，仙气缭绕，楼阁庄严。

烈女祠祭祀的柴花公主后来是如何演变为保佑家庭生儿育女

盂县水神山烈女祠梳妆楼东壁壁画全图（2015年摄）

的圣母的，已不得而知。不过，传说性格刚强的柴花公主升天后变为送子娘娘，确实是个奇妙而华丽的转身，即使在我们拍摄期间，也陆续有人跪求柴花娘娘送子呢。

壁画的拍摄还比较顺利，塑像的拍摄着实烦琐到让人几乎发疯，脱下每一尊塑像身上披挂着的七八层红、黄、蓝、紫的盛装，又要在拍摄完后披挂回去，第一日工作到晚上九点才下山。

回到驻地倒片时，才发现一件很不冒烟的事情——相机没有设置原始格式。懊恼之余，次日又不得不全部重新来过。好在寺庙住持很理解我的工作，没有抱怨我们的打扰，烈女祠的工作持续三日了。

2

牛村镇二郎村的招牌庙宇“二郎神庙”已经遗迹不存，其原址上立起了一幢幢农民的新居，一株千年古槐深深陷在村民房舍的包围中，巨大的树冠为树下的房屋遮荫蔽日。

村口电焊铺的一中年汉子告诉我们，村里还有一座关帝庙。

在北边盖了一溜新房但没启用的村委会大院东北角里，我们看到了门窗皆无的关帝殿，殿内地上放着杂物，东西墙上壁画损毁相当严重。不过为了不留下遗憾，我还是做了认真的记录。

天快黑下来了，电焊铺的男子上来看望我们，他说关帝庙曾经做过二郎村的大队磨坊，人毁驴踢，墙上本来很好看的壁画全被毁了。

显然，二郎村村民现在似乎既不关心二郎，也不念叨关帝，这些曾经保佑过他们祖先的神灵可能早就被村民遗忘了，眼下的

路上的运煤大卡车一辆接着一辆呼啸而过，感觉远处的山峦在车前方晃动。

一路灰尘，我希望下一个工作点是在有浓绿的山坳里。

拐了几道弯，洋气的南娄镇大酒店撞入眼帘。沿着宽敞的河谷平地走了一段，在一幢新大楼附近，导航仪报告：到达目的地。要寻的天齐庙就赫然出现在一小广场边上，我心中有一万个不愿意，也不得不打开车门把脚放到地上。

天齐庙正在维修，两侧门楼正搭着架子上彩，院子里青石铺地，两株粉红色月季开得浓艳无比。正殿落锁，前廊两山墙内侧有清末壁画。来自晋中施工队的厨师告诉我们，拿钥匙的人回城里吃中午饭了，大概下午三点半上班。见此光景，我们只好先用午饭，再作谋划。

庙外的广场上有一个不停旋转的儿童木马，边上有卖杂货的摊位和小吃店，我们嫌弃路过的车辆卷起的灰尘太大，在车上吃了些带来的饼子、黄瓜、青椒后，向西南，直驱与晋中寿阳接壤的村庄。

路上挂着河北牌照的大卡车一辆接着一辆，山间各种名称的煤矿集团、公司一路延展，烟囱、说不上用途的设备不时从车窗外闪过，路两旁绿色树叶覆盖着一层厚厚的细煤灰，大车呼隆隆过去，又卷起一阵蔽日的尘埃。

“真正到了煤炭开采区。”

看着窗外布满煤渣的矿区风景，我几乎可以肯定，要寻觅的老庙及其墙上壁画存在的可能性已经很小了。

要寻的南上社村就在路边，我在车里朝几十米外的院子里正甩着扑克的几个年轻人大喊：“村里的老庙还在不在？”围观的一个肥胖高大的青年人说："后面岔路口上去就到了。"一个穿着灰色短袖、卷起一条裤腿的精瘦青年人抬头看了我们一眼，敏感而又不耐烦地说："他们是干什么的？上去问问！"

在一个画着毛主席与放着光芒的天安门组合的照壁右侧，我们看到了一座亮新的庙宇。我还没有来得及下车，刚才搭话的肥胖青年已经光着膀子开车跟了上来。

"小伙子，你能确定里面是全新的？墙上啥也没有了？"

"向毛主席保证！全是新的！"

"撤！"我脚没落地，掉头返回。

6

返回南娄镇，左拐，进入了到上曹村大王庙的乡道。所见道路两边的风景十分复杂：落满尘土的绿树、垃圾堆、村落，路边背着书包上学的学生、步行的老人，插着"保护性耕地"牌子的农田，有烟囱但不清楚生产什么的工厂，一堆堆说不出名堂的石料，远处没有点儿绿色似乎全是石头子儿堆积起来的峰峦——这最让人难以理解，为何非要把石子儿堆成一座座随时可能滑坡的山峰？上面似乎还有推土机的身影！

我心爱的越野车，在坑洼不平的乡村公路上灰头土脸地继续向前颠簸着。远处的几十米，不，或许是上百米高的灰色石子山，一会遥远，一会逼近……又看到一处一模一样的山，同样有推土机模样的设备在顶上前后移动。

上面是矿区？我一路疑惑。

盂县南娄镇天齐庙东壁壁画全图（2014年摄）

7

过了一个村庄，好大的一个垃圾堆堆在路边，几个穿着蓝色校服的孩子背着书包从尘土飞扬的路边走过。

又过一村庄，村口同样是一堆堆垃圾……

还是河北车牌的大卡车在路上奔走。

在一泛着亮黄色物体的水坑前，车爬上了一处不算陡峭的小坡，我们到达了要寻找的地方——上曹村。

这是我们要寻的村子吗？村落似乎遭到炸弹轰炸一般，不见半个人影，刻意掀了顶的房屋残垣断壁，在小山坡上散漫开来。一群羊被围栏围着，旁边草草垒起的红墙后有两条很凶的狗在狂吠，见我有靠近的举动，它们跳起来，用爪子狂抓铁栏杆，不顾一切要拼命冲出来的样子，我紧张地站在原地，脑子里挣扎着：是跨越山沟，去撞撞运气，还是掉头返回？

“是放弃，还是继续？”我一时没了主意。

见过数不清的被遗弃的村庄，那景象只不过是人去房空，一切还是原样儿。也见过在省城周边的山村里，有人破坏性地窃取了镶嵌在坚实的老窑门面上的人工凿就的条石，但都不曾像这般刻意制造的狼藉。

当我挪动脚步，准备试探着走到对面捣毁的房子中间寻访时，助理飞快地拽住了我的胳膊：“狼狗破了铁门冲出来，怎么办？！”

我只好怏怏地上了车：“上去掉个头吧。”

“妈呀，你看对面？！”车上了山坡，坐在前面的助理惊叫。车戛然停到了一块篮球场大小的荒地上，我急急地上了小山坡高处，映入眼帘的场面让我目瞪口呆。这是一幅足够震撼人心、足够摧枯拉朽、足够气势磅礴的劳动景观：对面光秃秃的山顶似乎接住了蓝灰不明的天，上面推土机像一个小方盒子在前后移动；围着山，有一道曲折的土路盘旋到山底，几十辆或百余辆车绕着山向下移动或向上爬行；山底处，似乎有一篮球场大小黑乎乎的地块，竖着不高的架子。向下看，一条新拓展的土路卷着黄尘一路延展到我站的土崖下。

我向前移动数米，只见脚下令人畏惧的六七辆（或许更多）巨大的亮黄色挖掘机，伸开令人恐惧的大铁爪，一下下劈挖下去，然后抓取到一辆辆车上，运输到一边的山谷里。

我脑子里闪过看过的画册上红旗猎猎大炼钢铁的场面，那场面是兴奋的、色彩斑斓的、鼓舞人心的，而这以现代化机器代替民众流汗会战的场景，没有彩旗飘扬，因空间的阻隔和无法靠近的距离，甚至感受不到噪音——莫非这看似静悄悄的深山里挖山移土的场面，就是人们传说的“露天”矿区？

上曹村去了哪儿？或者上曹村到底在哪儿？我下了山向路过的骑摩托车的人打听，说继续往前面走二里路就到了。在公路边一铁焊的“上曹村”拱形门楼下，我们停下了车。

这就是上曹村新的居民点。正对大门的建筑是一排平房，粉刷的墙壁墙皮脱落，淤积的雨水把楼体渗得一块白一块黑，后面一幢幢小二层楼房一溜儿排开。一个健壮的中年男人走了过来，问他上曹村的大王庙在哪儿，他说“早就毁了！”

“上曹村到底是这儿还是山上？”

他回答：现在的上曹村是从上面搬迁过来的，福建的煤老板要在那里挖煤，在这里盖了房子，把村人全部从原地搬迁到这里，一家一幢房，另还给村里每人补了十五万块钱。村里近五百口人，花费了福建老板九千五百多万元呢。没有电视、冰箱的人家，煤老板还给配备全了。

“这福建老板还蛮不错哦，不过环境破坏了，给多少钱也不值得。”我嫌灰尘太大，只推开车门探出身子和他对话——落满尘土的新上曹村对面就是开矿堆积的寸草不生的石子山。

“环境确实破坏了，村里人在城里买了房子，搬走了。”

“老上曹村的煤矿动静那么大，是合法开采的吧？”至此，我终于明白了挖掘机的用途、那么多汽车来回奔波的目的和那小山的作用了。这里是露天开采的煤矿，人们需要把原来覆盖在煤层上面十几米至几十米的土层移动走，掘走煤，再向前开掘，如农民用铁锹翻土地一般，只不过挖煤人翻动的是大山。

“据说上面管得很严，手续该是齐全的……”壮汉嘻嘻地笑了起来。

8

返回的路上，见拉煤大车突然在蓝色金属瓦楞板遮蔽的道路一侧的豁口处消失了。瓦楞板后面是什么？不得而知。

9

观音堂村距离上曹村十多公里，但风光迥异，村前、村后绿色葱茏。村口石崖处的观音堂（重修）瞭望并护佑着河对岸（河流已干涸）石头房里村民的生活。村中心的一座大庙（村民已经不记得庙名了）依山就势矗立。在面朝短短的小古街上的几孔石窑洞上，一座仅一人可行的玲珑小石桥，别致地把庙大门和缓坡上面的民居接续了起来。石头街巷、石头房子、石头院墙、石头小山神庙等，都被村民抛弃了，他们在山下紧挨河床的地方盖了新房。

一个穿浅粉色紧身衬衫、着窄腿裤的小青年像村里的花朵一样惹人注目，他一手二指夹着上好的香烟，一手把玩着手里的打火机，无所事事地在村口小卖部里蹲着，我好奇地问他为什么没有出门打工，不到二十岁的小伙子说父母不让他这个独子去附近煤矿上班，他现在正在村里练车，准备去远点儿地方开车挣钱。

时髦的小青年看起来很顺眼，让他带我们去看看村人说不出名字的大庙，他不太情愿地带我们过了街，然后远远地指着山坡上一砖石垒起的神龛说："村里老人说那里有神仙，我害怕。"然后就掉头走了。

小青年的单纯引起我们一阵大笑。

半个床铺大的神龛当然不会有令人兴奋的奇异，窑洞上的庙宇大门紧锁，拿钥匙的人终年住在城里，从窑洞向上攀缘的后门也被封死，我只得无奈地放弃。

村子西头绿色覆盖的山脚下，高耸着几根烟囱和一丛金属设备，村民们说是当地某著名煤炭集团的矿区。听此话，我甚觉无趣，迅速离开了这个清新的浓绿和不断膨胀的欲望相互博弈的地方。

10

除了见识了露天煤矿开采的壮观场面，我们在南娄镇乡道上空转了近三个小时后，无功而返。

距镇不远处的一新居民点的马路边，一个穿着似空军一样制

南娄镇天齐庙东壁壁画局部——持幡天女图

服的中年残疾人与我们相向而行，车减速，从他身边慢慢行驶了过去。就在与他擦身而过的当儿，我无意间看到车头左侧写在一道白围墙上的两条广告，其内容令人惊异——“小姐上门……炸弹……枪……”。广告推广者大概经常更换手机，所留手机号的后四位数字，用了比较浅的颜色。

我下车用相机和手机拍摄了这两条广告。一位头上包着红头巾、穿着有翻盖口袋的解放军旧制服的妇女骑着自行车过来了，她把农具捆绑在车座位后，前面车把上挂着一只白色小桶，旁若无人地、慢悠悠且目不斜视地从广告墙前骑了过去。

这道围墙的尽头，是一个花坛，花坛的后面有座巨型影壁，上方用橘黄色琉璃瓦覆盖，正面用鲜艳的色彩画着中华人民共和国五代领导人的大幅头像，旁边辅以天安门、青松、蓝天、白云和仙鹤。一边是颇让人提神和生出幸福感的领导人头像，一边是让人哭笑不得的广告，这两个极度不能融合的内容，就这么奇妙地出现在一个有可能是新移民村的村头。

在一个能很快取得财富的资源型的地方，或许一切不可思议的东西都有它存在的逻辑和合适的土壤吧。

11

返回镇上已近下午四点，天齐庙正殿的庙门已开，里面的塑像全是新的，雕塑水平还说得过去。壁画为明末或清早中期作品，上半部分因庙宇曾做民房或其他功用，有裱糊的顶棚保护，尚完整，下半部损毁严重。

无论如何，这堂壁画还算有点价值。

镇上几个男人进来了，一面聊着庙里的过去，一面询问我们的来路。一个不算太老的大爷，很负责且不满意地低声唠叨着：“北京的专家说这是明代的，不让我们重绘，还说用灯光拍摄对保护也没有好处。”我安抚了他一通，告诉他我们用的是冷光源。大爷释然，嘱咐我们：“小心干活！”

我们边准备设备，边和几个中年男人谈笑风生地聊路上看到的广告。

“这种夸张的广告是不是有人恶搞？为了乡村形象，应该去掉它。”

“没人管是对的，真要有人管就真有人管了。”一个高个男人一语双关地说。

“挖煤已经把环境弄得不成样子了。”

“越挖越穷！现在煤都卖不出去，坑口一百多块钱一吨都没有人要，大家都快没有饭吃了。”另一个人说。

“环境好的话，还可以做农业，观光农业什么的。”

“种地？我们这里已经很少有人会种地了。”高个子男人对另一个人说，“你家那一亩多地有没有人种？”

“荒着呢。”

几个男人边聊边散了出去。

“你说的那个广告我一年多前就见过，也觉得很不合适。”为天齐庙即将到来的年度庙会赶装照明设备的电工说。

12

天黑了下来，天齐庙外广场上变得热闹非凡，小吃摊挤满了广场，儿童玩的新式电动摇摆秋千也开到了庙门前。休息的当口，施工队的厨师告诉我们，电动秋千半个月前生意还很好，供不应求，东面那家电动旋转木马来了后，排挤了秋千的生意，小客人就少了。

正在维修的庙里，有一副非常好用的铝合金人字梯，它使我们的工作进展得特别顺利，当广场变得一片狼藉、逐渐宁静下来的时候，我们离开天齐庙。

进了城，到了住的地方已近晚上十点了。

13

对于我在南娄镇看到的翻山覆地的“盛况”，我后来咨询了当地土生土长的青年媒体人。他对此不以为然，说南娄镇是能源大镇，出产煤和一种耐火材料，如果我看到有组织的或者零散的私挖乱采而破坏的村落、农田、山丘、河床，那都属于正常现象，南娄镇人要靠这些资源吃饭。后来，我又查阅了相关资料，方知道这个镇有“循环经济”和煤炭、铸造、耐火材料、焦化五大工业园区，享有目前“中国最大的硅酸盐耐火材料基地”的荣耀。

青山绿水对痴迷挖矿藏的南娄人来说，现在还不适用。不过，我相信不会很久，这片土地上就会兴起对美丽环境的追求。

14

盂县南部这几年有没有变化？我希望有。

淹没的镇口堡：一声叹息向谁说?

到天镇县南的下家屯村子里转悠了两圈，也没有发现要找的龙王庙。为了避免遗憾，问了村里两个年长一点的老人，他们的回答干脆利落：“早拆了！”

空跑了一趟，颇感失落。

返回的路上，在挂满挨了霜冻的红彤彤的辣椒地里拍摄了一群正吃着辣椒的绵羊后，我们直驱天镇北面长城下的水磨口村。

绕过天镇县，一路上的风光距离“美丽”两字，如月亮和太阳的距离——太遥远。山腰上的烽燧和山脚下东西走向的长城距离我们越近，土地就越加贫瘠：干涸的河床上，长着稀稀疏疏的小树，弯弯曲曲的树干透着饱经风霜的沧桑；直通水磨口村的乡道两边，落差不大、砂砾含量很高的梯田里，有人赶着牛耕地，有人在田头边牧马边忙着收秋。

到了满是倾倒着煤渣的村口，穿过一条明代城砖垒起的小巷子，见到了我们寻访的拍摄点。

从刷成朱红色的外墙上看，我们所寻找的龙王庙刚修过，村人可能为了取道方便把庙门改到了西南角，街斜对面有一座重新翻修过的明清戏楼，除了地点和样式外，梁架、卷棚顶等全是新的。龙王庙和戏楼原来是在一个院落的，今人为了行走便利拆了庙墙，在其间修了村道。

庙门落着锁，我问在庙院一侧北墙根晒太阳的两个中年男人，村里谁掌管着庙里的钥匙。

“后面最东头找瑞祥妈开门。”

“是瑞祥妈妈家吗？”我在庙院后最东头、挂了一大串新玉米穗的小院子门口喊。

“啥事？”一位很肥胖的大娘出来应答。我说了我的请求，她没有多问，转回低矮的房屋取了钥匙，一摇一晃跟我出了门。

这是一座规模不大、格局局促的庙院，正中央龙王殿里壁画损毁严重，除了北墙中央、原神像后的一块尚能分辨清楚是龙宫漂亮的乐伎和北面东侧的几个神像的头颅外，其余都已经漫漶不清。不过，从仅存的几个女子的衣履、头饰和面部轮廓来看，这堂清代壁画在大同龙王庙体系里仍属上乘。

我们在龙王殿拍摄的消息很快就让村里热心保护文物的老人知道了，一位个头不高、身材轻盈的老汉进来了，他热情地告诉我村里的城隍庙也刚新修过，很漂亮，一会带我去看看。然后，他上了神台，为披挂了红布的三尊彩色陶瓷小神像（好像是观音菩萨）清洁灰尘。他一边用地上的红布拍打着，一边数落着村人不恭敬“神老爷”的话。掌管钥匙的大娘正坐在当院一块断碑石上晒太阳，听到他的抱怨，在外面大声嚷嚷了两句，不同意他的说法。

换镜头的空档，我问大娘村里人还信不信龙王，来不来庙里求雨、敬香，她没有正面回答，只说“娘娘殿里的香火旺”，随后给我开了东边娘娘殿的门锁。

镇口堡（水磨口村）龙王庙正殿北壁残存的乐伎图集和今人所塑的龙王像（2014摄影）

我进去看了一眼，笑了笑，立马退了出来。

娘娘殿里一座塑像是重塑的，或许出自民间最笨拙的艺人之手，其造型丑陋或粗俗得可谓“登峰造极”，披彩挂红的娘娘和她的女官、侍女们，脸上抹了惨白的白粉，描画了不流畅、粗细不均匀的核桃般形状的黑眼圈，用毛笔点了小小的黑眼珠——这让我立即想起了母亲在世时每年七月十五蒸的后脑勺扁平的面娃娃，她总是用两颗黑豆子做面娃娃的眼睛，又用剪刀在生面上剪出面娃娃的眉毛。

我问大娘龙王殿里的壁画为何毁坏成这个样子？

“这里解放后作了村里的学校，五颜六色的图画，当然会引起娃娃们在上面刻画涂抹的兴致……”

在殿里清扫卫生的老汉灰头灰脸地出来了，他说他小时候就是在里面上的学，龙王殿是老师们的办公室，南殿宇是他们的教室，原来的西厢和南房都拆了，我现在看到的，都是村民一点点筹钱新盖的。

刚出庙门，一位脸色黝黑、中等个的大伯走了过来，他穿着蓝色中山服，戴着蓝呢子有檐帽，问我是不是文物局的，能不能给上面捎个话，关注一下他们村里的古建筑和这个还有点儿壁画的庙宇。我说我只是把还有点价值、没有被破坏殆尽的古物都拍摄回去，不是文物局的人。他说要是省里的文物部门能关注或把村里的古建列入保护范围就好了，哪怕给两万块钱，再好好修一下庙宇。我直爽地告诉大伯说，山西省我走了很多地方，见过太多的古建筑和比这价值高了去的庙宇，水磨口的这个庙损毁得很严重，怕是很难列入省级文物保护规划，县级的或许有点可能。大伯说县文物部门也行，局长能关注就成。我去过在县种子公司楼上办公的县文物局局长办公室，他对资金的需求和表现出的节俭，早让我和山西省古建所的一位总工程师有所体验，估计局长先生不一定能为仅留有几平方米模糊不清的清代壁画的地方筹措两万块钱。不过我还是留了大伯的电话，答应在适当的时候，把他的愿望转述给县文物局局长，或许能出现奇迹也说不定。

大伯说村北头还有城隍庙，带我去看看。掌管钥匙的正是刚才收拾龙王庙的老汉，听说要去他看管的地盘上，他拿出拴在裤腰上的一串钥匙，捏在手里，自豪地赞美着他看管的城隍庙："很漂亮！你看了就知道了。"

从水磨口供销社大门口往北，一条不宽、两边多是明清古建筑的街道尽头就是刷了红漆大门的城隍庙。打开锁，窄窄的院落台阶上就是村民新修的殿宇。穿制服的大伯告诉我，城隍庙重修工程是他带头筹钱维修的。他指着小东厢房门额上挂着的一个贴着请佛布施者名录的木匾说："这是当时请佛时村民筹钱的数目和施工情况说明，村里穷，筹集的钱不多。"我仔细看了写在黄纸上的记录（2003），发现捐资金额都很"庞大"，最高五十元，最低一元，有二十七位捐资者，请佛总筹资二百三十元。我心里想：这么一笔"巨额资金"，还不够城里人到像样子的饭店吃一条稍许有点名堂的鱼。

城隍庙殿宇的分配可能和原来的不太一样，正房中央是供奉菩萨的大雄宝殿，东是关帝殿，西是城隍殿，里面都新造了高大的塑像，水平和龙王庙娘娘殿的不相上下。大伯拉亮了塑像顶上的电灯，还按响了一个橘色小音乐盒子，里面播放着其他佛教庙宇经常播放的那种诵经的音乐。

说实在话，从艺术的角度讲，这些被大伯极度珍爱和受村民供奉的塑像实在和我心中的艺术扯不上关系，但看了捐资表后，我就把这个问题撇到了一边——这些神像的造型能让艺术家笑到岔气，但就这等水准也已经是水磨口人能负担的极限了。水磨口村及周边的善男信女为城隍庙陆续捐资、供奉两万五千元（贴在墙上的功德人捐资记录合计），按照当下流行的行业规矩（2016年），即使把所有筹款给那些大师或者稍有点名气的师傅们，也会被他们认为是大不敬和受辱没的。那些大城市甚至省城太原的大艺术家就更不要提了，连念头也是绝了的。几年前就听说广州的塑像大师塑像按米计价，每米二十万元（大概是按高度计算）。按照我想象的造像水平，城隍庙的三尊塑像合起来最少也需要八九十万，这个数字对当下的水磨口人来说，也是极其吓人的，更甭说十多年前了。

给守护水磨口人的菩萨、关公、城隍行了礼，掌管钥匙的老汉小心地整理着披挂在塑像上的彩带，我则恭敬地在每一个贴了红纸的纸箱里投了一张百元纸币后，方到西侧的地藏殿里观览。小小的地藏殿里没有什么，地藏王像等都是打印在布上挂到墙上的，虽很简陋，却也足见水磨口人的恭敬了。

出了城隍庙，拐上一个小坡就看到了不远处的长城。

距离村子最近的长城已毁，在山坡上只剩下沐浴在阳光下的一个巨大的土坎，一位年轻妇女正在城墙下的山坡上牧羊，顶着金黄色树叶的大树和上下游动的羊群，倒给那一小截略显凄凉的长城增添了值得回味的魅力。

大树下面，有几个妇女正坐在一块地里扒玉米，她们的前下方，就是宽十多米的河滩，细细的河水与满是鹅卵石的宽阔河床很不搭。河对岸的长城沿着山脚缓缓地爬上山坡，顺山势左拐，向东

镇口堡（水磨口村）村北残留的明代长城（2014年摄）

镇口堡为明嘉靖二十五年（1546）设，隆庆六年（1572）包砖，城周“一里二百二十步，高三丈五尺”。此堡驻守备，分守长城“十三里，边墩二十三座，火路墩四座”。隆庆年间，俺答汗部由此入犯，曾使大同全镇告急。

蜿蜒而去。

毋庸置疑，从这个断开的长城豁口处一直延伸到山沟深处的乡村公路，就是通往内蒙古的小道了。

“水磨口村原来叫镇口堡，城堡没有拆之前的堡门上，巨大的砖雕‘镇口堡’三个字刻得清清楚楚。不知道什么时候村名被改成了‘水磨口’，难听，又没有历史韵味……”穿中山装的大伯说。他对此颇有些情绪，很不喜欢现在这个土气、没有丁点儿历史含义的新村名。

镇口堡北面的长城烽燧密布，在此越山跨河，全因这两山之间至今仍流淌着河水、直通到明朝时期蒙古人营地的一条沟。为了对付经常从沟里出没的蒙古人，明朝在此设堡屯军，防卫蒙古军由此长驱直入，下到大同乃至山西腹地抢劫。穿制服的大伯比画着说：“房屋之间夹着的一段土墙就是原来城堡的北墙基。过去，堡里除了城隍庙、龙王庙外，还有马王庙、三官庙等七八个庙，不长的南北大街两边都是明清时期的老房子……1949 年后，村里人开始拆城砖、挖城墙。拆的城砖都盖了房子，垒了院墙、鸡窝、牛圈等，城墙里的土则被挖去和了泥……”

堡墙挖完了，镇口堡也就在村民的视线中彻底消失了。

镇口堡不复存在，人们开始瞄准不足五百米远的长城，断墙取土和煤泥、修房子，村附近的一段长城不复存在。

村里那些用明代城砖建起的房子，既缺乏堡里现存明清老房子的坚固美观，也没有老房子那样流畅好看的房顶，更没有表现村民生活情趣的花格窗棂。村民的经济状况稍加改善后，这些房子立即遭到了抛弃，他们都搬到了外墙上挂着从砖缝里挤出水泥团子、丑陋但足够高大、冬季保温差的硬山顶红砖大瓦房里。

镇口堡或者水磨口村从北向南依次是：明清和民国时的老房子；用明代城砖垒砌的简陋、低矮的房子；现代人盖的红砖房子。三个时代，层次分明。

“当时要是不拆，我们这里是多么好的旅游地，后面是长城，前面是城堡，再前面是大片庄稼地。哎……”大伯脸上流露出不易察觉的无奈和忧伤。

望着堡内苍凉的风景，我似乎感知到了大伯对曾经存在的镇口堡的深深眷恋——她曾经庇护这里村民，与这里的山水、草木共度了四百多年，却被保护者的后代毁灭了。当她永远地湮灭在历史中，片影不存时，一位目睹过她芳容的少年却记住了她——镇口堡，是大伯的爱，也是他永生不能抹去的痛。

从长城豁口处再回到堡内，穿中山装的大伯一路无语。

无情的岁月带走了往日边关古堡的硝烟，也带走了古堡曾经的荣耀。一代人毁掉了充盈在这块土地上的坚守与豪气，留下的却是无奈、平庸和无法拯救的一片狼藉。

几个小学生在老街上玩闹着。

村中央空旷的地方，两个中年人还在晒太阳。

我告别了穿中山装的大伯，驱车离开了这个本应该受人抬举爱戴、如今却荒凉无名的村落。

镇口堡无语。

宁武古城的故事

宁武西望黄河，北瞰塞北平原，曾是一座朝廷牵挂的边城，也是每一个山西人都知晓并惦记的地方。其境内不仅有孕育了山西文明的汾河、桑干河的发源地管涔山及其间的原始森林、马仑草原、天池、万年冰冻，还有悬崖上的古村落、古栈道、长城、城堡等。我喜欢马仑草原的浓绿、悬挂着朵朵白云的蓝天，也喜欢天池边上隋朝皇帝宫阙遗址里流出来的真假参半的历史故事，更喜欢山沟里的朴实农人和驴车在河街上叮当走过的风景……

1

与这座坐落在恢河北岸、依傍着山峦的小城的缘分是 2009 年开始的。

那年秋末，在结束了雁门关一带的文化考察后，N 先生把我送到了宁武，他的宁武朋友在饭桌上大口地喝着酒，很豪爽地答应 N 先生照顾好我在宁武的行程，大概这宁武的朋友觉着我这个“伪江南人”是来小城闲逛的，醉意朦胧间诚恳地告诉我：要先在城

宁武迭台乡西沟村的早晨（2010年摄）

西沟村的古建筑保存基本完好，村前的河流曾经宽敞急喘，临河的街上是一排甚为华丽的明清古院落，是宁武至今保存最好最完整的一座明清古庄园。

里好好转转。

次日，阳光洒满小城，我上街探寻期待中的文化遗存。

街上的风景和卫生令我惊诧。一种在其他地方不多见的红色三轮出租车左冲右突、毫无顾忌地在街上行走或扎堆停在道路上，裹挟着尘土的秋风把各色塑料袋吹到了街道的半空中，上下飘摇，卖饼子的、卖水果的、卖杂货的摊位拥挤在狭窄的老街上；巷子里的生活污水流淌到大街上……我无甚兴致地转悠了一圈，折回居住的县政府招待所。在招待所大门口，让我更惊讶的一幕出现了：一个路过的中年男子，直接走到招待所铁门与墙角的接合处，挺起身子处理起了内急——这场景留在我脑海中长久不能消散。

或许我寻访的地方不对？

下午，我约了事先联系过的宁武文化名人马先生，请他带我去看看小城奥妙之处。马先生先带我看了城东面的一段古城墙，这段夹在居民房中间的城墙，只剩下一道土坎。他说上小学的时候，县长亲自号召并带领他们拆了宁武古城，所拆下的城砖建了城里的人民监狱、民居的院墙等。

马先生又带我去看了一座城里仅存的明代古桥。精致的石拱桥连通了古城里两个小山丘上居民的生活，桥一侧上的“永济桥”三个字清晰可见。桥下的河流已经干涸，煤渣、居民生活垃圾几乎掩盖了桥洞。河床两侧的土路上，满是塑料袋、废纸片……汽车驶过，尘土飞扬。

我用围巾包住头，在小桥前仓促留了个影，迅速离开。

在老城里，我看了几处气息尚存的明清院落和古建。县农机局大院里有一明清大户人家的几间厅堂和小姐绣楼；百户街上一座七进的明清旧宅，十多户人家分割而住，一大部分房屋塌陷的老院里，三间雕梁画栋的北房支持着一个老妇人凌乱的独居生活，院子的青砖缝隙里长着一棵肥硕的包心菜……在百户街（现在叫人民大街）上的宁武中学里，维修过的明清文庙大殿的红墙飞檐在午后的阳光中闪耀着光芒，大殿与围墙间的空地上垃圾满地、污水横流。我踮起双脚观望后面一座清代八角楼——角楼西侧的几间平房里住着几户教工家庭，两个小妞儿围着八角楼捉迷藏。八角砖楼有木隔扇，有好看的黛色瓦顶、橘色的外墙，只可惜周遭不甚美观的环境，实在与其风流蕴藉的形象很不匹配——学校的环境没有维护好这座城里学子的基本体面，这让我很不理解。踩着垃圾和污水出来，我发誓不再向这个地方多看一眼。

尽管有马先生的热心介绍，但小城不甚讲究的蓬头垢面的样子，给我留下了非常糟糕的印象，我仿若一个远途而来的、爱虚荣的相亲青年，拒绝她成为我的“新娘”，即使她优厚的资产吸引着我的“家族”，我也决心瞒天过海，把她雪藏起来。

我没法和这个小城建立起感情。

2

没有魅惑的外表，对热情的激发显然是没有好处的。

不过，我来宁武的目的是十分清晰的：要寻找她值得被铭记的历史和曾经的辉煌，要发现她被遮蒙的美妙。我需要和她搭建起一种密切的关系，使我的感受不被现实的难堪所扭曲。对这个小城已经爱到骨子里的马先生总叙述着她以往的骄傲，这对促使我冷静地阅读她、审视她很有益处。如果我不是一个只盯着靓女脸蛋的肤浅青年，就得理性地了解她的过去。

追寻小城的历史耗去我不少时间——

唐朝末年，地方势力割据。各地军阀藐视朝廷权力的存在，相互混战。出生在神武川新城（今山西应县）的职业军人——沙陀人李克用(其姓为唐朝皇帝所赐)，随父南征，因剿灭黄巢起义军、镇压其他军阀有功，被授予晋王。曾为黄巢部将的朱温阴险老辣，先降唐，后得势、坐大、灭唐。李克用决心光复大唐，在朔州设振武节度使，在辖县马邑设兴唐军，在汾河边上的宁化古城（今山西宁武西马坊乡宁化村）设宁武军。

自此，此地方有宁武之称。

明天顺八年（1464），年轻的皇帝朱见深与照看他长大的宫女万氏陷入了一场惊世骇俗的爱情，他甚至不惜废除大婚方一月的吴皇后，要让长他十七岁的万妃成为他的后宫掌门人，即使太后强势阻挠，他与万氏的亲密度也没有降低毫分。在皇帝兴奋的当口儿，山西巡抚都御史奏请朝廷宜在宁武一带置关屯戍，以防御北面崛起的蒙古人，成化帝立即批准了山西巡抚的奏请，在雁门、偏头关之间设宁武关，从太原、平阳（今山西临汾）调千余名官兵轮流值守。

宁武关城由此而起。

作为军事防御用途的宁武城异常坚固，不易摧毁。明孝宗末年，明朝的北面不断受到蒙古人的骚扰，新任山西巡抚因时势所需，扩建宁武城，护城周长七里一百二十步，筑墙高二丈五尺。东、西、南城墙宽丈余，北面城墙宽逾二丈，城墙上有敌台、缴舍、阁楼和一千七百二十个垛口。城设九门，下有护城河，四处各有桥掣。

至明嘉靖年间，城内已经有千户所、都察院、户部分司、兵备道、布政分司、总兵府、守备府、通判行署、盐牧同知馆、万亿仓、神器库、宫学等各种机构。

万历三十四年（1606），尽管朝廷财政捉襟见肘，但还是从国库拨款，用砖包砌宁武城——一个更加坚固的宁武城，风度潇洒地挺立在滚滚东流的恢河岸边。偶游至此的文人墨客，眺望城南面仿若凤凰腾飞的凤凰山，美名古城为“凤城”。

当住在归化城（今内蒙古呼和浩特）的蒙古人与明朝达成和平协议后，古树遍地、翠绿环绕的宁武城里，一部分军人操练军事继续屯边，一部分军人带着家眷开垦种地。一个农业、商业迅速蓬勃起来的小城，过起了阳光灿烂的日子。

万木吐翠的时节，城里军民扶老携幼，至城外踏青，上城楼观恢河激流，过木桥看城河荡漾、鱼儿穿梭。

宫学里书声琅琅。

练武场上刀光闪闪。

……

一个美丽、温润的小城在青山绿水间悠悠地成长。

3

当明朝和蒙古人像兄弟一般过着互相安宁的日子时，被蒙古人灭掉的金朝残余、东北的后金部落却不甘寂寞地就地壮大了起来，他们不甘屈居在明朝之下，生出了重新入主中原的想法。

1616年，当万历帝还在深宫里和他的臣子们闹着别扭的时候，比他年长四岁的努尔哈赤在东北建立了后金政权。第三年（1618）努尔哈赤发布了讨伐明朝的檄文，在边陲小城上演了蚂蚁吃大象的戏码。万历帝死后的第二年（1621），后金攻占了辽沈。1625年，努尔哈赤定都沈阳。次年在宁远之战中受伤，几个月后归西。努尔哈赤第八子皇太极继位，他与被征服的漠南蒙古人联合起来攻击大明。1636年，野心爆棚的皇太极，改国号“金”为“大清”，正式建立大清王朝。

4

当明朝正震惊于东北战事的时候，它的腹地受到了意想不到的致命一击。

由于边患、天灾等危机，民变首先在陕北、山西等地爆发，这场持续了十余年、靡乱十余省的内乱，摧毁了明朝的根基。几经沉浮的李自成部，成为其中势力最大的一支力量。1644年正月，当镇压关内民变的明军主力几乎全部北上抵御清军猛烈进攻的时候，李自成不失时机地在古城西安称帝，建立了大顺国。

称帝一隅不是闯王的抱负，他要到崇祯皇帝待着的北京和自己曾经高不可攀的皇帝进行谈判：要么和大明分割天下、做个不受辖制的王，要么成为紫禁城里的主人。

怀揣着与崇祯帝谈判的急切心情，李自成带着二十万大顺军渡过黄河北上。月余（当年的二月）到达了太原。

宁武即将迎来一场大战。

5

李自成到了忻州时，忻州的守军打开城门欢迎了他的军队。闯王进行了粮草补给后，立即奔赴千年古城代州。

代州城里的守将是新任山西总兵、有硬汉之称的周遇吉，这个职业军人带着寥寥数千人（据说五千人左右）拼死抵御李自成的二十万人马。双方苦战十余日，闯王损兵万余，代州城仍坚不可摧。

恼怒的农民军领袖遂命农民军从四面八方团团围住古城。

已弹尽粮绝的周遇吉，突破包围，带领属下奔宁武关古城，他要凭凤城北依山、南靠水，东、西狭长的地形和连接关墙的长城，与敢于挑战大明王朝政权的农民军决一死战——宁武关最著名、最惨烈的朝廷军队与不满朝廷治理的自发组织起来农民部队的战争在大明勇猛的职业军人和从不抑制其情绪的米脂农民率领的队伍之间展开。

山西总兵退守到宁武城，按逻辑上说李自成北上入京的道路上已经没有太大的阻力，他完全可以略过宁武，快马加鞭北上。可能是担心周遇吉攻击他军队的后尾，也可能是与这位大明将军的前恨难以释怀。总之，李自成没有选择径直向北，而是决定绕个弯，向西从阳方口入宁武城，决心拿下周遇吉和他那支规模不大但勇敢善战的部队。

闯王对周遇吉的刻骨仇恨是有渊源的。

几年前，当他在河南辗转作战时，周总兵就是围剿他的悍将。周总兵曾与代州籍的一位著名将军合作，让他手下八百多兄弟丢了性命；在光山（今河南光山县）打败了张献忠，招降了他手下好几位将领及万余名农民兄弟；在其他几个地方又杀了他两千名士卒。这位熟读史书的总兵调到山东后，仍没有让这位气焰旺盛的农民领袖过上好日子，生擒了他两位能干的部将……在镇压李自成的农民军方面，周总兵战功卓著，得到朝廷的赏识。

闯王带着农民大军北上，朝廷立马派官员帮周遇吉商议抵御良策。可这位官员莅临山西后，不出良策，反劝说周总兵识点时务，投降了事。周总兵怒不可遏，一刀结果了那个识时务的官员，坚决阻击看似锐不可当的农民军挺进北京城……

势头正劲的大顺皇帝估计越想越生气，遂率军追至宁武城，决心要把周总兵干掉。

闯王先期制造了恐怖的舆论：不来投降，就血洗宁武城！

周总兵率部下昼夜操练，严守关城。

闯王和周总兵作战毕竟吃过亏，知道这不是个好对付的主儿，其手下的兵卒都是以一当十、不惜命的生猛人物，他生出一个爱惜人才的想法：如果能把周遇吉拉到自己的队伍里来，也是一件十分美好的事情。于是，派周总兵的舅舅持着他的信去劝降。闯王没有料到，其舅还没有到达对话地点，就被他的外甥派人杀死在城外的高岗上。

气愤的闯王立即下令：大军包围，攻城！

于是，密密麻麻的近二十万农民军开始围攻宁武城。

周总兵架炮于城墙上，日夜发射。

农民军冒着炮火攀梯而上，城上守军夺梯抗击，攀登者坠地而亡。

农民军又在城下挖洞进入，守军又从城上扔下火把阻击。在炮火的掩护下，农民军在城墙下挖开的口子，一次次被守城官兵用土袋子堵了起来。

好不容易东门被攻破，周总兵又率军在城头拼死反击，农民军又死伤万余。

李自成看到周遇吉和他的将士们不要命的架势，一度想放弃进攻，还是他的部下给了他鼓励：咱们人是他的几十倍，人多势众，怕他不成？

城内军民亦伤亡惨重。

《宁武府志》记载：“遇吉身独战，身亦重被十余创，遍体血流，遂为所缚。贼怒气杀戮过多，集众射之，众矢丛集而死。”

周将军死后，其部下骁将继续与农民军大战，直至血洒城头，停止呼吸。将军的夫人也是女中豪杰，率领家仆、女眷登上家门屋顶，射杀敌军，箭尽，与家人一起纵火自焚。

周遇吉殉国后，宁武城民众为其致哀，并葬其于宁武城的东门外。

李自成终于杀了他的对手，攻破宁武城，赢得了这场北上路上的胜利。不过代价是巨大的，他心里并没有为此爽快多少，就为了一个让他仇恨难消的周遇吉，他的大顺军伤亡数万人（有史料上说七万人），实在有点得不偿失。他并不怎么正规的大顺军，一路上见的多是送降书的、开城门迎接的，哪里见过周遇吉这等人物，这损失超出了他的想象。他在宁武城抢掠了一番后，气愤地继续北上。

之后，他没怎么太费劲就到达了北京城。

崇祯帝在紫禁城后的煤山上自缢，大明亡。

接着，屁股还没有在皇位上坐热的李自成，又被入关的清军赶出了北京。

沿北进的路线返回陕西后，李自成的“夺取江山之旅”就此终结。之后，战死于湖广九宫山（一说逃脱后在石门夹山寺出家为僧）。

顺治帝登上了紫禁城的皇帝宝座，开启了大清王朝的新时代。宁武关由“边关”变成了“关内”，没有了战争的威胁，抹平了闯王进攻时所遭受的创伤，宁武城步入了长达两百多年和平稳定的发展时期。

6

清乾隆时期，山西都督佥事副总兵王元到宁武任职，他拜谒周遇吉墓时，阅览了前人为周总兵写的墓志，潸然泪下，久久不能平静。皇帝赐名“忠武”的将军祭所里只有残碑一座，王元看到这一切心里非常难过，把这件事布与同仁，大家都认为应该对周总兵的墓祠进行修缮。于是，招募工匠，购买材料，重修坟茔，并另建忠祠三楹。这位清朝的官员在修完将军祠后感叹道：“我公忠肝义胆，如日星天，如河岳附地。画栋雕梁，何足为公荣？考钟伐鼓，何足为公重？第使往来其地者，睹庙貌之崔嵬，而肃然起敬，曰‘此故明忠臣宫保都督周公之祠宇’，而奋企仰止，知烈日秋霜之气，千古如生。”他修祠的目的很明确：一是表达对周总兵的敬重，一是“维持纲常，激扬末俗”。他在碑文中表示，希望后来的继任者能对周总兵祠时常修葺，保其完好，云云。

太原府中路同知张大典在南方任职时，就听闻周总兵的事迹，以没有机会凭吊忠魂为憾。为官宁武后，即刻去周总兵墓前祭奠。在读了前任的碑刻、做了实地调查后，觉得光建庙堂还不够，香火不续，等同于无。而靠奉捐，不足以慰藉在天忠魂。为此，他做了长期的规划：募捐银两，置地盖房，以资护祠，祭祀忠魂。张同知认为：在他生活的那个时代，要发扬光大周总兵为国捐躯的精神，长期祭祀并记住周总兵的事迹是很有必要的。

到了乾隆十年（1745），宁武当地官员向上级申请后，祭祀周总兵成为到宁武任职的官员必需的一种礼仪活动。乾隆十三年（1748），到宁武任知府的浙江人周景柱（《宁武府志》的主要编修者之一）到庙里拜谒时，“见东西壁画当时与贼战守及死节状，拜奠加肃，退为之碑，刻石置庙中”（可见当时庙里还有壁画）。

自 1748 年（《宁武府志》编修时间）到上世纪下半叶，有关当地人对周遇吉的祭祀情况因资料缺乏，不得而知。不过，在有限的几篇祭祀周遇吉的碑文中，我们能发现一个十分有趣且值得关注的现象：对于为清政府进入北京统治中国作出了巨大贡献的李自成，他们没有给予丝毫的尊重，而轻蔑地称其为“贼”；对于效忠大明王朝的周总兵，他们修庙祭祀，奉献了足够的尊敬。

7

夕阳慢慢滚落到远处烽火台所在的后山上。

我在马先生的带领下，去城北的山上拜访了周遇吉的墓，墓园荒草萋萋，荆棘丛生，坟茔上方的石牌坊尚在。能了解其事迹的碑刻、祭祀的庙宇等，则在二十世纪七十年代被宁武人亲自捣毁。

时过境迁，人们逐渐认识到：国家演进的历史是一个民族必须冷静面对的现实，而非可以被暴力清算或唾弃的片段。几近断流的恢河北岸上的关城文人，开始关注这个为小城献出全家生命的英雄——虽然他们很少会拿一束鲜花供于墓前，但也已经是一个很大的进步。

今日，如果你是一个历史的寻觅者，宁武人一定会带你攀上北面重新修起的护城楼，俯瞰宁武城风光。也一定会把你带到护城楼北面的周遇吉墓前，向你叙说这一段历史，并再次献上他们对周遇吉的敬仰。

8

没有战争的忧虑，也没有什么重要的军事防务，边关原来大量戍边的士兵在训练之余，把大部分精力投入到土地的开垦上，他们虽为军籍，但耕地开荒，俨然与农民相差无几。于是，清雍正三年（1725），山西巡抚向朝廷提出了对驻军部队编制进行裁撤、实行军转民的改制，同时为方便宁武一带各县的行政管理、民事案件处理、读书人读书考校等，建议在宁武设府。

兵部会同朝廷各部门进行了商讨后，认为现在的地方官员的选择和任命，较以前已经发生了巨大的变化，武职人员担任地方重要行政职务已不合时宜，为了改变军民不分、军方僭越权限的混乱局面，将宁武关改为宁武县，属代州，接受山西巡抚的建议，将宁武所改为宁武府，建宁武县为附郭。

裁军、行政区域改革，使整个山西原来的防务体系发生了巨大的变化，一些军堡、隘口虽然仍然保留了一些军人驻防，但基

宁武老城里等待拆迁的旧民居（2015年摄）

本上只是作为一种象征性的军事存在，远离边防线的军人驻扎在明朝时期建设的军事基地上，心理需求远大于实际意义上的需求。由于府城的设立，集中了一区域的行政、教育、经济等各方面资源的宁武，迎来了其有史以来最风光的时代。

很多涉及政府管理、公众道德修养、地方人才培育的设施建立了起来，至乾隆十一年（1746），宁武城已经成为一个商业繁荣、店铺林立、庙宇密布、官署堂皇、府学规模宏大的山西知名府城。这时候，城中心有三重楼的鼓楼，有五进院落的府署，有堪称巨大的府学、守备署、考院、书院等，城东北有城隍庙、关帝庙、火神庙、万亿仓等，正对南门有两大牌楼、节孝祠和气派不凡的万寿亭等，城西北有祭祀孔子、名宦、乡贤的文庙（县学），周总兵庙，城西有宁武县署等，城外有校场、牌楼、先农坛、历坛、社稷坛、南坛，等等。

那时，夕阳西下，站在城北山上的护城墩向下看，城内景观美妙如画：城墙、城门上的十五座二三层飞楼仿若巨燕凌空欲飞，巍峨壮观。城内亭台、楼阁、牌坊、庙宇规整有序。民居院落鳞次栉比，街道上游走商贩吆喝地做着买卖，妇女携儿带女到大庙里求神拜佛。青年才俊在府学里高谈阔论，大谈儒学。宽阔的恢河泛着金光，在南门外欢畅地流淌。南山的农民牵牛耕种……从清朝到日本人踏进宁武城前，山水滋养下的宁武人始终保持着文化气息浓厚的生活格调和悠然自在的生活方式。

9

我随马先生到了宁武著名的寺庙——延庆寺，站在墙外的土坎上向里面瞭望。我没有看到他叙述的“华北跨度最大、最高的窑式大殿”，倒是从土坎边上看到院落荒芜的风景和土坎下临时围拢的墙角里存放的石人、石马等。

创建于明万历十八年（1590）的延庆寺坐落于宁武北城墙下，背依华盖山，俯瞰宁武城，曾经是塞北名闻遐迩的大寺，自创建至大部分建筑毁灭，香火一直很旺盛，每年都举办规模盛大的龙华会（因扎团花装饰飞龙，又称龙花会）。庙会期间，万人聚集，佛事庄严，附近乃至河北、内蒙古受戒的僧侣也都慕名前来参加辩经论道。

日本人来了以后，摧残了延庆寺，使其一蹶不振，龙华会从此停办。

二十世纪七十年代，寺庙遭到了更严重的损毁，大门、钟鼓楼等一些建筑被拆除，万历十二年（1584）铸的重达三点五吨的铁钟失去了踪影……幸运的是藏经楼上落满灰尘、藏着经书的八只大柜子在从此寂寞的庙院里静静地度过了十几年的岁月。直到80年代，有人闲来无事游逛到已经荒废的寺里，六千二百三十四卷册明代刻版的、保存基本完整的《大藏经》才被发现。

延庆寺大门落锁，无人值守。

当我不吝笔墨追忆宁武古城时，或许新生代的宁武人会感到疑惑或难以置信：宁武原来是这等妙不可言吗？如果没有实实在在的文字的记载，没有那些凤毛麟角的古迹作为印证，恐怕很多人会认为那些曾经令人骄傲的存在只是文人杜撰的故事中的一些细枝末节吧。

宁武乃至整个中国在历史的变迁演绎中失去得太多，得到的滋润太少，一个交通并不发达的山中古城的衰落轨迹与中国在二十世纪跌宕起伏的多舛命运有着密切的关联。伴随着古迹消失的，则是中国民间文化在某些领域的消弭，即使当今的人们千呼万唤，仍是魂不附体，无法恢复其原来的精神面貌。

10

宁武城首次遭遇大规模破坏无疑是 1937 年日本人踏进城的那一刻，城里车马喧嚣、人来人往的繁华场景戛然而止，但日军还是攻占了宁武城，他们在宁武古城里疯狂地烧杀、肆意地破坏，短短几天就有四千余名无辜百姓被杀，八十多处院落及八座寺庙被烧成一堆瓦砾。日军任命的伪县长（于 1952 年被处决）为了满足其烧火做饭对柴火的需求，先拆毁了六座屹立在古城城墙上的明代城楼，然后又逐步将城内娘娘庙、城隍庙、关帝庙、马王庙、真武庙、文昌庙、太公庙、火神庙、岳庙等十多座大庙拆毁。

宁武城顿时失去了往日的生机。

见证宁武城曾经雄壮和繁荣的一切化为乌有。

后来又有人突发奇想，倡议在宁武建立起了无铜、无铁乡村——不知当时“无铁村”农民犁地是不是用铁器，一公社还组织了五千多人，修了一段木轨“火车道”——当然真火车没有在上面行驶过。

1958 年，又发生了一件让宁武人至今悔恨的事情。

那时候，全县各种“牛鬼蛇神”都被揪了出来，需要更大的看守所容纳这些需要被教育的人。有人出了“奇招”：拆城墙，建监狱！结果在时任县领导的亲自带领下，宁武明代北城门被拆毁，建了一座在当时看来还算坚固的看守所。这为人们随意在城墙上取砖盖房、垒院子开了一个很坏的先例，宁武古城彻底消失的历程就此开始。

明代将军带领民众千辛万苦地修筑古城，是为了抵御蒙古人；生活在新中国的宁武人拆城砖，是为了尽快过上好日子。不过，当年让宁武人自豪的明代古城，就此成为历史，逐渐在人们的视野中消失。

后来，宁武又掀起了“破四旧”的风潮……对城里寺庙塑像、文物古迹、雕刻石碑等进行了风卷残云般的破坏，宁武人的家庭陈设、女人的嫁妆、演员的戏服等进行了彻底清理……人们似乎要让他们赖以生存的地方赤裸裸地回到农耕文明以前，似乎要把生养他们的地方变成文化从没有滋养过的地方。

六百多年的宁武古城，历史魅力不再。

前两年，为了发展旅游，宁武人用仿制的明代城砖修了一段北城墙，也算是对古城的一种缅怀吧。

11

在街巷里遇到一位照看孙子的妇人，她说当她还是个年轻媳妇的时候，古城南门外的恢河边曾经绿树成荫，有大片的菜地，她常和一帮媳妇们去宽敞的大河边洗衣服，十几岁的孩子们则光着身子，在河里洗澡、打闹、摸鱼（现在几乎已是干枯的河床）……

看着以地下煤炭资源而形成的粗糙繁华，端详城中心那些歪扭欲倒的老建筑，我无论如何都不会把曾经那般富足、散发着古典气息又带有英武气质的宁武古城，与眼下这般景象联系起来。

后来，我又三次到宁武寻访古迹，但我刻意保持着和她的距离，不想再知道她的过去，也不想再和她有丝毫的亲近。

12

前年（2014年），我看到作家赵瑜写的长篇报告文学《寻找巴金的黛莉》，书中载录的一条1946年7月30日新华社发布的消息引起了我的注意，并颠覆了我对宁武县曾经繁华程度的认知，其内容为："在晋绥分局领导下，宁武县政府接受群众要求，将赵廷英、南桂馨等人的土地10000余亩，房屋2500余间，全部没收，分配给贫苦农民。"10000余亩地、2500余间房子，这是什么概念？宁武望族拥有的财富，超出了我的想象。

出现在消息中的两人绝非等闲之辈。赵廷英为宁武赵家老六，与五哥赵廷玉一起曾就读于北洋政府的保定陆军军官学校第五期步兵科（与傅作义等为同期同学），毕业后回晋，追随阎锡山，累升至师长职（1937年抗战爆发，所部改为第二战区第七集团军第四十七师，任师长）。日本占领山西后，赵廷英成了日伪政府的警卫厅厅长，1949年后因倒卖烟土罪入狱，后投靠舅舅，至终。赵家老五赵廷玉军官学校毕业后，亦为晋军效力，任傅作义的高级军需官，1937年在宁武城中与日军作战时牺牲。赵廷英的二哥赵廷雅是山西首批公派二十二位海外留学生之一，就读于英国剑桥大学。学成后回晋，为山西建设效力，曾任伪省公署建设厅工程局局长。日本投降后，离开山西，在舅舅家过了一段日子后，成为河北某大学教授。

消息中的南桂馨是赵廷英的亲舅舅（其姐妹嫁给了赵家两兄

弟），在中国近代史上绝对算一个人物，他为人机敏，做事果断，日本警察学校毕业后，回晋追随阎锡山。据说辛亥革命后，与他人一起用枪指着阎锡山竞争对手的脑袋，支持阎锡山做了山西军政府都督。北伐前后，他受阎锡山委派，常驻北京，斡旋于各方势力之间，奔寻孙中山，结好蒋介石，为山西谋取利益。1928 年，南桂馨任天津市市长，1930 年任南京总司令部高级顾问、立法委员等职。日军占领期间，托病入德国医院。1949 年后任银行高管等职，庇护曾为日伪政府效劳的赵廷雅、赵廷英二外甥，使其得以善终。

看来我需要重新审视这个以军事防御为目的而建立起来的山中小城。

13

前年八月，当南方还是烈日炎炎的时候，我到了芦芽山南的五寨县的观音殿村寻找观音庙（据说里面还有壁画）。安卧在山下的观音殿村已无观音殿，但寂静的村落、村后清澈的小河叮咚悦耳的流水声和耐不住寂寞的黄牛的哞叫声，构成了仙境般的风景，把我魅惑了好久。

到宁武城过夜，就成了必然的选择。

贪恋芦芽山的风光，直到深夜，我们一行才从东寨进了城。

宁静的夜里，月光下的小城像一个昏昏欲睡的美人，轻柔而迷人地在两山丘间舒展着身姿。迷离灯光的照射下，宽敞街道上显得整洁有序，一尘不染，有一种想恣意横行的自在感。

莫非，那个像邋遢的拾荒者一般的小城变了样？

是的，一切都变了。

不过几年，那个我不待见的小城像变魔术般，已摇身成为国家级卫生县。百户街整洁明亮，路边的小吃店里清爽亮堂，栽种着浓绿和鲜花的大街，显得清丽多彩。

忽然变身的宁武，像一个有一双明眸、梳着一条大辫子的姑娘，其质朴和美丽，让我既惊讶又欣喜，我仿若一个情窦初开的少年，爱上了她，且不能自拔。

宁武，成了我远方的爱恋。

寻找滹沱河畔那绝代壁画之余

小时候，老人说起繁峙一脸的羡慕。

繁峙产闻名三晋的大米，谁家过新年能吃上那里的大米，说明这户人家很是了得。我家隐没于山间村落，除了心高气傲但出身“不怎地”的父亲和为了养育几个孩子忙得晕头转向的母亲，没有特别的能人，自然也就吃不上香喷喷的繁峙大米——这个遗憾直至近几年我几次去繁峙，都没有能得到弥补。

如果不是寻访中国唯一一堂旷世绝伦的金代寺观壁画，不是寻访那隐于荒野的美而凄凉的古迹，我相信我这一生与繁峙无缘，更与其东岸的砂河无缘，也就不会在寒冷的冬季踏上那片土地，看到让我难忘的奇妙景致，了解那儿的历史并爱上那片土地和那里的风物。

缘分是奇妙的。

1

三年前的严冬，我和我的工作团队一行七人，驱车一千五百多公里，分两路从山西的晋南、晋东南北上，至繁峙。到达县城时，刚过正午，我们在干净整洁的大街上寻了个能晒着太阳的小饭店，一边吃饭，一边查阅地图，核实工作地点。最后商定：扎点砂河（古为沙河）镇。

砂河镇附近有几个点需要我们做细致的拍摄：天岩村的金代壁画、西沿口村的三圣寺塑像、平型关古村落等。以此为中心点，辐射四周最为恰当。当然，我心中还有个不言自明的理由：早前听说砂河出产金子，产金子的镇子何等模样，我没有见过，得见识见识。

一个晋北县下辖的镇，我并没有设置太高的预期。

嘿！一进砂河镇，便感觉迎面扑来一阵繁华的气息。首先觉着它比我见过的一般关外集镇要大许多；其次觉着很时髦，路过一个十字路口时，四层楼顶上竟然还立着巨大的女子健身美容会所的招牌——这在北方一般镇上是绝少见到的。最奇妙的是五台山火车站就在该镇上，其粉色加白边、颇有点南洋味道的候车建筑，玲珑精致，正对着的一条宽阔大街充当了它的站前广场，使其从视觉上显得更加小巧。

摄影师和他们的工作助理寻找居住点，我和司机小闫开车在镇上穿梭。

砂河镇有好几条大街，还有一条宽敞华丽的迎宾大道，店铺很多，东头还有一家从外观看起来很漂亮的类五星级酒店。

“这镇上不得了，还有五星级酒店？！”跟我走了山西不少地方的小闫感叹。

我们在五台山火车站前面的街道上一家宾馆住了下来。双人间每天一百元，有穿着黑色西装制服的服务员，有餐厅，还有可以洗澡的专业澡堂。宾馆的房间比较小，但很温暖，白色床单、被罩可能服役时间过久，成了灰白色，但还算很舒服，洗浴间里水也很热——尽管墙脚下墙皮脱落、裸露的洗脸池水管歪斜，不过对在寒风凛冽的野外和冰冷入骨的寺庙里工作的我们来说，这样的居住条件和价格实在是已经足够好了。

2

砂河镇严冬的清晨，寒冷透骨。

天空铺着宝石蓝，让人有一种恍若置身青藏高原的幻觉。

我们一行出了砂河镇，迎着朝阳，奔驰在108国道上。道路两旁的树上光秃秃的，细细的枝条拥簇着探向天空，影影绰绰，似一团散不开的浓雾，又似细致剪裁的灰色云朵，迅速掠过我们的车窗。

公路铺陈在南北山脉相峙的宽敞的河床上，南面背阳的群峦巅峰上，覆盖着厚厚的冰雪，在阳光的照射下，放着耀眼的光芒。山腰处一片苍茫，分不清是冬日树林的深灰还是寸草不生的岩石；山下，一块块东西延展的梯田，从山根一直排涌到公路边，赤裸裸的有着弯曲棱线的黄土地中间，偶有一溜儿或几溜绿油油的冬麦麦田，为本是萧条的冬景添了些许的生动。

或许是太阳光带来温暖的缘故，两山中间上空升腾起一股氤氲之气，笼罩在河谷中央的狭长地带——我们感觉像在仙境里行走一样。只适合鸦雀蜗居的树木、一垄接一垄的黄土地、墨绿的冬麦、远处的雪山、半空中的一道浮云、冒出缕缕炊烟的村庄，这些元素交织在一起，一幅经典的古代文人画便浑然天成了。

越过河谷小盆地，驱车直到南山脚下，就到了要寻访的天岩村，著名的岩山寺就在一新架设的小桥对面。

下了车，从南方来的年轻摄影师们回望刚才掠过的山下风景，抑制不住兴奋，直呼："这风景，太美了！"一阵雀跃，便解开"雷锋帽"，在冰面上又是卧又是躺，尽情释放了自己的快乐之后，才去寻找庙里的看门人。

大概天岩河对我没有表现出足够的兴奋表示不满，在与他们合影时，我一不小心踩到薄冰处，一只脚踹进冰窟窿里，黑色的军棉靴里灌进了水，裤管湿了一截。

3

掌管钥匙的看门人住在村北头，是一个浓眉大眼的中年男人。我走进他的小院里时，他正在往车上套两匹骡子。因为文物主管部门已经和他打过招呼，所以他停下手里的活儿，去了庙里。我则进了他的小屋，烤干我的袜子、裤管和鞋。

看门人的家不大，似乎就两间（或三间），火炉和大炕就占去不少空间，他的夫人和小女儿在家里。大都市流行的时髦走进了这个家庭，他的夫人穿着一条黑色紧身裤，外面又穿了一条黑色超短裤，穿着不算低的短靴，可能因为我刚遭受了冰水的袭击，有些为他太太的着装而感到寒冷。屋内的火炉很旺，看门人十八岁的小女儿正在洗染得像外国人一样的黄发，她穿着蓝色牛仔裤和白色短羽绒上装，说自己前一段时间刚从外面打工回来，回来的目的似乎是为了爱情。

岩山寺东壁鬼子母经变故事壁画局部——儿童嬉戏图（2014年摄）

4

当我从看门人温暖的小屋到了庙里时，摄影师已经开始了工作。画面反光，拍摄工作开展得并不很顺利。常年落锁的殿宇里，此时显得更加阴冷，开口说话，就吹出一团雾气。不过，当我站在殿宇里仔细欣赏着这堂艺术瑰宝时，其令人震撼的画技、气势磅礴的布局、从宫廷到市井人物世相和心理描述的细腻等，还是让我心里生出无限感叹：这巨幅画作，交错如此繁多复杂的画面，画家得有怎样的见识和驾驭能力，方能给我们留下这难以企及的旷世之作？！能如此近距离地欣赏这堂历经坎坷的绝世壁画，是一种幸运，更是上天给我们的特别垂爱。为此，忍受什么样的寒冷都值得。

殿宇的东壁绘制的是关于鬼子母的经变故事。中央是至高无上的佛在高大的莲花宝座上讲经，菩萨、天龙八部、佛弟子、飞天等环绕。周边其他画面则是所讲经文的内容：鬼子母夫妇在亭台楼阁交错的宫殿里过着锦衣玉食的生活，着装高贵、挽着发髻的鬼子母和丈夫在窗前对饮，侍女提酒、捧盘过楼转厅，细心伺候。廊阁下，有乐伎弹曲助兴。祥云缭绕的一侧，是一座有水轮装置的水磨坊，有人正在舂米、磨面。只见浪花飞溅的河水冲击着水轮，带动着二层楼上的水磨转动。三位穿着短装的人正打理着磨坊的活计，一位似在照顾磨盘上的粮食，一位正弯腰承接磨盘上刚磨下来的面粉，一位手持一扩口碗，似正把磨好的面粉倒入大缸中。与推动水磨齿轮咬合的另一水轮，带动着磨坊一侧茅棚下的捣米杵，石米臼里放着粮食——这细致的画面让我们了解到金代时期的机械化水平和高门大户家的磨坊生产过程。在迎娶鬼子母的画面中，朱红大门微开，几个着绫罗服饰的女子从里面陆续出来，一公子彬彬有礼地迎接穿着飘然服装的贵族女子，公子后面跟着穿一袭蓝色长袍的男子，牵着毛驴，东张西望。磨坊上方的巡山夜叉，在岩石丛生的山门前值守：有的抱着大鼓、头枕双手酣然入睡；有的靠在大石头上，垫着手背，睡得正香；而有的困顿不堪，一屁股坐在地上，两手就着膝盖，埋头呼呼进入梦乡。最有趣的则是墙右侧鬼子母和夫君发现爱子失踪图，图中一似奶娘的女子两手举着一婴儿在膝盖上嬉戏，旁边有几个小孩儿玩乐。其中三个小儿似乎在商量皮影表演，另一个手里拿着皮影道具自己玩耍。一个扎着两个短短小辫子的女童和两个小儿游戏，其中一个似乎不满意，正两腿弹着地，发泄着情绪……

西壁简直可以成为中国古典建筑教科书：空中祥云飞度，地上琼宇楼阁、深宫巨宅、庭院街巷、酒肆窄廊等，应有尽有。其壁画内容是佛本生故事图，描绘从释迦牟尼前生到降落人世，从少年读书、比赛武功遍历诸苦、抛却爱他的姨母和娇妻，悄然离宫到历经苦难到终于成佛。画面气势磅礴，是一巨幅从市井到宫廷生活的写实图。高大的宫阙、排场的宫廷生活、丰富多彩的街巷酒肆……画家把自己亲眼所见的世界通过佛祖本生故事呈现了出来——当释迦牟尼出生时，高大无比的宫阙熠熠闪光，宫殿里的建筑绘制得一丝不苟；当这个深宫里被爱紧裹着的王子走出宫门时，那车辇宝盖汇集的排场让人目不暇接；当王子决定摆脱宫廷束缚，执意出家时，伤心欲绝的王妃深夜点香默默祈祷，而宫女们已在殿宇外的台阶上昏昏睡去。西壁最生动的是榜题为“此是青衣买七枝金莲花之处”的画面。只见街旁骑在河上的酒肆门口挂着“野花钻地出，村酒透瓶香”的旗幡，店内小二提着酒壶为客人倒着酒。窗棂下，两个说书人正在说书，一女子敲着小鼓，一男子打着木板。一男子手举着鸟笼进了酒肆，他边走边扭头关注着街道上热闹的买卖。酒肆边一个童子正和三个出家人交谈，街上手拎着两条鱼的妇人边走边回头看向酒肆里。一收摊的男子夹着自己货架、头上顶着罐子匆匆离开。一位盲人算卦先生在小童的牵引下正走过街道。一卖粥的挑担小贩正递给牵着小儿的妇女一碗粥。街边卖肉的屠夫正忙着切肉，旁边一商贩正摆弄着大盆里的莲花，准备卖给青衣人……

边看画面边揣测着绘制者当时的心绪，这需要多大心思构思这繁复多变的画面内容？山石、流泉、大河、树木、丛林中穿插着宫廷、城楼、市井、农宅、酒肆、磨坊、山洞、小桥等，而这些场所中融进了国王、大臣、武士、贵妇、农夫、商贩、和尚、童子、妖怪人物等，画面有条不紊，松紧适度。描绘两方打斗场面时，只见乱云飞渡，战鼓擂，响锣敲，骏马嘶，戈矛舞，天翻地覆，看着都为之紧张。描绘宫廷舒适的生活时，优美入画，典雅透墙，仿佛事件就发生在我们面前。

5

岩山寺建于何年，不得而知。根据现存的碑记，人们可知北宋时期已有此寺。金正隆三年（1158），岩山寺（时称灵岩院）正殿（又称弥陀殿或水陆殿）壁画竣工，当时所立碑刻中记载“御前承应画匠王逵，同画人王道”绘制。也就是说，岩山寺的壁画由宫廷画师领衔绘制。这是件十分值得考究的事情，当时的岩山寺竟然能请得起宫廷画师，可见其经济基础和寺院地位实在了得。这位画技高超的金代御前承应画师又继续绘制了南殿（文殊殿）壁画，至金大定七年（1167）壁画竣工。绘制完这堂惊艳于当今美术界的壁画后，王逵欣然在墙壁上留下了题记：“大定七年前二十八日画了灵岩院囗囗，画匠王逵年六十八岁。”

按照文殊殿壁画绘制的时间推算，王逵及其助手先后在岩山寺绘制壁画至少长达十多年（从第一堂壁画结束到第二堂壁画完工时间长达九年）。如此漫长的时间，这对一个曾在宫廷工作的人来说，需要怎样宁静的心境和细密的情绪，才能完成这样的宏幅巨制？

天岩村（古为天延村）随着历史演进几度沉浮，岩山寺也起起落落，在荒芜中重修、重修后又复荒芜的轮回中度过了漫长岁月。清代，正大殿被村里一家强悍弟子拆了赠予他方。二十世纪，寺庙香火时断时续，村人忙于在山下归拢为集体的土地上播种，岩山寺再度陷入荒芜，大门歪斜，殿顶塌陷，被后人盛赞的绝世壁画蒙尘，也就此无人问津。二十世纪八十年代初，国家及地方经济拮据，没有出手修建寺院建筑，组织美术人员临摹其壁画。人们为了看到清晰的临摹图像，用一种液体在四壁悉数刷了一遍。后来壁画的颜色就在被刷上去的液体的浸湿下发生了变化，题记墨色逐渐褪去，壁画色彩也发生了巨大变化，即为我们今日所见。

6

岩山寺壁画美得让人喘不过气来，要消化里面的内容和各种独到的技法，真不是一件容易的事情。画技明显摆在那儿，自不必多说，但要弄清画面上每一个故事细节、出处，每一个人物的角色，非研究绘画、佛学、历史的人不可为。我后来看了很多文章都觉得含含糊糊，没有解释透彻，直至听了台湾林保尧老师的高徒、壁画研究专家陈俊吉博士的阐释，方觉看起画来过瘾，欣赏起细节来更有滋味。

殿宇里除了壁画，还有几尊原汁原味的元代塑像。文殊菩萨塑像不知去向，不过他的坐骑——一头站在台子上的猛狮也足够威风庞大，健壮的身躯、肥粗的四肢、经过时光沉淀的色彩，很入镜头。站立在佛台一侧的文殊老人，着米色底金色团花长袍，仅从后背流畅的线条，就觉着这一袭垂度极好之人，是一位颇具涵养、气定神闲的智者。站于一角的力士，与一般寺庙的力士不同，既没有夸张的表情，也没有满身的艳丽色彩，仿若一位雄赳赳的将士，着一身银色铠甲，双手扶腰，目不斜视地站在那里凝望……我觉着自己被充溢在整个殿宇里的美拥挤着、压抑着，透不过气来，走出殿宇，到天岩村里转悠。

我想知道这堂壁画存在的机缘，通过摸索它遥远的从前，了解这个现在很不起眼的村落彼时能请到宫廷画师并长时间精心绘制壁画的种种理由。

其实寻找看门人的路上，我已经对天岩村的现状有所感知，因为没有仔细看她的细节，不敢妄下结论。但从河边随意倾倒的垃圾、村落的建筑外观，我感觉这不是一个被权力关注或大人物经常出没的地方。它是一个自然村落，似乎有人关怀（到岩山寺新修了水泥桥和一段水泥护河拦墩），又似乎被当下的财富和繁荣所遗忘。

但我仍期望能在这个村子里寻觅到她留给世界惊异的缘由。

东壁鬼子母经变故事局部——水磨坊图（2014年摄）

7

寺庙前的小广场上，秸秆铺在靠河岸的空地上，十几只羊边逛荡着边吃草儿。大概它们居住的条件不太好，或者主人懒惰没有及时清理其夜宿点，它们的肚子和四肢挂了不少黑泥球球，毛色看起来也不是很鲜亮。

从羊群旁小路上往北拐弯处，有三间大瓦房和一间稍许低矮的房子的院落一字排开，院子里堆着金黄色玉米，院墙用土坯砌就或木栅栏相隔。再往北，石头砌就的高台上，是一片完全废弃的老院落，从倒塌的墙垣和尚有大门轮廓的形状看，这一片区域应该是村人明清时期的居住区。

河东岸是天岩村村民现在集中居住的区域，有很多新盖的红砖瓦房，一棵被垒在了石头墙里的古树下，十几个老人正聚集在一起，蹲在墙根晒太阳。一群羊从大树一侧的巷子里出来，赶羊人头发蓬乱，脸面不洁，从他的面部表情、走路姿态和穿戴极不整齐的衣服上看，似乎没有受过教育或智力不健全。

马路边上一间屋子里，挂着厚厚的门帘，我掀起门帘没有进去就立即退了出来，里面几个媳妇和一个中年男人在打麻将，狭小的屋子里充满了呛人的烟味，两个小孩子自己在地上玩耍。

我转到古树后面的一条路上，一个穿着枣红色上衣的妇女站在不成形的院落门口，我边和她搭话，边随她进了屋子，灶头箅子上放着几个既不圆也不方也不白的馒头——似乎是杂合面做的，她说要做午饭，点了个玉米苞叶塞进炉膛里，又扔进去几块黑黄色的烟煤，然后把一只铝锅放到炉上，夹杂着硫磺味的刺鼻的浓烟从锅底冒了出来，弥漫了整个屋子，我退出来。

站在与周遭环境丝毫不搭调的小桥白色护栏边，眺望着砂河镇那边的风景和东西两侧似乎没有尽头的田野，有点茫然——天岩村有诱人的美貌但只能远远地看着、恋着。经历了风霜而显落寞的她，已担当不起远方游客的端详和满怀爱意的亲昵。她这般落魄的样子，即使向后倒退二百年，她也没有能力负担或资助岩山寺的建造和壁画的绘制。可十二世纪中叶，岩山寺为什么能横空出世?

显然，天岩村的现状不能提供岩山寺存在的理由。

8

繁峙盛产大米的缘由全因发源于其境内泰戏山的滹沱河。滹沱河自东而西，流经宽二十多里的狭长河谷，然后再过代县、原平，转向东一路过忻定平原，流经河北，入渤海。清光绪七年《繁峙县志》记载：“由泰戏而北，东起枚回，西至夏屋，其山演迤深阻，多长涧峻坂，是为雁门十隘，在县北境。由泰戏而南，东起白坡，西至峨岭，其山崔嵬崒嵂，多层峦危巘，是为清凉五峰……”简单地说繁峙就是：滹沱河两岸群山阵列，山巘跨河相对，一边为关隘，一边为清凉五峰。

关于繁峙县名的来历，万历十五年（1587）《繁峙县志》手抄本解释是：“繁峙，雁门塞下邑也，城于山麓，群山环而俯之，故曰繁峙。”此解释也算得其要领。不过，当地普通百姓的解释则更简明扼要，让人终生难忘：繁峙——山里寺庙多如繁星！

全世界人都知道中国的头号佛教圣地是五台山，但绝大多数人不知道五台山后即是其存在基础的繁峙。从更宽的视角来看待佛家人选址修庙的奥秘，能得到一个基本常识：滹沱河孕育了两岸的繁荣富有，为五台山佛教的发达提供了物质保证。更直白地说，滹沱河畔稻谷飘香和砂河镇闪光耀眼的黄金，成就了五台山的佛教兴旺。五台山寺庙群居聚阳之坳，古树森森，泉水欢畅，但山涧耕地寥寥。五台群山之南，群山复群山，非财富聚集之地。唯山阴二十多公里之遥的山下，大河奔流，稻谷飘香，麦浪滚滚，牛马成群。佛门之人一心向佛，不问财富来自何处，然亦是食人间烟火之人，若周遭信徒多贫寒难以自持，佛家也难安心苦修来世。山之北风调雨顺、物产丰饶，豪商富户、官宅武门，是善化的求度者，也是佛教兴旺的支持者。

滹沱河北岸的砂河镇是北入五台山的必经之地和四方客商歇息与转运货物的一个重要驿站（称沙涧驿），南来北往的客商和至五台山的香客为砂河镇带来了商业繁荣。从清道光三年（1823）一维修岩山寺的碑记布施名单中可知，当时施钱的砂河镇店铺就有六十多家，天一店、顺成店、广德当、复盛当、永全店、新德号、兴德当、德盛全、三盛好、大成店……钱庄、当铺、地方会馆（如榆次馆）、染坊、皮铺等应有尽有。当时砂河镇的繁华可见一斑。

砂河镇的金银矿藏也成就了其在三晋的大名声。有人推测：当年北宋立国十九年后，才灭掉了顽固的北汉（979 年灭亡），其重要原因之一就是据守太原的北汉小朝廷拥有砂河的金矿，为攀附契丹人提供了资金保障。此推测不一定和史实相符，但清光绪七年（1881）出版的《繁峙县志》里“五台僧刘继邕尝置冶务于此，取其银以供北汉”的记载，似乎应和了这一推测。五台寺僧刘继邕和当时北汉皇帝刘继恩、刘继元是什么关系，我们无法理清，

岩山寺西壁佛传故事壁画局部——酒肆街景图（2014年摄）

但至少说明他是个出家不忘国事的人。

北宋后，当年采金银的洞被封存了。

清康熙年间，山西巡抚到砂河镇探测矿洞并试图开采，没有成功。

乾隆年间，又有人提出开洞采矿，时任知县予以否决。

二十世纪八十年代开始，砂河山里的铁、银等矿砂成就了当地很多人的财富梦想，不少乡民不再劳作于耕地，成了形形色色的矿老板或挖矿人。不出十几年，滹沱河水骤然减少（其优质的稻谷种植也锐减），苍山峻岭间，多有胆肥的人开采的矿洞。坊间传砂河金矿现已集中在一个南方公私合营的老板手里，开采至今。

9

位于南北古商道的砂河镇，除了有诱人的矿藏，可曾有过名门望族？

金代，砂河镇一门出了两个杰出人物：一个是经童出身、位及尚书右丞的胥持国，一个是胥持国的儿子、朝廷倚重的重臣胥鼎。胥持国在金世宗（1161—1189）时任博野县丞，因办理平民是否冒占官地官司而进入朝廷的视野。后到太子完颜允恭府中任职，因办事妥帖，深受太子欣赏。然太子好命不长，在大定二十五年（1185）去世。1189 年，金世宗完颜雍归西，皇孙完颜璟（金章宗）继位。胥持国居太子府时和皇孙建立起的密切关系派上了用场，成为朝廷大权在握的宰相。

胥持国的儿子胥鼎为金大定二十八年（1188）进士，后至大理丞，由户部尚书拜参知政事。宣宗完颜珣（金章宗同父异母兄）

即位，蒙古兵围中都（今北京），胥鼎任大兴府事兼中都路兵马都总管。宣宗南迁开封，胥鼎镇守河东。因策略退兵，守平阳有功，官拜枢密副使，权尚书左丞。

胥鼎呕心时政，建言朝廷，镇守河东，深受朝廷倚重。他曾以年老，多次给皇帝写辞职书，皇帝遣人至其府邸慰问，不同意他的请辞。蒙古兵大举入陕，朝中多有沮丧者，皇帝谕枢密院："胥鼎规画，必无谬误。"兴定四年（1220），金宣宗封胥鼎为温国公，随后同意其退休。

元光元年（1222）五月，因金兵南下伐宋不得力，宣宗又想起了胥鼎等四位退休的官员，以他们皆是老臣、练达政事为由，要求地方官通知他们速回朝廷工作。次月，晋阳的官员又奏请皇上，说河朔受蒙古兵骚扰多年，原来是秋来春走，现在干脆扎根不回去了，杀人抢粮无所不为，那些公府一是势单力薄，不能御敌；二是互不统摄，自保不暇。老臣胥鼎才兼将相，威望甚隆，行省河东时，人人都乐为其用，请求皇上赶紧让胥鼎回朝廷工作。

正大二年（1225），胥鼎又回到工作岗位，进封英国公、行尚书省于卫州。不久，他又以病体衰弱向新皇帝金哀宗辞职。正力挽金王朝于狂澜的金哀宗说：你一向在河东受朝廷倚重，现在河朔归附，需要你来规划，作为先朝大臣，必须帮朕。大河以北，你都要管辖。

胥鼎不能推辞年轻皇帝的重托，带病赴河朔镇守。至河朔，归附者甚众。

第二年，病中的胥鼎不能自持，再上书恳辞归田。哀宗说：你的能力朕了解，当年河东残破孤危，你一到就搞定了。你到了河朔，敌便不再来侵犯。现在国家处于艰难时刻，君臣一体。你

岩山寺西壁局部——市集街景图（2014年摄）

这样的人才，谁能复制出另一个？朕岂不知你年高就老于外？念国家百年基业、河朔千万生灵，你应该老当益壮，继续勤勉工作，为国效力！

病魔缠身的胥鼎，捧着圣旨，不再说辞职的话，当年七月病逝于任上。金史称：“鼎通达吏事，有度量，为政镇静，所在无贤不肖皆得其欢心。南渡以来，书生镇方面者，惟鼎一人而已。”

胥家祖上有没有为岩山寺的建设出过力，不得而知。不过胥持国及其子胥鼎发迹，已是岩山寺壁画完工多年之后，至少说明一点：砂河镇是有点文化底蕴的。

10

清顾炎武编辑的《天下郡国利病书》说：“……其南，五台山一带，繁峙居民甚少，皆系四野流民，自荷开垦遂成村落。亡命不逞之渊薮也。往往为他郡豪右及振武卫官侵为己业，间有不得其平者，即投献王府。寺僧多有妻妾，子孙如林，自相师弟，世世不绝。而愚民犹供奉之，惑亦甚矣……”

光绪七年（1881）的《繁峙县志》里记载：“其土田则佃庄为多，而为代人有者十之二，为台山喇嘛有者十之一，为南路商人有者十之一。县民仅得其六耳。而十六之中佃民又几居半，富户寥寥。”

顾炎武编辑的书里，很不理解有妻妾的喇嘛如何还受人供奉。不过喇嘛“子孙如林”和“为台山喇嘛有者佃庄十之有一”的信息，让我们知道彼时的五台山下、滹沱河两岸，喇嘛群体实力庞大，繁峙与五台山等地区，佛教的繁荣超出了我们今人的想象。

11

现存岩山寺院落中的“特赐广济大师之塔”（原在寺外右侧的田野里）的落款表明，岩山寺为五台山大华严寺（今显通寺）真容菩萨院（今菩萨顶）所属下院。

藏于南殿的金正隆三年（1158）的《绘水陆殿壁画碑记》记叙了当年绘制水陆殿壁画的意图：这一带乃昔日征战之地，暴骨荒野、沉魂滞魄之幽灵，不能回乡归宗，人们看到这种情况，无不嗟叹垂泪。于是，就谋划请人造像画图，绘制水陆画一堂，以超度在此殒命的将士；另一方面，通过佛教善恶、因缘等教化，使一方人在焚香供佛之际，回顾自己平日里的结习、是非口业等，在佛面前检讨自己的罪过，纠正自己的不当行为，结善缘、施善德。

从碑阴刻文中看出参与大殿筹资建设的有一百二十多人，共收到布施粮食一千九百石（宋一石粮折合约今五十公斤至六十公斤），多者三百石，少者三十石。由此可见，岩山寺附近当时粮食充足、人丁兴旺。

而现存壁画西壁题记里记下的三十二位布施人的名字中，有二十八位为本村妇女。天岩村（时为天延村）的女人对现存壁画的绘制，作出了不可磨灭的贡献。

从这些信息中，我们不仅仅看到了金代天岩村人的笃信，还可以遐想天岩村当时人欢马叫的富足生活景象：那时的天岩村村民过着盛夏绿野仙踪、冬季鹅毛飞雪的纯朴的农耕生活。

元代，村人又为寺庙添置了石灯。寺里的广济大师圆寂后，五台山大华严寺真容院下坚州管内灵岩院特赐紫衣僧和其门人造广济大师塔幢。

至明清，寺庙里铸造大钟、实施修葺工程。从碑刻上不断增长的冗长的布施人名单可以看出，岩山寺募捐的范围越来越大，资金筹措越来越困难。清嘉庆年间（1796—1820），本村有人把可能是倒塌也可能是拆毁的大殿建材出卖。道光二年（1822），村民及周边庄户和商家的善男信女又施银，重修大殿。一百四十二年后的1964年，大殿在既无师父照应又无村民关切的寂寞凄凉中，成为一堆瓦砾。

天岩村千年的发展轨迹，已在岩山寺的起起落落中显出了端倪。

这一年的冬天，我们在砂河镇住了十多天，每天晚上归来时穿过迎宾路拉起来的不断闪烁的霓虹彩灯，都有一股说不清的亲切感和温暖感，在宾馆一楼餐厅里，当穿着翻白领黑西服、有杨贵妃之姿的大眼睛服务员笑眯眯地端上黄澄澄的小米粥、一层层的烙饼、拔丝山药、豆芽粉条的晚饭时，我们觉着自己简直是一队快乐的活神仙。

夜里，即使盖有若干小洞的被子，我们都能做上一串美梦。

12

2014年，当我第三次去繁峙时，意外得到了由当地文化专家李宏如老先生自己筹资出版的《五台山佛教——金石篇》一书，里面收录的天岩村宋代一墓志和塔记，让我终于解开了天岩村曾经富足的密码以及岩山寺存在的理由。

北宋元丰二年（1079），天岩村一等纳税大户厚延吉，除了用石棺厚葬父母外，又舍财为故去的父母、伯父、兄嫂造佛顶尊胜陀罗尼经幢一座（此经幢现在岩山寺院内）。经幢上除了刻佛像、陀罗尼法（咒语）外，还刻录了其家人的祝愿文及其全部家产。原文是：

维大宋代州繁峙县咸宁乡天延村第一等纳税大户厚延吉妻王氏……上报四恩，下资三有及法界冤亲，一切有情同生净土。更乞合家□□大小无灾，年年而养种称意，岁岁而买卖和合，一切时中并皆如意。及田产共三十余顷，牛四十头，马三匹，羊三百余只，驴七头，驼三头，车四舆。宝兴军书字人□□中人贾□。

时大宋元丰二年岁次己未十月一日丙申时建立已。

繁峙县第一等纳税大户这种不怕露富的行为，得以让我们有机会了解北宋时期天岩村的境况。一户人家有三千多亩土地、四十头牛、三百多只羊等，这在九百多年前的农耕时代，是多么富裕的人家！丰衣足食的厚氏一家本分诚实，把为朝廷多缴纳税赋的能力作为一种荣耀，以朴素的心理期望一家大小生活平安、家人永福。为此，悉数向佛祖通报自己的家产，以求庇护保佑。

我们不能弄清楚当大宋朝的两位皇帝和皇后、皇子、大臣等被金人从开封北掳后，天岩村发生了什么，但可以肯定的是，到了岩山寺绘制壁画时，曾经的一等纳税大户、富足的厚家似乎没有出现在布施三百石粮食的人员名单中。一百石粮食、四十石粮食、三十石粮食的布施人员中，则各有一位厚姓人，他们是不是宋代的厚家子孙，不得而知。或许，当年的纳税大户已经迁徙南方？也未可知。

无论如何，天岩村曾风光过。

13

当我们浏览划过天岩村的千年历史时，或许已经清晰地看出，她曾经拥有的繁荣犹如一条从其背后五台山北台顶到其村落的抛物线，从宋代的高处，跌宕起伏地滚落，直至今日。

这种变化是个谜？是，亦不是。

流过村庄的天岩河，曾经水流湍急，清澈地映照着后面的群山、村民光彩的脸庞和牛羊肥胖的身躯，滋润着东西两岸的人家。清晨，寺院的师父从河边提水而归，然后敲钟击鼓，开始了一天的修行生活；远方的香客，翻山越岭，来到了村头的大树下……

天岩河在几十年前变得越来越小，气若游丝。

然后，天岩村的人一波又一波地远行，再也没有回头。

14

近几年，天岩村因金代壁画迎来了一拨又一拨的外地人。

崔莺莺与蒲州古城

蒲州城曾经非常有名，从远古至清末，她是历代帝王心尖上的惦记。

蒲州在中国文学史和戏剧史上的地位很高。唐代诗人王之涣在蒲州城登鹳雀楼时写下的“白日依山尽，黄河入海流。欲穷千里目，更上一层楼”的诗句，烂熟于几乎每个中国人的心中——虽然有些人不知道鹳雀楼在何地。当我们还骑在父亲的背上看乡村庙会演出的大戏时，《西厢记》中那个穿着粉色绣花长褂、叫崔莺莺的美丽女子羞答答地在舞台中央跑来跑去的样子给我们留下了深刻的记忆——尽管我们听不懂她哼哼呀呀地唱些什么——长大后方知戏剧故事是发生在公元800年春天蒲州城东面的普济寺里的一段传奇。

诗和爱情是人们在这个世界最不可缺少的生活必需，蒲州城里这两样都不曾缺。她一度淡出人们的视野，直到1988年，在城西城墙外的黄河古渡口遗址深处挖掘出了用以维系和固定跨河浮桥的四尊唐代黄河大铁牛、驭牛铁人等，使得沉寂多年的蒲州古城再度扬名。

1

去年（2015）春末，我终于去了向往已久的蒲州城故地永济市。这个紧紧依偎着中条山的美丽小城，亮丽整洁，现代化气息十足，一水儿洋洋洒洒的现代建筑。到了傍晚，仿若星辰般散落在山上的灯光和城里的千家灯火遥相呼应，小城光景犹如仙境。

我此行的目的十分明确：看唐朝大铁牛，游逛蒲州古城，登鹳雀楼。

我以为蒲州古城、永济城如苏州等城市一样，一古一今扎在一起，可以在古街上悠闲地溜达、吃美食等。在城里转了两圈不见古城影子，向路人打听，答复是：“往西，快到黄河就是！”

出永济城，经普济寺，又几里路，下坡，遥见巍然屹立在黄河边上的鹳雀楼，城呢？蒲州古城呢？

除了鹳雀楼（后来知道为原址上新建的），我在下坡处看到的就是一条直通黄河边的大道及两旁的绿色田野。“难道蒲州城已彻底灭迹了？”没有我从史书里查阅到的并赋予了美好期待的古城，我感觉好像被放空了，一下子找不到北。

先给大铁牛文管所的负责人打了电话，以完成我们对“大铁牛”规定的拍摄动作。尽管景区的客人不少，但文管所所长还是给我们安排得很妥帖，请专人给我们介绍了博物馆和古渡口遗址等。在景区最高处即唐朝大铁牛所在的平台上，我方才大梦初醒——好大的蒲州城！半在地下，半在地上。

即使如此，我也要实现“游逛古城”的愿望。从西到东，从北到南，城内残存的鼓楼、城墙、城门、护城河、古渡、古碑……

但凡对我了解古城有益的地方，我一点都不肯放过——尚存残垣的城西墙外出土铁牛的黄河古渡口，空旷得不见边际、从一巨大深坑中露出的南城门，正在施工维护的北城墙，被一条公路截断、墙内、墙外的护城河成了一洼又一洼能映照出城墙残基的鱼塘的东城墙；只留下半爿楼基的鼓楼……

古城的大概轮廓，在我心里逐渐地图画清晰。

正午，阳光惨淡。

在“古城”庄稼地的小道上走了好几个来回后，我又攀到东城墙上，遥望东边的古塔、云朵下静默的中条山脉和西边流向天际的黄河，一个个问题在我心里接踵而至：那座文人流连、繁花似锦的古城为何几无踪迹？曾经驻军十万的磅礴古城为什么会有这般令人绝望的景象？“甲邸连云、楼台巍峨、高楼睥睨”的盛况哪里去了？是黄河肆虐还是上天对她残酷地抛弃？还是野蛮撒欢后留下的不堪？

2

位于黄河中原大拐弯处东岸的蒲州古城，其所依凭的自然环境和重要的物质资源，决定了她在中国历史的天空下曾经担当了重要的角色。直至海洋文化崛起之前，她都是每一个中原帝王的心头惦记。得到她，便得天下；失去她，不能稳坐江山。她是历史钟爱的情人，也是觊觎中原皇帝宝座的野心家必须跨过的沼泽和攻克的堡垒。

她曾经风光无限。

3

蒲州古称蒲坂。

在“龙门未开，吕梁未发，江淮通流，四海溟涬，民皆上丘陵”的时代，以盐池为中心的中条山下丘陵地区，是人类宜居的农耕生活之地，是孕育中华文明的摇篮之一。

传说（《史记》里记载），尧帝为选取合适的接班人而将两个女儿嫁给居住于蒲州（时为妫汭）有虞部落的首领舜，经多年考察、培养，最后禅让帝位于舜。

曾在中条山耕种、在雷泽（永济蒲州南）捕鱼的舜帝都蒲坂。

中华民族在这块土地上结束了其童年时代。

大禹在蒲州上游不远处（今河津）开凿龙门，治洪水有功，虞舜禅让帝位于禹。禹定国为夏，都于安邑（今夏县禹王镇），蒲州为王畿甸服之地。大禹卒于南巡途中，其子继位，由此开启了中国“家天下”的世袭制度。

夏朝在经历了后羿篡位、寒浞杀主等一系列事件后，大禹的玄孙姒少康在蒲坂有虞部落（舜帝故里）的帮助下，完成复国大业，成就了“少康中兴”的历史传说。

走过了约四百七十年的夏朝，终究没有能抵挡住发达起来的商族人统领中国的愿望，商的首领汤率领甲士与生活很腐化的夏王桀率领的护卫部队在都城附近打了一仗——即著名的鸣条之战后，桀王被流放南巢，气郁而终。

从此商朝开始了统治中国五百余年的历史。

公元前十七世纪至前十一世纪的事情，大多数人并不太关心，不过从古至今的蒲州人，对这段十分遥远的历史还是知晓的，因为古代典籍里记载得非常清楚：商朝的始祖母是蒲州远古时期部落有娀氏人。这个不知是否漂亮的女子芳名简狄，传说是黄帝曾孙帝喾的次妃，其养育的儿子契是商朝建立者汤的先祖。

四千多年前的这个女人很不简单：她和舜帝是同乡（不同部落），养育了商祖契——虽然千余年后，她的不知第多少代的孙子纣为了一个据说妖艳又狠心的女人丢了江山，由其子兴旺起来的商族（商朝前身）仍是中国历史舞台上持续活跃时间最长的一个族群之一。

把商朝撵下历史舞台的不是别人，是帝喾的正妻姜嫄所生之子弃（即后稷）的后代。弃出生于蒲州不远的稷山（今运城稷山县），后来成了农业专家，先做尧帝的农业发展主管，后被舜帝封为后稷，领地在今咸阳西古邰城（今陕西武功县）。他在西部逐渐强大的后人，不愿意做商王属臣，在充分地谋略、慎重地思考和一系列军事布局后，组织联军，以宠信女人而忘记祭祀祖先（他们共同的老祖宗）、亲信小人、滥施暴政、危害贵族利益、扰乱商朝国体等一系列理由，乘着纣王的主帅率重兵东征平夷之时，举兵进攻商都朝歌（今河南淇县）。

曾经气吞山河的纣王，听到他曾经软禁过的姬昌的儿子姬发兴师来都城问罪，遂放下美酒和女人，紧急组织了由奴隶、卫军等组成的杂牌部队迎击。双方在都城南边牧野（今河南淇县南）交战。

纣王很不走运，兵败，回城后自焚，商亡。

周朝开始了其延续近八百年的历史。

周朝开创者周武王姬发的贤弟周公，是一位谋略家、思想家，高超的政治家和管理国家的能手，他总结商纣亡国的原因，创立了后来延续了三千多年的“奉天承运”的学说——天赋周人以君命，制定出“以人为本”的国家纲领，建立了以德治国的理论体系，从构建和谐社会的“礼乐制度”出发，创建了明晰的经济（井田）、政治（封建）、社会（宗法）、文化（礼乐）制度。

和美的社会不需要盖世英雄。

遵从礼乐制度，天下共主，家国共和，周朝度过了较为平静的西周时代。

蒲州在此间并没有显现出其风云际会的战略优势。

从周幽王被杀至韩、赵、魏三卿分晋，蒲州见证了秦、晋两国时而联姻结好，时而矛头相向的时光。当年，根据地在蒲州的晋国首卿智伯，以恢复晋国大国地位为“己任”，南征北战，攻城略地。为阻晋室衰微之势，主动献万户邑，以壮公威。或许天命难违，或许羽翼丰满的世袭贵族们已经不在乎晋公的存在，与智伯有积怨的赵襄子对他的倡议根本不予理睬。本是带着韩、魏两家去晋阳灭赵的智伯，反被围攻，殒命晋阳，家族被灭，领地被分。

大河西岸逐渐强大起来的秦国喜笑颜开：不用秦人亲自动手，曾经强大的晋国通过贵族互杀，把自己送上了灭亡之路。

没有人能阻挡秦人站到历史最高处的步伐。

公元前 221 年，秦国扫平中华大地。那些曾与之争锋的国家全部被秦王送进了历史，一个伟大的秦王朝耀立于东方。

秦始皇是一位自信、武断、强势，有能力而又十分勤奋且颇有建树的人，建立统一国家后不久，就四处巡视。公元前 218 年（始皇二十九年），皇帝车辇出都城东巡，在阳武（今河南郑州北原阳县）遭遇了所灭韩国贵族之子的谋杀。所幸拿着大铁锤的刺客误击了

上世纪末在蒲州古城西门外蒲津渡发掘出的唐开元黄河大铁牛（2015年摄）

副车。受惊的皇帝下令缉捕刺客十日。没有逮着歹徒，生了一肚子气的始皇帝到了芝罘山（山东烟台一座三面环海一面接陆的大山）。面对大海，他心情大好，随行大臣在一石头上刻下了“……六国回辟，贪戾无厌，虐杀不已。皇帝哀众，遂发讨师，奋扬武德……”的文字后，跋涉太行，入山西上党，至蒲州。

秦始皇在蒲州隆重祭祀了舜帝之后，从蒲州（时名蒲）城西上蒲津渡浮桥过黄河回咸阳。当他在城门外的坡下看到滚滚东流的黄河时，兴致盎然，遂改蒲州为蒲坂。

自汉朝开始，蒲州的战略地位的重要性逐渐凸显了出来。拿下中原霸主地位或者守住中原皇城里奢华生活的最后一道防线——黄河东岸蒲州城及其相连的蒲津渡，成了最使皇帝神经高度紧张的牵挂。

汉高祖刘邦踏上蒲津桥，率大军北上迎击匈奴，在大同演绎了一场惊险的历史剧“白登之围”；汉武帝接管了一个和平而富有的国家，精力旺盛，抱负远大，攘夷拓疆之余，曾先后六次过黄河至汾阴（今山西万荣县西）的后土祠祭祀，与随行大臣在汾河上乘舟游览时，饶有兴致地写下了千古名篇《秋风辞》。这座中国最古老的后土祠，后来又迎来了汉朝几任皇帝多达十多次的祭祀。

不论从大河西岸到蒲津渡是行走浮桥（时名河桥），还是渡船，蒲州城里总不乏皇帝、大臣等显赫人物的影子。

4

当匈奴和汉人的混血后代刘渊决定光复大汉基业时，这位得到司马炎赏识的人，乘乱起兵，开启了中国少数民族内迁的十六国时代。

这是一个混乱的时代，枭雄辈出，揭竿而起，兄弟相残，臣子反叛，风水轮流转，各领风骚十几年或几十年，长安（或洛阳）城里皇帝宝座上的主人走马灯似的更换。当着各色服装的人物快马扬鞭、急匆匆地飞奔过蒲州城时，蒲州已经麻木了，她分不清谁将是未来的江山主人。后赵的人走了，前秦的人又来了，不久这片土地成了西燕的天下，还没有反应过来，又成了后燕的地盘，没有过几日，又成了后秦的版图。

该效忠哪个帝王？蒲州晕头转向。

鲜卑拓跋部立国后在山西北部的平城（今大同）建都，中国的北部地区终于迎来了再次统一的局面。

太和二十一年（497），已经迁都洛阳的北魏孝文帝北归云中，祭祀祖先，抚慰老臣，访问民间。四月，南返的途中，经过平阳（今山西临汾）时，他隆重地祭祀唐尧，到达龙门（今山西河津）又盛礼祭祀夏禹。之后，这位热爱汉族文化、正值英年的帝王，到达蒲州。

在蒲州，孝文帝以最隆重的形式祭祀虞舜，下诏：修尧、舜、禹庙。

这位热爱中原文明的帝王，跨过黄河，在祭祀了周文王和周武王后，下令：发兵南下，歼灭南齐！孝文帝以促进民族大融合、繁荣国家为己任，敬天法祖，以中华正统祭祀古帝，以博大的胸襟关怀乡间耆老和万千民众。只可惜上天没有给他更多的时间实现自己的诸多梦想，在蒲州祭祀舜帝后的第三年（499），他在挥军南征途中，得急病驾崩。

不满三十三岁的孝文帝英年早逝，他那踌躇满志的年轻儿子宣武帝即位。天不佑北魏，宣武帝同样英年殒命。

洛阳的皇宫里彻底乱了分寸：能写诗的胡太后（又名灵太后）杀了很有主见的亲生儿子，又被坐守晋阳（太原）的一位大将扔进了黄河。之后，断送北魏一百多年宏伟基业的两个大臣——高欢和宇文泰走到了前台。

蒲州古城将迎来这两位大臣的对阵厮杀。

洛阳宫廷混乱的时候，据说长相颇为英俊的高欢正坐镇晋阳城（今山西太原）密切注视着洛阳宫里的动向。当得知孝武皇帝投奔到关西将军宇文泰那里时，高欢自称大丞相，打进洛阳，另立一元氏后人（元善见）为帝。宇文泰杀害孝武帝后立元宝炬为新皇帝，自称正宗，号令天下。北魏由此分裂成了以他们二人为中心的东魏和西魏。东魏迁都邺城（今河北临漳县西南），高欢在晋阳的大丞相府遥控政务；西魏迁都长安，宇文泰执掌朝政。

公元536年（东魏孝静帝天平三年），高欢率领几万大军来到了蒲州（时称蒲坂），在黄河上搭了三座浮桥，准备大军渡河以攻西魏。然而，已经摸透高欢性格的宇文泰和其属下，没有和高欢正面交锋，而是去阻击高欢从风陵渡过黄河的另一支部队，东魏大将兵败自杀。情势不利东魏军，高欢命军士断桥收兵，宇文泰追了上来……

第二年，高欢再集结约二十万大军从壶口南下至蒲州，过黄河，再攻宇文泰军，再次失败。要不是手下大将拼命护卫，他也差点丢了性命。关键时刻，东魏蒲州的守城团队又出了大问题：龙门都督泰州刺史（领河东、北乡两郡，州治蒲坂）薛崇礼的同族兄弟皆为其部下，为渡河追击东魏的西魏军打开了城门，迎西魏的大丞相统治蒲州。这位刺史的兄弟们有着鲜明的政治观点：高欢威逼皇帝出逃，是不义之臣；现在又攻打皇家军队，与叛军无异！薛家哥哥不明此理，就由他们来匡扶正义……刺史拼命抵抗，不敌，出逃后被俘。

据说让高欢仰天长叹的刺史的兄弟们还颇有风范。当击败东魏军的西魏大将军宇文泰要给他们高官厚禄时，他们说了些让西魏人特别感动的话：为国出力，何须受封？坚辞。

经此一役，今山西吉县、乡宁、新绛、闻喜、绛县以南地，尽归西魏。拥有盐池的山西南端富饶之地尽失，这种局面让深谋远虑的高欢寝食难安。

东魏兴和四年（542），高欢再次披甲南征，在玉璧（今稷山县南）进攻西魏，意图夺回黄河东岸失去的领土。然天又不助高欢！部队来到前线，气温骤降，大雪纷飞，士卒饥寒难耐，难以与敌鏖战。高欢最后只得撤兵，无功而返。

四年后，高欢做了充分的战斗准备，带兵十万，再临玉璧，发传单、搞策反、挖壕沟、投火把……玉璧城久攻不下。正当高欢懊恼无计之时，不幸又降临到东魏大军——军中暴发了瘟疫，大丞相急火攻心，阵前倒下。为了保军心，高欢在大帐内强支病体，指挥作战。为了鼓舞士气，迷惑西魏军，身心俱惫又满怀悲怆的高欢甚至还和将军们端起酒唱起了大漠民谣。最后，不得不带着仅剩下的三万士卒返回晋阳。

公元547年，戎马倥偬一生、终没有收回蒲州等地的高欢，在晋阳的大丞相府中忧愤而逝。

高欢的儿子显然要比父亲激进得多。高欢虽专制跋扈，但尚且顾忌东魏皇帝的存在，即使把孝文帝的后代当作殿堂里的摆设，也暂且供奉着。到了他儿子手里，连这层面纱也不要了，干

此图为二十世纪四十年代的蒲州古城一景

脆利落地把皇帝赶下宝座，取而代之，东魏变成了北齐。虽然宫廷里的厨子不知出于何种原因竟然谋杀了高欢长子高澄，不过北齐开国皇帝（高欢次子高洋）的能力和强悍足以让宇文泰心里生出羡慕。

掌控西魏的宇文泰在北巡途中得疾离世，他将重任托付给自己喜爱又信任的侄子宇文护。这位曾在蒲州工作的大将军，立马效仿北齐：让西魏成为历史，扶持自己年轻的堂弟宇文觉登上皇帝宝座。一个生命周期并不长但还颇有些作为的北周，从中原跃然而出。

新王朝，新气象。

宇文护掌控的北周政府进行行政区域改革，在北周明帝二年（558）建蒲州，辖河东郡和汾阴郡（今永济市、万荣县荣河镇和临猗县）。

“蒲州”之称从此开始。

宇文护杀了两位并不能令其满意的年轻皇帝（宇文觉和宇文毓）后，又把正在蒲州任刺史的宇文邕（宇文泰第四子）迎回长安，送到皇帝的宝座上。宇文护深知在群雄争锋、皇帝座椅朝夕不保的乱世，温情脉脉的作风难以保住性命；只有铁腕才能不被政敌所杀而立于高处——不论后来的历史如何评价，不论宇文邕如何以自己的计谋维系与这位强权堂哥的微妙关系，作为一位政治家，宇文护为北周的经济繁荣和强盛作出了巨大贡献。正是他的努力，成就了宇文邕后来军事上和国家行政管理上长袖善舞的名声。

诞生不久的北周稍许稳定，宇文护就开始了国家的经济建设和农业发展，他在蒲州和黄河对岸的同州（今陕西大荔）开挖河渠，以利农业灌溉；让自己的儿子担任蒲州的最高军政长官，监控通过蒲津渡的盐业运输；在他坐镇的同州为年轻的皇帝周武帝建立了行宫——长春宫；派大将杨忠（他的儿子杨坚后来成了隋文帝）北征……

蒲州由此开始了非凡的建设历程。

天和元年（566）春，宇文护任命自己的儿子宇文训为蒲州总管，修城筑屋，并建起了后人写了无数赞美诗的军事防御建筑——鹳雀楼，蒲州人此后世代记住了这个集是非于一身的重要历史人物（不论他后来的结局如何）。

长春宫、同州城，鹳雀楼、蒲州城，麦浪滚滚、稻花飘香，人来人往的蒲津渡……黄河两岸的风景真是美不胜收！

公元572年，谋杀了宇文护及其子等一批人后，年轻的宇文邕终于扬眉吐气地做了国家真正的主人。建德五年（576）十月，他获得情报：北齐年轻的皇帝搁置国事，正带着宠妃在外快活地狩猎游玩。于是，宇文邕决断地渡过黄河，过蒲州，直抵今日临汾，围攻晋阳。不久，又攻占了邺城。

三十多岁的宇文邕成功了，北齐亡。

或许因为蒲州的战略地位，或许因蒲州的经济分量，或许是对蒲州一份特殊的感情，统一了北方后的宇文邕在此设置了自己的行宫。

蒲州就此开始了其日后焕发光彩的又一轮重要建设。

5

又换了江山，新皇帝来到了蒲州。

隋开皇七年（587），前朝柱国大将军、大司马，此刻的隋文帝杨坚巡幸蒲州。在这片他父亲杨忠曾经工作和守卫过的地方，他看到了一派令他十分满意的景象：城内秩序井然，民风淳厚，人们个个着装时尚，举止文雅……他不由地感叹：“此间人物，衣服鲜丽，容止闲雅，良由仕宦之乡，陶然成俗也。”

勤勉简朴的隋文帝建立的政府机构框架，修订的法律制度、科举制度、农耕制度等，都成为后来大唐盛世沿用的基本制度。他开创的“开皇盛世”为其子隋炀帝进行大规模的城市、道路、水利、军事等建设提供了有力的物质保障。

隋炀帝接了父亲的班——尽管后人认为他登上皇位的过程有些瑕疵，其形象也被夺了他天下的李唐人损毁得面目全非。唐及以后的人总说他荒淫无度败了国家，但就现在能查阅到的历史资料来看，列在其皇后后面的女人，远远不及美誉度相当高的前朝奠基人宇文泰和夺了他江山的表兄李渊及后来杀兄继位的唐太宗李世民的女人多——并非八卦的信息是：隋炀帝皇后、嫔妃十一位（其中两位情况不明，后人不能确认是否是他的女人），皇子、公主六位（最小皇子夭折）。李渊的皇后、嫔妃、婕妤、美人加起来约二十位，皇子、公主计四十一位。李世民有皇后嫔妃等十五位，皇子、公主三十五位。

对于隋炀帝杨广的评价，或许历史是极其不公正的。他政治手腕可能不是很娴熟，但以“荒淫无度、残暴凶狠”总结他的一生显然有失公正——历史也可能充满着谎言和偏见，尤其夺了别人江山的人，为了说明夺取其江山的必要性和合理性，对前朝人物扭曲的成分就可能更大一些。李世民对其父亲的功绩尚且刻意掩盖，对这位前朝皇帝的伟大功绩又怎会客观歌颂？用民生的角度观察，留下很多盛誉的帝王留给这个世界的是一堆文字堆砌起来的赞美和从坟墓里挖出的精美器皿；名声不佳如隋炀帝者却为这个世界留下了至今还惠及民生的运河、桥梁和排洪、泄洪的沟渠。

隋炀帝痴迷国家的各种建设：修建防御突厥的长城，开挖贯通南北、连接洛阳的运河，建设国道，修筑数不清的桥梁，等等。利于千秋后世的伟大军事工程、交通工程、水利工程一个接着一个地进行。

作为隋朝重要经济来源之一的盐湖盐业生产，受到隋炀帝的关注。走上皇帝位不久，他就开始了盐池防洪和客水的治理：命河东都水监姚暹负责疏治已经年久失修、淤泥塞道、堤坝多废弃的永丰渠——这条北魏正始二年（505）所修的渠道，位于盐池之北，连接今夏县至永济的五姓湖，既是夏季中条山山涧洪水的泄洪渠，又是盐业运输渠道，此时已经不堪担当泄洪功能。经过两年（605—607）的疏治，这条长近八十七公里，集排洪、灌溉、保护盐池耕地、运输等功能于一体的人工河渠终成，后人为纪念负责这项利于万世的水利工程的负责人姚暹，名之为姚暹渠。

姚暹渠修成后是何等风光，唐人只字不肯提。明嘉靖元年（1522）当地人修志书时，搜出了这段历史，粗略地记载到纸面上："渠中宽三丈，两岸各高二丈为堤，堤之上广二丈。"受此渠诸多利处的后人，方知隋炀帝的作为。清人修《清盐法志》时，除了记载姚暹渠在所经过的夏县、安邑县、解州、虞乡县的具体长度外，还顺带说了便利当地人生活的附属石桥或石拱桥。当时该渠在每个县有九座桥，总共三十六座桥——这些桥若在，该是何等傲娇！

河渠、行船、宽广的堤坝、石桥、田野……何等美妙的风光！明清姚暹渠尚且如此，隋唐盛世又该如何？

隋炀帝和自己的母亲一样，信仰佛教，常和高僧大德就经文做深入的探讨。传说唐玄宗携杨贵妃尽兴游览过的蒲州栖岩寺就是这个时期扩建起来的，其规模宏大，僧侣们叙述的各种灵异事件，让隋炀帝特别开心。他命臣子为该寺撰写碑文称颂，还把据说是域外进贡的一盏玛瑙灯赠予该寺。令人遗憾的是：昔日文人流连的栖岩寺仅存一片草丛中的塔林，那通唐著名诗人卢纶大发感慨的碑刻，被砸成两段，以全国书法名碑之身躺在永济市博物馆里。

隋炀帝北巡时，在突厥可汗的大帐里遇到了不该遇到的人——高丽使者。伟大王朝赋予他的强烈自尊，让他心情大坏。他告诫使者要尽快到朝廷的中心来拜谒，高丽人把他的话当成了耳旁风。于是，他着魔似的亲自领兵三次东征。

隋炀帝不是南巡，就是北征；不去西北，就去东北。常年不在皇帝位上主持工作，结果如何？老成的表兄、驻守蒲州的河东抚慰大使、袭爵“唐公”的李渊心里有了点想法。

当隋炀帝北巡在雁门关下的代州遭遇突厥可汗的包围时，为李家父子实现理想的时机再次到来：李渊得到了更大的职位，成了雄踞太原的留守，他的儿子们广结豪门、拉拢将军，紧锣密鼓地开始了未来的准备。

不久，李渊和他的儿子们尽可能多地罗列了隋炀帝的罪恶和失误后，举起了反隋大旗。

对于从太原起兵南下的李渊，隋朝蒲州守将并没有给他绽放笑脸。

一场可歌可泣的时代大战在蒲州展开。

受隋炀帝委托，代王杨侑镇守长安。驻兵守卫蒲州的将军，是一位李渊十分欣赏、但又很不愿意看到的左骁骑卫大将军屈突通——一个十分懂得军事战术又治军严明的人，其刚正不阿、廉洁自律、秉公执法的品德，让人们对他敬畏有加。时在长安城任职的弟弟和他一样也是“一根筋”，人们编了一则顺口溜在都城里传播：“宁食三斗艾，不见屈突盖。宁食三斗葱，不逢屈突通。”

李渊在蒲州北面的万荣守候，小心谨慎，伺机进攻。他身边起兵反隋的主要策划者、蒲州桑泉（今山西临猗）人裴寂劝说他一定要拿下蒲州，儿子李世民建议先取了长安，返回来再收拾此地。李渊权衡再三，布下军队围困屈突通，自己径取长安。

蒲州的隋军与河西岸的唐军对峙。

当得知李渊和他的儿子去了长安，屈突通让部下、鹰击郎将尧君素镇守蒲州，自己从今运城风陵渡入陕，兵救长安。在潼关，他遇到了唐军的阻挠，相持月余不能前进。他的一位部将桑显和又大意失算，兵败后丢弃部下，一人狼狈地逃回。

屈突通的救援长安之役更加困难。

李渊占领长安，他对姨母的曾孙（隋炀帝之孙）表示了一点客气后，就把他请出宫殿。不久，这位不满十五岁的君王就神秘死亡。

为要挟难搞的屈突通，李渊在长安城里抓了他一家老小，派自己的家臣到阵前劝降，屈突通不顾一家人死活，一箭射死李渊派来的说客。在阵前他鼓舞士兵，为了大隋江山，自己脖子上愿意挨一刀。

长安已丢，洛阳还在，隋皇的直系子嗣还在。屈突通把守关重任交给桑显和，自己带军前去救东都洛阳。将军刚南下，桑显和就和唐军和气了起来，两下一商量：追赶屈将军！

他们很快追上了屈突通，屈只得结城自守。此刻，又有人带着他的儿子屈突寿前来劝降。倔强的老将军大骂：“此贼何来！昔与你为父子，今与你为仇敌！”一箭结果了儿子的性命。围军大喊：“今京城已陷，汝辈皆关中人，去欲何之！”

屈突通部下得知此况，顿失精神，纷纷放下刀剑。屈将军见此势，知是天命难违，遂向扬州方向跪拜号哭：“臣力屈至此，非敢负国，天地神祇实知之！”

唐军执其至长安。

李渊对这个将军甚是惜爱，任屈突通为兵部尚书，赐爵蒋公，兼秦公元帅府长史。

之后，李渊派屈突通到河东蒲州城下去说服守城的隋将尧君素。陷在包围圈中、苦苦守城的尧君素见到自己的老长官，悲伤地难以自抑，痛哭不已。屈突通也眼泪沾襟。两人有了一段历史铭记至今、深感时人和后人的对话——屈突通对尧君素说：“吾军已败，义旗所指，莫不响应，事势如此，卿当早降。”尧君素愤慨曰：“公是为国大臣，主上委公以关中，代王付公以社稷，奈何负国生降，乃更为人作说客邪？公所乘马，即代王所赐也，公何以面目乘之哉！”

屈突通说自己也是竭尽全力的。

尧君素说他好像没有看出来。

屈突通心情复杂地离开了。

尧君素，这位隋炀帝的前亲信侍从，决心誓死忠于他的主人和朝廷。当长安城里已经到处是李唐王朝的骧龙黄旗飘扬时，尧君素继续让隋朝大旗飘扬在他守卫着的蒲州城高处。

已成为皇帝的李渊，当然不能让蒲州继续姓杨，他派出东面不远处的一位刺史攻打，不成；又派任工部尚书的表弟独孤怀恩去打，不胜，还折了他的驸马（桂阳公主的夫君）。这还不算，尧君素还把驸马爷的头颅割了下来，挂在了城头。李渊遂命已担任唐王朝最高军事指挥官的李世民去攻打河东这个顽固的堡垒。

几位大将军一再联合围攻，终使蒲州成为一座孤城。此刻，后勤已供给不足，尧君素写信请求在东都的皇帝杨侗（隋炀帝被弑后东都洛阳的臣子们拥立的最后一位隋朝皇帝）予以援助。得信，前途也不算乐观的杨侗派出两位将军前来救援。然而，这两个吃着隋朝俸禄的人出了城就降了唐，然后来到蒲州城门前，现身说法，劝降尧君素，无果。

无奈，独孤怀恩就把尧君素的妻子招来相劝。他的妻子说：隋已亡，天命如此，夫君何必自讨苦吃呢？“天下岂是妇人能知道的？”说完了这句话，尧君素一箭射死自己的妻子。

蒲州城与大唐军继续对峙着，尧君素决心与蒲州城共存亡。

然而，尧君素的个别部下已经厌倦了这种局面的长期存在，城内后勤供给匮乏，民众难以维生。既然隋朝灭亡，势运难挡，何须苦战？于是，他们合谋杀了自己顽固的将军。

尧君素被杀，蒲州攻克在望。

就在这个当儿，尧君素手下一位名为王行本的部将又勇敢地挺身出来，他很快扑杀了谋杀将军的人，继续固守蒲州。在这个当儿，北边那个杀了马邑（今山西朔州）太守且自代其职的刘武周也野心膨胀，也想过一把皇帝瘾。他一路抢掠，占领了太原，靠近了河东。

河东部分地区又出现了反唐波浪。

起义、内乱接踵而至。

李渊对河东的乱局有点疲累了，他写了一道敕令说：贼势头如此猛浪，难与争锋，放弃大河以东，谨守关西就可以了。李世民立即表示了自己不同的意见，上表说：“太原，王业所基，国之根本；河东殷实，京邑所资……”

619年的十一月，李世民趁黄河冰冻期，率军渡过黄河，驻扎柏壁（今山西新绛县万安镇柏壁村），逐刘武周北遁。三个月后，孤守无援的王行本继续顽强抵抗，本欲突围，却无随行者。出降，被杀。

几番曲折的作战之后，蒲州终于归为大唐。

这之后，深谙河东经济和战略位置重要性的李世民亲自率军驻守蒲州，镇河东。“玄武门之变”后，他登上帝位，大赦天下的同时，免蒲州都督府辖下六州两年赋税。

6

蒲州迎来了风和日丽、最为美好的时光。

贞观十二年（638），唐太宗从东都洛阳出发，往西做短暂的巡游，在夏县隆重地祭祀完禹王、视察了河东盐池后，来到蒲州。在蒲州驻跸的几天里，他心潮澎湃、感慨万千，想起了十八年前争夺蒲州城时为隋王朝尽忠的尧君素。作为一位闪耀在东方的帝王，他以一种特别的胸襟追忆和欣赏这位拥有忠贞品格、恪尽职守的著名将领。于是，他提笔写下了《赠尧君素诏》：

> 隋故鹰击郎将尧君素，往在大业，受任河东，固守忠义，克终臣节。虽桀犬吠尧，有乖倒戈之志，而疾风劲草，实表岁寒之心。可赠蒲州刺史，仍访其子孙以闻。

看望了故地官员、百姓，追忆了当年的对手，他轻松、愉快地离开了蒲州。当他踏上蒲津桥，看到蒲州的斜桥和岸边的风物，诗意涌上心头，欣然咏出一首特有风情的诗：“曲岸非千里，斜桥异七星……远近随影动，轻重应人行。”

盛世大唐，万国朝拜。

蒲州沐浴在她迷人而璀璨的光辉里，因着丰富的物产和繁忙的盐务买卖，过着温馨、优雅而富足的生活。

7

随着开元盛世的光阴，蒲州迎来了自己历史上最为繁荣的快速发展时期，她入列朝廷六大雄州名单。唐朝到处都是“稻米流脂粟米白，公私仓廪俱丰实”的景象。开元九年（721）正月，一道圣旨让蒲州人幸福的笑容显得更加灿烂，朝廷“改蒲州为河中府，置中都官僚，一准京兆、河南”。蒲州由唐朝六大雄州之一（其余为陕、郑、汴、绛、怀五州）、“京畿锁钥”的战略地位，一跃而升为与长安、东都洛阳有同样重要地位的文化、政治和经济中心的中都（大约半年后又裁撤中都设置，复名蒲州）。

虽然蒲州为中都的历史只有短暂的半年时间，不过，这年十二月，刷新唐朝铸造史、让后人惊叹不已的黄河大铁牛伫立在其东、西两岸。壮硕无比的大铁牛身后的铁索桥接通秦晋两地，重修的河桥被命名为蒲津桥。这项时称世界壮举的工程，结束了从公元前 541 年（为了躲避可能遭到国王哥哥谋杀的秦后子听从母亲建议逃亡晋国时为运输巨额家产在大河上架浮桥）起，一直都仅在大河上架临时浮桥的历史。大铁牛和牵引它们的造型生动的铁人，俨然成了黄河两岸古城里的一道景致。观看黄河东流，铁索横亘百丈，连舰千余艘。

从鹳雀楼上看去，蒲津大桥像一道彩虹耀眼在天际。

开元十一年（723），唐玄宗从洛阳出发，巡视了他曾任别驾的故地潞州、大唐基业肇兴之地太原（时为北都）、唐尧故地后，来到了蒲州。入蒲州，他听从祖上世居蒲州的燕国公、时任兵部尚书张说的建议，为农事祈求丰年。先至汾阴县（今山西万荣）祭祀后土。唐玄宗为天下承平感到兴奋，欣然以修后土祠出现的吉象为启发，改汾阴县名为宝鼎县。随后，他的御驾到蒲州，兴致浓厚地登上了城南的逍遥楼，欣赏大河东岸的古城风景。之后，出西门至繁华的古渡口，上了蒲津桥，西还。

拂晓，紫气升腾，清风和煦，阳光温柔，大河奔流。唐玄宗走在蒲津桥上，难抑诗兴，随即吟《晓渡蒲津》：

钟鼓严更曙，山河野望通。鸣銮下蒲坂，飞旆入秦中。地险关逾壮，天平镇尚雄。春来津树合，月落戍楼空。马色分朝景，鸡声逐晓风。所希常道泰，非复侯缡同。

随同的张说、徐安贞、张九龄等官员都兴致盎然地和了皇帝的诗。留守京城的宰相宋璟赶来蒲州接驾，欣然和诗《蒲州迎驾》，记录了帝王与群臣们，一边走在黄河浮桥上欣赏着关河风光，一边饶有情趣地吟诗唱和的情景。

这时候的蒲州城繁花似锦，风光无限。城外渡口人来人往，异常繁忙，公务往来、走亲访友、盐务运输、商业买卖等各色人物出入蒲津古渡，货别队分，百贾辐辏。“南郭以外，别墅幽营，贵家池馆，倚带霞映。”

城墙长达十公里的古城内，商铺相接，街市繁荣。算计斤两的小贩、阔绰豪商、穿着绫罗绸缎的贵妇和面色丰润的青年侍从、娴静优雅的小姐、风流倜傥的青年公子、骑着高马的军卒……生活在其中。文人们总是多情豪爽，登上高楼一边欣赏着雄城日落，一边宴饮着桑落美酒（“桑落”为当时风靡蒲州的名酒），斗诗作画，揽美对唱，好不畅快！

唐朝著名诗人宋之问、王昌龄、李白等，相继远道来到蒲州城。出生在绛州、此时赋闲在家的王之涣也来到了蒲州，他与好友登上鹳雀楼，望着东面的中条山脉，看着余晖下波光粼粼的黄河水，欣然吟咏了那首脍炙人口的短诗《登鹳雀楼》。

8

日至中天时光短，好梦总是被人惊。

盛世大唐正当歌舞升平、生活无限滋润的时候，以要官、认干妈、联姻、贿赂、讨好等各种手段赢得朝廷信任的北方三镇（范阳、平卢、河东）节度使安禄山，联络了一干颇有些“共同语言”的人，扯起了另类旗帜，反了——制造了长达七年多的“安史之乱”。

一生英雄豪气、文武兼备的唐玄宗，无论如何也没有想到他所信任的这个背景复杂的混血儿，竟然有如此想法。面对这种要撼动大唐根基的局面，在逃出辉煌的宫殿和百里繁华的京都后不久，他万般无奈地让自己至爱的女人用一条白绫结束了生命——这个女人本家堂哥杨国忠是让安禄山等生出反骨并制造理由杀进长安城的时任宰相。

唐王朝群魔乱舞。

玄宗帝避走西南。

唐肃宗在西北灵武小城登基。

河朔节度使郭子仪、河东节度副使李光弼率军一路斩敌、杀匪，从北面打了回来。

东都里住进了“大燕”皇帝安禄山，不久被儿子安庆绪杀了。

新的安姓“皇帝”又被武装合作伙伴杀了，又出现了一个史姓的皇帝……

两都光复。

……

乾元元年（758），最先光复的蒲州城里来了一位光耀后世的书法家刺史——颜真卿，这位出生在长安的世家子弟，不仅是一个饱读诗书的书生，也是能顶起一片天地、有义胆有谋略的唐朝名臣。颜真卿原为安禄山辖区的平原郡（今山东德州陵城区）太守，当他察觉到安禄山对大唐有异心时，便悄然坚固自己负责的防区，固城堡、挖沟壕、广积粮。当安禄山举起反唐大旗时，颜真卿即刻派人给朝廷报信。他与在常山（今河北正定）任太守的堂兄颜杲卿联手抵制叛军，坚守的地盘成为唐朝在安禄山大军最活跃地带的一颗闪着大唐光辉的红星。后常山沦陷，侄儿殉国，家族三十多人被安禄山部所杀。他则带着属部，一路崎岖，至长安追随肃宗，肃宗任他为蒲州刺史。

在蒲州任上，当他得知朝廷追授被叛军带到洛阳、砍了一足又凌迟处死的堂兄颜杲卿为太子太保后，派另一侄儿寻回侄子颜季明的头颅和堂兄的部分残骸。抚摸着侄儿的首榇，颜真卿悲伤椎心，伏案写了《祭侄文稿》。

颜真卿写《祭侄文稿》时，悲痛难抑，文稿中多处涂改，这篇祭文一出世，就受到追捧，被时人奉为珍宝收藏，后经宋、元、明、清，转辗千余年，盖着密密麻麻收藏者印鉴的原文稿在二十世纪中叶，到了台湾，今真品收藏于台北故宫博物院。

颜真卿在蒲州任上时，政泽百姓，其哀伤之际写的祭文，也润泽后世，其利难计。颜真卿后来官至吏部尚书、太子太师，封鲁郡公。兴元元年（784）受时任宰相委派，前去规劝叛将，被杀。

当祖籍太原、有“再造唐室”之誉的政治家、军事家郭子仪以八十五岁高龄辞世后，又有节度使反了。本是来京城平叛的泾原（今甘肃泾川）兵，因不满军需供给而哗变，哄抢宫廷府库之余，竟拥立暂时赋闲在家的太尉朱泚为帝。

德宗（779—805）皇帝出逃至奉天（今陕西乾县）。

不知道是德宗缺乏唐太宗那样的胸襟、长袖善舞的政治智慧，还是此时握有兵权的节度使们骄纵暴躁，动辄就向朝廷摊牌讲条件？反正，君臣稍有不谐，那些拥有重兵的人即刻反目，起兵要挟皇帝。

让曾任河朔三镇节度使的朱泚挥剑指向德宗的导火索是一封他弟弟写给他联合反唐的密信。河东节度使马燧截获了这份让朝廷大为惊骇的信件。德宗虽然表示朱泚与弟千里遥远，绝对信任，但还是慎重地免去其陇右节度使之职，以太尉之尊使其赋闲京都。大概不堪接受失去皇帝的信任，又有人邀请他做新世界的主人，朱泚毅然谋反，并毫不迟疑地亲率叛军攻打奉天城。

这时候，《西厢记》故事里重要的背景人物——原郭子仪的得力属下、身经百战的左金吾大将军浑瑊出场了，面对强大的叛军围攻，他冷静指挥，严防死守，使得很有指挥才能的朱泚攻打月余，没有取下小小的奉天城。

然而，勤王部队被叛军阻挡在奉天城外，城内军需供给严重匮乏，甚至连德宗一日三餐的粗茶淡饭都难供给。

叛军气焰嚣张，攻城手段不断翻新。

就在城破在即的危急时刻，同样是郭子仪器重的部属、朔方军都虞候李怀光接到诏书，率军奔命，自蒲州渡河，大败朱泚。李怀光因勤王有功，进副元帅，任中书令。威胁解除，德宗听信他人鼓噪，不允许李怀光进宫上朝。这位渤海靺鞨人由此大怒，驻兵咸阳，毫不掩饰自己的情绪和看法，几次陈表宰相等之恶劣行为。即使德宗罢免宰相、杀了他痛恨的臣子后，他还扬言要和朱泚合作，让皇帝最好待到别处去。

如果有更高明的人物出来调和这场信任危机，或许事情还不至于更糟。结果德宗一听李怀光这番宣言，便又逃到了汉中——这让可能就是发泄自己情绪、给朝廷点颜色看看的李怀光的谋反罪名坐实。朱泚并非他能看上的人物，部属所剩无几的李怀光只得过蒲津桥，退守蒲州（时为河中），占同州（今陕西渭南大荔县）、绛州（今山西新绛县），以观望朝廷风云变幻。

长安收复，皇帝派人到蒲州持诏召李怀光进京。素服受命的他还没有发出言语，他那些容易激动、脾气暴躁的侍从已经用刀结束了两位朝臣的命。李怀光由此陷入万劫不复之境地，只好加兵缮城，据守对抗。

一场悲剧即将在蒲州古城上演。

德宗回到长安，他不能坐视李怀光在富裕的蒲州如此存在，便任侍中浑瑊为河中节度副元帅，领兵讨李怀光。李怀光凭借同州的嫡系和河东的物资供给，几败浑瑊，使之不能东进。此时，

已挖掘出来的蒲州古城南门（2015年摄）

朝廷又遭蝗灾，京都刚收复不久，各种经费开支都很大，朝臣多请赦免李怀光。河东节度使马燧认为若就此轻描淡写地处理此事，以后难以号令天下。他离开行营，亲自向皇帝上奏：“臣虽不武，得刍粮支一月，足以平河中。”皇帝加马燧为副元帅，与浑瑊、其他两镇节度使围攻蒲州。马燧军拿下蒲州北面的若干城，又独骑进入同州城，策反了李的得力部将。

李怀光的部将割下了他的头，献与大唐军。

李怀光的儿子杀了同在蒲州的几个兄弟后，自杀，其家绝。

贞元五年（789）的一日，德宗念起李怀光救驾之功绩，甚为感慨。思其无子嗣余留，无人祭祀，于是赐其一外孙李姓，授其为左卫率府胄曹参军，承李怀光之后。又赐钱一千贯，修庄园宅邸，以奉养李怀光遗妻。

蒲州又迎来了一段美妙时光。

平定了兵变的马燧加光禄大夫兼侍中，仍领河东节度使。浑瑊被任命为检校司空，兼领河中尹、河中节度使。

浑瑊作为将门之后，忠于自己的职责，与德宗建立起了相互信任和彼此尊重的君臣关系。担任蒲州节度使期间，用心经营，蒲州城又现一派祥和景象。此时，各地文化风流人物又相继游览蒲州，他们登楼看大河，望山咏高歌。当不知疲倦的少年公子携着美人深入街巷时，蒲津渡口车轮相骈，已经开始了又一天的繁忙……

约 790 年的春天，功勋卓著的马燧来到了蒲州。已经六十多岁的他与多次协同作战的浑瑊相聚鹳雀楼，登高远望，一边回忆着共同经历的诸多往事，一边欣赏着古城风光、大河山色。两位故友举杯畅饮，诗兴慨然。时任帅府判官的诗人卢纶也欢宴作陪，欣然写下《春日喜雨奉和马侍中宴白楼》：

鹳鹤相呼绿野宽，鼎臣闲倚玉栏干。
洪河拥沫流仍急，苍岭和云色更寒。
艳艳风光呈瑞岁，泠泠歌颂振雕盘。
今朝醉舞共乡老，不觉倾欹獬豸冠。

浑瑊镇守蒲州十六年，有和马侍中这等人物饮酒的畅快，也有在平凉与吐蕃会盟时险被谋杀的惊险；有夜在蒲州古城阅读诗书的宁静，也有在西北修城的艰辛……他的一片丹心总系着朝廷。

贞元十六年（800）开年第一日，寒冬料峭，冰封黄河，浑瑊在蒲州病逝。德宗失去如此可信赖的股肱之臣，甚为悲伤，为此辍朝五日，追浑瑊为太师，谥号“忠武”，其丧车抵京，哀伤的德宗，再次辍朝。

元和九年（814），唐宪宗下诏：浑瑊配飨德宗庙廷。

威震三军的浑瑊病逝后不久，蒲州城东几公里处的普救寺里就发生了诗人元稹写的《莺莺传》也即后来的《西厢记》里的故事——一位风流青年爱上了一位高贵的远方亲戚的千金小姐，正发愁没有接近的机会，一件意外的事情成全了他：威望极高的河中节度使病逝，驻守蒲州的军队暂无长于军事的能人管制，一些低级军官开始撒野，其中一头目竟然带着一帮手下到寺院里抢刚去世的崔相国家的美丽小姐……《莺莺传》这么开头：“是岁，浑瑊薨于蒲，有中人丁文雅，不善于军，军人因丧而扰，大掠蒲人。崔氏之家，财产甚厚，多奴仆，旅寓惶骇，不知所托。先是张与蒲将之党有善，请吏护之，遂不及于难。”

后世认为《莺莺传》中张生的原型就是才高八斗的诗人元稹本人。浑瑊去世时，时年二十一岁的元稹正在蒲州任职，他爱上了自己远房亲戚的女儿，有了私情。为了前途，他最终抛下这份情感，到长安应考，与白居易同登书判拔萃科，并入秘书省任校书郎……

河中的顶国支柱没有了，朝廷又派来了新人物。

蒲州继续着自己富有而安详的生活，直到一位姓黄的盐商之子不满自己的科考成绩，一怒之下写出“冲天香阵透长安，满城尽带黄金甲”的诗句。

风雨骤至，唐朝大厦将倾。

黄巢之乱持续了十年，大唐由盛而衰，进入了藩镇割据的乱世。

当驻守蒲州的河中护国节度使把那个即将要谋杀皇帝的阴险人物朱温亲切地迎进蒲州古城时，蒲州走向衰落的历史剧正式拉开了序幕。

9

五代十国期间，主宰蒲州的主人走马灯似的频繁更换，各种阴险血腥的故事轮番上演：杀了大唐皇帝的朱温建立了后梁，据说因为和自己美丽的儿媳妇关系过度亲密，一碗水没端平，被儿子朱友珪杀了；后唐皇帝李存勖又因过度宠爱优伶而扑杀了助其上位的重臣——蒲州（时仍为河中府）护国节度使、朱温欣赏的干儿子朱友谦并对朱在蒲州的家族实行满门抄斩……

眼花缭乱的连环杀还在洛阳城里继续时，一个奇葩的人物——石敬瑭出现了，为了报复洛阳城里那个年轻的帝王，献出了一大片土地（幽云十六州），亲自北行并认比他年轻十岁的契丹皇帝耶律德光为干爹，为后来大宋王朝埋下了至其寿终时也没有清除的“人工定时炸弹”。

10

时光流逝到了北宋年间。

以财富换和平。

“澶渊之盟”虽然备受后世争议，但确给中原王朝带来了数十年的实实在在的和平与发展。

对于仁慈、胸襟博大的北宋皇帝来说，北边契丹人的胃口也不是特别大，各得其所后，中原大地到处是一片莺歌燕舞的迷人景象。

铁血将军剑生锈，改做风流人物、饮歌红楼！

开封城里情郎多，丽人摇曳若天仙。

世界上最温情最富饶的王朝，在最美丽富贵的城市，演绎着最迷人的人间戏剧。

此刻的蒲州城同样沉浸在温柔乡里。

大中祥符四年（1011）春，宋真宗祭祀完后土祠后，来到了蒲州（河中府），在西门外的蒲津渡口，看到悠然捕鱼的乡民和商客来往的蒲津桥，欣然为其题名“大庆关”。

治平二年（1065）夏季，大雨倾盆，开封宫阙被淹没水中。黄河水位上涨，蒲州遭遇从未有过的水患，水漫蒲津桥，桥头傲然屹立的大铁牛亦不见了踪影。灾后，真定（今河北正定）一位对桥梁等工程技术颇有造诣的僧侣，巧妙施工，捞出大铁牛，蒲津桥再显风光。

11

当大宋的两位皇帝和众多的皇子、后妃、大臣被金国人强行掳往东北后，蒲州城的忠于大宋皇室的富商豪贾、大家贵族等纷纷抛家别业，追随南宋帝到了临安（今杭州），黄河两岸成了金国人的天下。

不久，从遥远的北方崛起的蒙古人就来到了蒲州（河中），两个强悍的民族为了争夺这块地盘，对打了八年。

金元光二年（1223），蒙古十万大军围攻蒲州城，一位当地水手出身的金国官员率兵死守，当他尽忠金国后，那座矗立在古城西南、濒临黄河的名楼——鹳雀楼也在战火中轰然倒下，化成一片灰烬。与此同时，蒲津桥也被烧毁。这座连接秦晋两地、走过诸多帝王将相的大桥，就此成了历史。

存在了六百五十多年的蒲州标志性建筑鹳雀楼没有了。

有五百多年历史的蒲津桥也没有了。

蒲州低沉凄婉地呜咽：何处登高望天际？何处挑担过大河？

蒲州的伤痛还远不止于此。

金国人虽然守卫蒲州城的兵力有限，但是以最勇敢的行动、不计后果的方式捍卫着这座城。丢了蒲州城不久，他们又打了回来。双方在城里展开了拉锯战，蒲州城被一截为二（1231 年），金兵居西半城，蒙古兵占东半城。一个即将陨落的王朝如何抵挡世界上最能驰骋野战、杀气正浓的马上铁骑？你死我活的拉锯战之后，蒲州城西半部分几乎损毁殆尽。

蒲州再难见往日繁华。

野心家对权力和帝王宝座的痴迷，游牧民族对中原文明的垂涎，总是以毁掉一方水土上的人民本来拥有的安详幸福和秩序为代价，蒲州即如此。

12

生活还得继续，伤痛慢慢抚平。

追忆蒲州往日的美好时光，似乎是一种流行。

金国治理蒲州城的时候，一位年岁不详、籍贯不明的董姓读书人根据元稹的《莺莺传》，写了《西厢记诸宫调》。

元朝，戏曲风靡。与蒲州相邻的解州出了一位叫关汉卿的读书人，他是元曲奠基人、首席杂剧作家，也是元曲在黄河两岸乃至全国流行的推动者，他编的那亦真亦假的戏曲风靡全国，河东人听得更是如醉如痴。一时间，当地大户人家养优伶或戏班蔚然成风，戏楼在河东乃至山西大地遍地开花。

有些超级老戏迷，为了来生继续自己的戏曲欣赏，不惜花巨资雕刻栩栩如生的戏剧砖雕，装饰在自己百年后的“居室”里。

当关汉卿在元朝的杂剧创作界如日中天的时候，这个朝代的四大剧作家之一、比关汉卿小二十多岁的大都（今北京）人王实甫，再次想到了普救寺崔莺莺小姐的爱情悲剧，他以自己的妙笔，让元稹笔下的那对劳燕分飞的情人最终成为一对仙侣美眷。敢于追逐爱情的贵族小姐，成为日后大胆追求爱情的女子不断效仿的典范。几百年后，当曹雪芹准备让《红楼梦》中贵族出身的主人公相爱时，就特意安排他们俩捧起《西厢记》，让崔莺莺大胆的爱情故事催生这对少男少女埋藏在心中的隐秘情感。

蒲州人，逐渐习惯了没有鹳雀楼和蒲津桥的日子。

蒲州城里，各种血统的人和谐地生活着，采桑、酿酒、捕鱼、伐木……欣赏一折又一折的元曲杂剧。

13

时光流逝。

天下又换了主人。

濠州钟离县（今安徽凤阳）放牛娃出身的朱元璋打拼了十几年后，登上了帝位。不久，他的将军们就把成吉思汗的后代赶出了元大都。

蒲州城，顺其自然地成了朱家大明王朝的统治区。

元朝北逃的流亡政府不时折回头来袭扰，不堪其扰的朱元璋下令建设强大的军事设施——明长城。蒲州城里不少商人把目光投向了北面，在为朝廷运输粮草和军用物资时，以靠近盐池的便利，挣得了更多的银子。

明朝进行军事防御建设的时候，蒲州古城的修复也在紧锣密鼓地展开，大明王朝不惜重金对金元时期遭到破坏的古城进行了全面修复，古城容貌焕然一新，再现往日雄姿。在以后近二百年的时光里，蒲州人虽然没能享受到唐时的十里繁华，但也算平静而悠然地生活着。

古城晨钟暮鼓，炊烟袅袅，轻风扶摇河船，鲤鱼跳跃龙门。桃花正浓，野花钻地，栅栏里鸡鸣犬吠……

五十岁的嘉靖皇帝正在宫廷里痴迷地修道炼丹的时候，他没有预料到黄河秦晋两地之间一场毁灭性的、世界有文字记载以来最大的地震灾难即将来临，更没有想到这场灾难波及全国十多个省，不少地方余震持续三年至五年之久。

1557 年 1 月 23 日凌晨，对于当时生活在蒲州的人来说，是一个悲戚万分的日子。八级地震突然降临，“地大震，有声如雷，地裂水涌，城垣房舍倾圮殆尽，人民溺死者不可胜记”；“蒲州左右郡邑，一时半夜有声，室庐尽塌，压死者半属梦寐不知，人死不可计数”。

蒲州遭受灭顶之灾，哀鸿遍野。

《世宗实录》卷第 430 页对此记载说：“嘉靖三十四年十二月壬寅，是日山西、陕西、河南同时地震，声如雷，鸡犬鸣吠。陕西渭南、华州、朝邑、三原等处，山西蒲州等处尤甚。或地裂泉涌，中有鱼物；或房屋城郭陷入地中；或平地凸成山阜；或一日连震数次；或城郭房屋陷；或累日震不止。河渭泛涨，华岳、终南山鸣，河清数日。压死官吏军民，奏报有名者八十三万有奇。”

蒲州城的灾难还没有完。

从瓦砾中站起来的蒲州人刚缓过神来不久，又一次天灾降临。

隆庆四年（1570）夏季，黄河洪水以史上从未有过的凶险势头，轰隆而来，数丈高的大水漫过后，整个蒲州城陷入一片汪洋。

大水退去，留下了数尺厚淤泥。

曾经万众瞩目、象征蒲州繁华的黄河大铁牛从此不见踪影。

万历十一年（1583），为了阻止频次不断增加的黄河洪水的泛滥，蒲州官民花费两万六百两白银修筑了四千四百多米、至今我们仍然能看见的护城石堤。不过，或许由于黄河泥沙俱下的特点，河床不断提高，即使有高大的石堤阻挡，洪水仍不时侵袭古城。

即使这般困难，顽强的蒲州仍然哺育出耀眼于中国历史上空的两位著名人物。一位是“身历七镇，勋著边陲”的王崇古，正是他对边疆事务极其高明而巧妙的处理，使蒙古人停息了长达数十年的频繁侵扰，边民得以休养生息。他在兵部尚书位上退休，回蒲州故里，十年后终老。另一位是王崇古的外甥、曾任万历内阁首辅的张四维，嘉靖三十二年（1553）进士，万历三年（1575）出任礼部尚书，万历四年（1576）至万历十年（1582），先后任重修《会典》总裁官，主持会试并因肃皇帝《实录》成晋升文渊阁大学士，主持万历皇帝大婚婚礼晋升武英殿大学士，以决策之功，晋兼太子太师。万历十一年（1583），张四维带病回蒲州为父奔丧，两年后，在蒲州故里守孝期间追父而去。

14

当曾经勤勉的万历皇帝和他的大臣们闹着别扭而坚决不肯上朝理政的时候，陕西米脂县一个叫李自成的青年正在野蛮地壮大。二十多岁时，在杀了两位债主、妻子的情人、所服役部队的上司和一县令后，带领一帮人参加了农民军。崇祯六年（1633），他东渡黄河，投奔了在山西临汾起兵的闯王高迎祥，称“闯将”。十一年后即崇祯十七年（1644）正月，这个长相据说还不错的人在西安建立了一个大顺国。之后，他顾不上稍许停息，亲自带着五十万农民组成的大顺军渡过黄河，占领了蒲州城，然后，一路北上到了北京。在北京没有待多久，就被打进北京城的清军赶了出来。

清朝期间，蒲州无奇。

至清末，古城周长尚有四千米多，用砖包砌的城墙高三丈八尺，城堞高七尺，南、北、东护城河环绕，城西紧临黄河。

15

又换了天。

皇帝、大总统交替出现的时候，日本人来了。

蒲州人一方面忙着赶走外来的入侵者，一方面忙着选择走什么道路。

撵走了日本人，又一个时代来临。

不过，致蒲州城彻底废弃或只剩余几段城墙现状的是一个利于下游民众的水利工程——1957 年夏，三门峡黄河水利工程开建，蒲州古城在其规划的淹没区范围内，为此，城中所有居民与古城诀别，全部迁移到中条山脚下（即现在的永济城）。蒲州就此废弃，等待着黄河水拥抱它的那一刻的到来。

不知是规划者计算不准确，还是黄河水的流量没有达到建设者原来的预期，规划为淹没区的古蒲州城，并没有沉没在黄河水中，而是看着那东去的大河，慢慢从自己身边退去，越来越远。

蒲州城从此彻底荒芜。

那些承载着蒲州骄傲与辉煌的各种公共建筑从此匿迹，孕育了蒲州不知多少代人梦想和荣光的大宅院不复存在，那些给过多少游子温暖的雕花照壁不知所终，那些承载着十几代人美好期许的殿宇匿迹……时光真是可怕的魔术师，它让蒲州古城在那片土地上最终融化——除了那坚固难以消融的城墙和体无完肤的鼓楼残留，一切无影无踪。

16

轻拂时光消耗在城墙上磨出的粉末，眼前的蒲州古城似乎幻化成了一面镜子，它照着过去，也照着现在。南城门洞底下似乎有人在说话：无须枉费心机地装扮，没有人、没有一段历史能逃脱这面镜子映出的真实。

夕阳在许多木桩支撑着的东城门洞一侧的砖墙上画出了一片月牙儿形的亮光，我便让那点儿明亮画出我留在古城的身影。

17

一位头发花白的健壮老人，骑着三轮车穿过东城墙，在“城里”的柏油小道上，慢慢地转了一圈又一圈后，走了。“一有空我就会来看看古城。”他没有诗意地说他的生命里不能没有古城，但他的行动告诉我，古城是他心底的留恋，是生命中的一个重要组成部分，与之相见就是不能舍弃的生活常规。看着他远去的背影，再放眼展望古城内外绿莹莹的庄稼地和荒芜的草地，我似乎感知到留在蒲州人心中从不示人的惆怅。

太阳毫不留恋地坠落在黄河里，浅滩上有人互相追逐，有几匹马儿游荡在岸边开阔地上，有人惬意地在堤坝内的小树林里吃起了烧烤。在原址上新盖的鹳雀楼，与黄河滩以及看起来似乎很悠然的黄河水相比较，显得异常明亮和耀眼。

诗人远去，古城无影。

我没登楼瞭望，只是站在紧靠公路的堤坝上，望着黄河一路远去。

后　记

从 2003 年冬季算起，我在山西的行走整整经历了二十年，时间不算长，但就一个人最有价值的生命时段来说，也不算短。起初，仅仅是报答家乡对我的养育之恩，为晋城鼓而吹之。后来想到远方的朋友到晋城过夜欣赏华丽的戏曲古典可能大有趣味，于是探索了一番上党古戏楼和戏曲。之后，又因上党梆子剧的魅惑，关注了三年晋北的边塞文化。走多了，眼界宽阔了，心似乎也更野了，觉得山西每一处经典美妙的文化、艺术都值得国内外的朋友来欣赏——当然也有让他们在山西多些消费的企图，便一头扎进梳理山西寺观艺术的“深渊”中。

时光倏忽一下，就过去了九年。

这些年，不论路途有多遥远、工作环境有多艰苦，我从没有感到过疲累——尽管体力和精力消耗确实很大。我乐在其中，消耗着自己，也享受着家乡人的关心、关照、帮助和厚爱。如果说那些显露在高山、平原或藏匿在深山、峡谷中的精美遗存勾着我的魂，并让我一次次回头，那么与之共生的朴素的家乡人才是让我历经千辛万苦也甘之如饴的真正动力。我似乎只有“横行”在山西那片文化厚重的土地上，才觉得精神饱满，才觉得心灵丰润，为此怎样地奔波我都感到快乐无穷。

其实，行走在乡间对我还有更大的益处，就是我看到了书籍和研究资料里不曾有的真情和真实。我一路行走、一路观察，对所见所闻进行着更加符合逻辑的思考：那些在中国历史发展关键时刻起过重要作用的地方，是怎样经历被人淡忘乃至废弃的？曾让金代皇家艺术家付出十多年心血的富足乡村，是如何滑落到几乎被人遗忘状态的（好在存有一堂让人惊艳的壁画）？一个几乎卑微到尘埃里的个体生命史，折射出怎样的生活哲理和吊诡的历史？曾经商贾穿行、店铺林立的古村落，终究是香消玉殒还是浴火重生？客观地说，那些驮负着山西厚重文化的村落大多不是人欢马叫的“青春靓丽”，更不是人们想象中的莺歌燕舞。衰落的浓雾弥漫在它们的上空，也模糊着其未来的轮廓。一种难以名状的东西充斥在乡间，隔膜着文化与拥有这种文化人的关系，也干扰或阻碍着人们与乡土的亲密。

我怀着深切的期待，但不能漠视现实的存在。

2015 年秋至 2016 年夏，我完成了这部书稿，原本期望和《山西寺观壁画》（精华卷上、中、下）和《山西寺观彩塑》（精华卷上、中、下）一并出版，然这两套设计和内容都十分精美的书籍出版经历坎坷，一等就是八载。

八年里，很多事情发生了变化。在本书即将付梓之际，我得知：汾河源头上曾经十分落魄的宁化古城已经变成一座情调十足的边塞小城；得胜堡已经重修；铁佛寺已经成为国保单位并重修；等等。要不要添加上描述她们俏丽样子的文字，我犹豫再三。最终，我决定保留她 2016 年前的真实。

不仅仅是宁化古城，或许得胜堡、蒲州古城、旧广武城等地都已经面貌焕然或发生了翻天覆地的变化，如果那些让我梦魂牵绕的村落都朝着美好的方向发展，我又何须赘言？！

在本书中，在讲到那些现多已凋敝的古城或古村时，我一直坚持用“她”而非“它”来指称，这些古城堡或古村都是散发着母性光辉的、养育了世世代代山西人的故土家园，坚持这样的称谓，是我这个当代人对先人、对故园的一份发自肺腑的尊重。

本书或许可以作为拙作《高堂粉墙烛下见——中国山西乡村古壁画探幽》的姊妹篇。后者讲述我在山西考察、搜寻四百多处乡村古壁画时在二十多个村落的所见所闻，本书则重点讲述我对那些湮灭在那片土地上、曾经在中国历史转折时期发生过重大影响的残垣断壁间的文化追索和思考，它们应该受到人们的关注。

回望过去，或许就是许以未来。

是为后记。